NOVAS FORMAS DE AMAR

REGINA NAVARRO LINS

NOVAS FORMAS DE AMAR

NADA VAI SER COMO ANTES:
GRANDES TRANSFORMAÇÕES NOS
RELACIONAMENTOS AMOROSOS

Planeta

Preparação: Luciana Figueiredo
Revisão: Carla Fortino e Andréa Bruno
Diagramação: Abreu's System
Capa: André Stefanini

Dados Internacionais de Catalogação na Publicação (CIP)
Angélica Ilacqua CRB-8/7057

Lins, Regina Navarro
Novas formas de amar / Regina Navarro Lins. – São Paulo: Planeta do Brasil, 2017.

Bibliografia
ISBN: 978-85-422-1177-1

1. Amor – Aspectos psicológicos 2. Relação homem-mulher 3. Relações poliamorosas 4. Casais homossexuais 5. Comportamento sexual I. Título.

17-1195 CDD 155.64

2021
Todos os direitos desta edição reservados à
EDITORA PLANETA DO BRASIL LTDA.
Rua Bela Cintra, 986 – 4º andar
01415-002 – Consolação – São Paulo-SP
www.planetadelivros.com.br
faleconosco@editoraplaneta.com.br

A Flávio Braga, amigo, amante e parceiro, há dezessete anos dividindo a vida comigo e sempre contribuindo para o meu trabalho.

A Gilda Lima, amiga querida, que leu atentamente todos os capítulos e fez importantes observações.

A Giovanni de Polli, grande amigo, que muito contribuiu para que eu me tornasse escritora.

A Taísa e Deni, meus filhos, e Diana, minha neta.

Agradeço aos amigos Benny Valansi, Dudu Bertholini, Jefferson Guedes, Juliana Nasciutti, Lígia Baruch de Figueiredo, Patrícia Costa e Thais Fragozo pela contribuição dada a este livro; e aos meus pacientes, leitores, ouvintes e seguidores nas redes sociais por terem me contado suas histórias.

Todos os relatos apresentados neste livro são verdadeiros. Nomes e qualificações dos entrevistados foram trocados para proteger sua privacidade.

Sumário

Prefácio

"E as namoradinhas?", pergunta comum naqueles jantares de família, geralmente nos encontros com parentes com os quais não se tem lá muito contato. Agora, tá aí uma pergunta cada vez mais difícil de responder. Antes, esse era o único jeito de amar. Namoro era uma espécie de ensaio do casamento. A coisa mudou. Existem novas formas de amar, de ser amado, de fazer sexo, de trocar carinho. Ué... não conhece? Bem-vindo ao século XXI.

As questões estão mais complexas. O *Kama Sutra*, o guia milenar indiano de sexo, pode ter esgotado as descrições das posições sexuais. Afinal, o corpo humano tem lá suas limitações. A perna não pode abrir mais, o tronco não consegue se dobrar tanto, a boca tem uma amplitude bem restrita. Mas e a mente humana? Ah, essa é incensurável. O desejo é capaz de produzir um sem-número de formas de amar e de fazer sexo.

Não estou falando do amor de uma relação extraconjugal ou daquela paixão de verão que faz tremer a base. Isso já é tema de livro ou filme água com açúcar, coisa do passado. Não é polêmico, não choca, mal é assunto de fofoca. O tema das "novas famílias" já é também uma discussão razoavelmente assimilada: homens casando entre si ou mulher no terceiro casamento com filhos de outras relações vivendo todos bem sob o mesmo teto. Quem ainda acha isso uma afronta? Passou. Caiu na rotina, principalmente nas grandes cidades.

Este século apresenta outras configurações: relações (estáveis) a três, poliamor, amores via internet, relacionamentos abertos. Hoje, talvez possa até ser uma história solta de uns amigos mais moderninhos, mas – alerta aos conservadores – são tendências para o futuro. Já foi motivo de desgosto ter alguém desquitado na família. Hoje, é tão banal quanto ter cabelo liso ou enrolado. O ultraje de ontem é a normalidade de hoje.

E os aplicativos? Tem para todo gosto. Mas você já parou para pensar em como eles revolucionaram a maneira como o amor e o sexo são tratados nos centros urbanos? A tecnologia tirou o monopólio de bares e boates como locais de encontro de solteiros e (por que não?) de casados. A pessoa pode até usar os aplicativos com frequência, mas será que ela se dá conta de como as relações humanas estão sendo sacudidas por eles?

Sem dúvida não é fácil entender o que mudou e o que vai mudar no futuro. Talvez exija até um pouco de coragem para se desapegar daqueles conceitos tradicionais de namoro e casamento. Talvez as palavras de ordem sejam conceitos bem mais simples, quase primitivos: "felicidade" e "liberdade". O amor, quem sabe, vem como consequência.

Com certeza essa é uma mudança de pensamento que vai ser mais difícil para aquele "tio do pavê" entender. Ele vai ter que chegar à conclusão de que a pergunta "das namoradinhas" não faz mais sentido. Mas essa é uma reflexão essencial para todos e qualquer um de nós.

Para entender uma realidade tão (deliciosamente) complexa, só um oráculo.

Regina, me ajuda aí!

Nelson Garrone
jornalista

Introdução

É comum pensar no amor como se ele nunca mudasse. A forma como amamos é construída socialmente, e em cada época e lugar se apresenta de um jeito. Crenças, valores e expectativas determinam a conduta íntima de homens e mulheres. Podemos acompanhar sua origem, desenvolvimento e transformações observando a História.

O amor cortês, surgido no século XII, foi a primeira manifestação do amor recíproco. Ele deu origem ao amor romântico, que durante séculos não pôde fazer parte do casamento. No Renascimento, século XVI, a mulher é contemplada com reverência quase religiosa, e surgem questionamentos a respeito do amor. As mulheres foram divididas entre santas e pecadoras. No Iluminismo, século XVIII, o amor cai em desprestígio; a Idade da Razão desprezou a emoção e insistiu que o intelecto do homem é que devia governar suas ações.

No século XIX, o controle das emoções foi gradativamente suplantado por uma atitude resumida na palavra "sensibilidade". O amor começa aos poucos a entrar no casamento. O início do século XX, com o automóvel e o telefone, traz uma grande novidade: o encontro marcado. A partir de 1940, o amor romântico entrou no casamento *pra valer*. Antes, as uniões ocorriam por interesses familiares. Agora, a maioria das pessoas anseia pelo amor romântico, que é específico do Ocidente.

Após a Segunda Guerra Mundial (1939-1945), com a destruição de Hiroshima e Nagasaki, a ameaça da bomba atômica paira na cabeça dos jovens. Com o sentimento de insatisfação que isso provoca, eles começam a questionar os valores daquela sociedade e de seus pais. O advento da pílula anticoncepcional, aliado ao cenário crítico, prepara o terreno para a Revolução Sexual. Estamos hoje num momento em que antigos valores estão sendo profundamente questionados.

Como em toda transição, observamos comportamentos díspares – alguns muito libertários e outros bastante conservadores. Não são poucas as pessoas que ainda temem viver de forma diferente da que estão acostumadas. Afinal, o novo assusta e o desconhecido gera insegurança. Contudo, acredito que o predomínio das novas formas de amar seja apenas uma questão de tempo.

I
Amor romântico

O que é o amor romântico

Há seis meses conheci Joel. Sou separada, tenho 35 anos, ele, 41. Fui me surpreendendo nas primeiras 24 horas que ficamos juntos. Tive certeza de que era o homem da minha vida. Me apaixonei completamente. Fomos ficando cada vez mais próximos. Passamos os fins de semana juntos, na casa dele ou na minha. Mas, de uns meses pra cá, tenho percebido aspectos na sua personalidade que detesto. Ele é intolerante e agressivo com qualquer opinião diferente da dele. Brigou com minha melhor amiga durante um jantar. Ninguém entre meus amigos o suporta... Como é que não notei isso antes?

Quando critico o amor romântico muitos reagem, imaginando que estou criticando o amor. A crença de que esse tipo de amor é a única forma de amor que existe torna difícil imaginar algo diferente. "Os seres humanos têm a capacidade de criar laços, de demonstrar afeto, de amar. Mas o que chamamos de amor não existiu desde sempre, tampouco está presente em todos os contextos. Por ser histórico, o amor é uma construção social e varia de forma, de significado e de valor. Assim como todas as culturas elegem suas formas de viver, de sofrer, de gozar, de morrer, também elegem suas formas de amar."[1]

As características do amor romântico me parecem bastante claras: você idealiza a pessoa amada e projeta nela tudo o que gostaria que ela fosse. Atribui a ela características de personalidade que na verdade não possui. Não se relaciona com a pessoa real, mas com a inventada de acordo com as próprias necessidades. Por isso, esse tipo de amor não resiste à convivência diária do casamento, cuja excessiva intimidade torna obrigatório enxergar o parceiro como ele é, não deixando espaço para que a idealização possa se sustentar. O desencanto é inevitável, trazendo, além do tédio, sofrimento e a sensação de ter sido enganado. Quando percebemos que o outro é um ser humano, e não a personificação de nossas fantasias, nós nos ressentimos e geralmente o culpamos.

Expectativas que não se cumprem

Várias são as mentiras que o amor romântico impinge a homens e mulheres para manter a fantasia do par amoroso idealizado, em que duas pessoas se completam, nada mais lhes faltando. Entre elas estão as seguintes afirmações:

- Só é possível amar uma pessoa de cada vez.
- Quem ama sente desejo sexual pela mesma pessoa a vida inteira.
- Quem ama não sente desejo sexual por mais ninguém.
- Há uma complementação total entre os que se amam.
- Os dois se transformam num só.
- O amado é a única fonte de interesse do outro.
- Cada um terá todas as suas necessidades atendidas pelo outro.
- Qualquer atividade só tem graça se a pessoa amada estiver presente.
- Todos devem encontrar um dia a "pessoa certa".

O resultado dessas crenças na vida a dois é que, com frequência, um imagina o outro como ele não é na verdade e espera desse outro coisas que ele não pode dar. As expectativas e os ideais do amor romântico são passados como a única forma de amor, e as pessoas aprendem a sonhar e a buscar um dia viver tal encantamento. Entretanto, como nada corresponde à realidade, em pouco tempo de relação elas se decepcionam e se frustram.

Ideais, crenças e atitudes

O amor romântico prega um conjunto de crenças, valores e expectativas que determinam, mesmo inconscientemente, o que devemos sentir e como reagir no relacionamento com outra pessoa. Professora de Comunicação, a americana Laura Kipnis concorda: "Evidentemente o amor é sujeito a tanta regulação quanto qualquer substância poderosa que induza ao prazer. Seja ou não uma fantasia que acalentamos enquanto nos agrada, livres como pássaros e borboletas, existe uma quantidade interminável de instrução social para nos dizer o que ele é e o que fazer com ele, e como, e quando".[2]

Somos condicionados, já na infância, a desejar viver esse tipo de amor. Aprendemos a acreditar que só é possível ser feliz vivendo um romance, que traz a ilusão do amor verdadeiro. Por isso, poucos suportam ouvir que, apesar de toda a magia prometida, o amor romântico não passa de uma ilusão. Sem contar que traz mais tristeza do que alegria, além de muito sofrimento.

Recentemente, postei um artigo sobre o tema no meu blog no portal UOL. Como muitos não têm argumentos para contestar ideias, ataques são imediatos, e, como é comum nas redes sociais, à minha vida pessoal ou o que imaginam dela: "Não ache que a sua experiência pessoal é uma regra, muita gente tem mais sorte do que a senhora no relacionamento" e "Se a senhora nunca teve um amor de verdade, o azar é seu" são alguns exemplos.

Como surgiu esse tipo de amor

Desde o advento do cristianismo, o amor só podia ser dirigido a Deus. O amor cortês, como vimos, foi a primeira manifestação do amor como hoje o conhecemos: uma relação pessoal. Surgido no século XII, com os trovadores, nobres pertencentes à corte da Provença, França, mais tarde se estendeu a outras regiões e classes sociais da Europa medieval e transformou o comportamento de homens e mulheres.

Até então o que havia era o desejo sexual e a busca de sua satisfação, muito diferente da experiência de se apaixonar vivida por esses jovens. Essa revolução amadureceu, dando origem ao amor romântico. Esse ideal amoroso só passou a ser uma possibilidade no casamento a partir do século XIX, pois antes disso os casamentos se davam por interesses econômicos e políticos. A partir de 1940, apareceu como fenômeno de massa, quando todos passaram a desejar casar por amor incentivados pelos filmes de Hollywood.

O cinema passou a proporcionar uma intimidade sem precedentes, graças ao desencadear das emoções e das imagens, para não mencionar a inusitada proximidade das pessoas, sentadas lado a lado, no escuro. A escuridão em si já constituía uma forte atração para os jovens casais, que não dispunham de espaço próprio para intimidades. O romance no cinema, em grandes *close-ups*, representava uma experiência emocional revolucionária, que beirava o voyeurismo, o que intensificava o clima de sexualidade do cinema, cujas últimas fileiras se prestavam à troca de carícias e ao ardoroso beijo na boca.[3]

O amor romântico é a propaganda mais difundida, poderosa e eficaz do mundo ocidental. Chega até nós diariamente através de novelas, músicas, cinema, teatro, publicidade.

Ama-se o amor, apaixona-se pela paixão

Sara tem 34 anos e diz estar vivendo um grande amor e também um problema:

Conheci Luiz por acaso, num jantar na casa de uma amiga, e começamos a namorar. Surgiu uma relação muito forte, achei que íamos ficar juntos o resto de nossas vidas, mas Luiz viajou a negócios por um mês. Coincidiu que fui passar um fim de semana em Petrópolis e acabei conhecendo Paulo. Descobri que esse, sim, é, de fato, o homem da minha vida. Tenho certeza de que quero viver com ele para sempre. Deu certo na cama, nas conversas... Mas o que digo a Luiz? Ele está para chegar... Detesto mentir, mas não vejo outro jeito. Vou ter que inventar uma desculpa...

Geralmente, é com essa certeza de "Estou precisando tanto me apaixonar!" que se parte em busca de um parceiro. Na verdade, as pessoas amam estar amando, apaixonam-se pela paixão, muito mais do que por alguém em especial. Basta encontrar quem corresponda mais ou menos ao que se deseja e pronto: inventa-se uma nova paixão e até se sofre por ela. Mas o sofrimento não é problema: pode ser estancado de imediato. É só aparecer outro alguém que a transferência do amor logo acontece. É importante ressaltar que não há nada grave em desejar um par amoroso. O grave é a crença de que só se pode ser feliz se houver um par amoroso.

Quanto mais difícil, mais apaixonados ficamos

É inegável que a fusão proposta pelo amor romântico seja extremamente sedutora. Nos contos de fadas, por exemplo, heróis e heroínas precisam superar inúmeros obstáculos para, só no final, conseguirem ficar juntos. Para garantir que continuarão eternamente apaixonados, as histórias terminam com o famoso "E foram felizes para sempre".

Até o século XIX, apesar de arrebatar corações, o amor romântico não podia se misturar a uma relação fixa e duradoura. Casamento por amor, nem pensar! Impossível de realizar, inatingível e tormentoso. As histórias de Tristão e Isolda e de Romeu e Julieta ilustram bem como esse tipo de amor é regido pela impossibilidade. Quanto mais obstáculos a transpor, mais apaixonada a pessoa se torna.

Para manter a idealização, não se pode conhecer bem o outro

Um canadense se casou há pouco com uma japonesa. Ela não falava inglês nem francês. Ele não falava japonês. Eles formavam o casal ideal: amantíssimos, atenciosos, completamente apaixonados, aparentemente a própria imagem da fusão de dois seres humanos. Então, ela começou a aprender inglês. Agora, brigam o tempo todo. Estão começando a conhecer um ao outro. E o sexo já não é tão bom quanto antes. O que era um excitante mistério recíproco transformou-se em ressentimento mútuo. O elo entre os dois baseava-se na ignorância a respeito do outro.

Prejuízos do amor romântico

Kate e Geoff, ambos aposentados, vivem numa bela casa na zona rural da Inglaterra. Juntos há 45 anos, preparam uma festa para, na semana seguinte, comemorar com amigos a longa convivência conjugal. Entretanto, a rotina do casal é interrompida pela chegada de uma carta do exterior. Escrita em alemão, autoridades informam que foi encontrado, na Suíça, o corpo da ex-namorada de Geoff. Ela foi vítima de uma queda nos Alpes quando viajava com ele há muitas décadas, cinco anos antes de ele e Kate se conhecerem.

Geoff busca um dicionário para entender melhor a mensagem e fica abalado com a notícia. Segundo as informações, o corpo está intacto, preservado pelo congelamento da região. O passado retorna ao idoso. Ao comentar com a esposa, ela pergunta se ele irá até a Suíça. Ele diz que sim, que talvez vá...

Kate segue cuidando dos detalhes da festa, aluga o salão e procura manter o dia a dia, mas Geoff, naquele momento, está tomado pelo passado. No quarto dia após a chegada da carta, e a dois apenas da festa,

Kate levanta questões sobre a reação dele à notícia. Não se conforma com o fato de o marido estar tão afetado pelas lembranças. Ele a abraça e tenta fugir da questão, mas ela está insegura e sente ciúmes.

Finalmente, chega o dia da festa. Muitos amigos estão no salão para comemorar o longo casamento. Geoff pede a palavra; emocionado, tenta dizer alguma coisa coerente. Embaraçado, diz chorando que ama Kate. Todos aplaudem. Inicia-se a música, e ele a convida para dançar. O casal gira um pouco pelo salão, mas, quando os demais invadem a pista para dançar, Kate se desfaz do abraço dele num gesto brusco, que apenas os dois percebem o significado.

Esse é o resumo do filme *45 anos*, dirigido por Andrew Haigh e que tem como protagonistas Charlotte Rampling e Tom Courtenay.

O sofrimento de Kate e o dano ao seu casamento são causados pelas crenças equivocadas a respeito do amor. A partir da ideia de que os dois se completam, torna-se impossível admitir que o outro tenha qualquer pensamento de que o amado não participe. Assim, o amado só pode ter olhos para o outro; não pode ter nenhum espaço próprio, mesmo que mental, sem que o outro não faça parte. Isso não seria considerado amor. Kate não suportou ser excluída das recordações que estavam afetando o marido naquele momento, mesmo que a ex-namorada já estivesse morta havia mais de cinquenta anos.

"É difícil esvaziar a mochila que levamos nas costas, cheia de ideias impróprias e acumuladas durante nossa vida, ideias impregnadas de crenças irracionais. Ter aprendido um conceito errado sobre o amor pode nos trazer muitos problemas nas nossas relações, especialmente na adolescência, quando somos mais vulneráveis. Realmente, muitos de nós reproduzimos modelos de relações amorosas nem um pouco saudáveis, que incluem tolerância ao ciúme e ao controle."[4]

Para o psiquiatra americano M. Scott Peck, o mito do amor romântico nos diz que para cada homem no mundo há uma mulher que "foi feita para ele", e vice-versa. Além disso, o mito implica que há um só homem destinado a uma mulher e uma só mulher para um homem, e que isso foi predeterminado "nas estrelas". Quando conhecemos a pessoa a quem estamos destinados, o reconhecimento vem do fato de nos apaixonarmos. Encontramos a pessoa a quem os céus nos tinham destinado e, uma vez que a união é perfeita, passamos a ser capazes de satisfazer as necessidades um do outro para sempre e, portanto, viver eternamente felizes em completa união e harmonia.

Se, no entanto, não satisfizermos ou não formos ao encontro de todas as necessidades um do outro, atritos surgem e nós nos desapaixonamos. Então, fica claro que cometemos um erro terrível, interpretamos as estrelas erroneamente, não nos entendemos com nosso único par perfeito, o que pensamos ser amor não era amor real ou "verdadeiro", e não há nada a fazer quanto à situação, a não ser viver infelizes para sempre ou obter o divórcio.[5]

Imaginar que numa relação amorosa vamos nos completar, que nada mais vai nos faltar, é o caminho mais rápido para a decepção. "Será que o amor deveria vir embalado com advertências sobre a saúde: cuidado, pode viciar e ser prejudicial para sua sobrevivência?"[6]

A trajetória do amor romântico

Assisti há algum tempo, no YouTube, a Ed Motta e Miltinho cantando a música "Meu nome é ninguém", de Haroldo Barbosa e Luiz Reis, composta nos anos 1960, que ilustra bem o que acontece com o amor romântico após algum tempo de convivência. Na letra, depois do primeiro beijo, a paixão foi imensa. Mas, de repente, foi-se o encanto de tudo.

> Quem sou eu, quem é você
> Foi assim
> E só Deus sabe quem
> Deixou de querer bem
> Não somos mais alguém
> O meu nome é ninguém
> E o seu nome também
> Também ninguém

A trajetória do amor romântico é essa. No início, um só tem olhos para o outro. Em determinado momento, o outro já não significa nada: "O meu nome é ninguém/ e o seu nome também". Isso ocorre porque o amor romântico é calcado na idealização, não é construído na relação com a pessoa real, que está do lado, mas com a que se inventa de acordo com as próprias necessidades.

Fonte de frustração

"O 'primeiro olhar' é uma atitude comunicativa, uma apreensão intuitiva das qualidades do outro. É um processo de atração por alguém que pode tornar a vida de outro alguém, digamos assim, 'completa'."[7] Dalai Lama, líder espiritual do povo tibetano, ganhador de diversos prêmios, entre eles o Nobel da Paz, disse o que pensa sobre o amor romântico: "Creio que, deixando-se de lado o modo como a interminável busca do amor romântico pode afetar nossa evolução espiritual mais profunda, mesmo a partir da perspectiva de um modo de vida convencional, pode-se considerar a idealização desse tipo de amor romântico como uma manifestação extrema. Ao contrário daqueles relacionamentos baseados no afeto verdadeiro e carinhoso, essa é uma questão diferente. Não se pode vê-la como algo positivo. É algo inatingível, baseado na fantasia e que pode, portanto, ser uma fonte de frustração. Por isso, por essa avaliação, ele não pode ser considerado um fator positivo".[8]

É possível amar sem conversar, estar apaixonado sem falar. Para mantermos a fantasia de que o outro nos completa, exigimos dele ser tudo para nós e nos esforçamos em ser tudo para ele. Nada mais interessa; muitos abrem mão de coisas importantes, como amigos e atividades que lhes são prazerosas, só para agradar ao outro.

Scott Peck diz que "embora eu pense que, de modo geral, os grandes mitos são grandes precisamente porque representam e incorporam grandes verdades universais, o mito do amor romântico é uma terrível mentira. Talvez seja uma mentira necessária por assegurar a sobrevivência da espécie, por estimular e validar convenientemente a experiência de nos apaixonarmos que nos leva ao casamento. Mas, como psiquiatra, o meu coração chora quase todos os dias pela horrível confusão e sofrimento que esse mito gera. Milhões de pessoas desperdiçam enormes quantidades de energia tentando desesperada e inutilmente fazer com que a realidade de suas vidas se ajuste à realidade do mito".[9]

Convivência – o grande problema

O problema é a convivência do dia a dia, porque é impossível não perceber aspectos que nos desagradam no outro. Manter a idealização se torna impossível. O outro é visto de maneira bem diferente daquela que você fantasiou. A partir daí, para manter a estabilidade da relação, inúmeras concessões são feitas. As frustrações vão se acumulando, tornando a relação sufocante. Não é raro observarmos mágoa e ressentimento após o desencanto ter se instalado.

"A loucura devoradora que liga duas pessoas no início de uma relação não pode se prolongar, a não ser se transformando em outro tipo de vínculo não menos estimável, como a cumplicidade, a amizade tranquila e segura. [...] Querer unir a qualquer preço intensidade e duração é recusar a passagem do tempo e se expor ao desespero."[10]

Assistimos a grandes transformações no mundo, e, no que diz respeito ao amor, o dilema atual se situa entre a vontade de se fechar na relação com o parceiro e o desejo de ser livre para viver variadas experiências. Tudo indica que a aspiração por liberdade começa a predominar. Afinal, a fantasia de fusão faz com que os integrantes de uma relação percam, de alguma forma, a identidade própria e, portanto, os próprios limites. Acredito que seja apenas uma questão de tempo; as mudanças são lentas e graduais, mas definitivas, nesse caso.

O declínio do amor romântico

O amor romântico, que povoa as mentes desde meados do século XX, e pelo qual todos anseiam, prega, como vimos, que duas pessoas vão se transformar numa só, nada mais lhes faltando. Esse tipo de amor está presente nas novelas, nos filmes, nas músicas, mas, na realidade, seus dias estão contados.

Muitos discordam. Acreditam que sem uma relação amorosa do tipo romântica – fixa, exclusiva e duradoura – não se pode ter uma vida satisfatória. Esse modelo imposto de felicidade, além de não corresponder à vida real, gera sofrimento por induzir as pessoas à busca incessante pelo parceiro idealizado.

Ocorre que estamos no meio de um processo de profunda mudança de mentalidade. A busca pela individualidade caracteriza a época em que vivemos. A grande viagem do ser humano é para dentro de si mesmo. Cada um quer saber quais são suas possibilidades na vida, desenvolver seu potencial. O amor romântico propõe o oposto disso; prega que os dois se transformam num só, havendo complementação total entre eles.

Preservar a própria individualidade começa a ser fundamental, e a ideia básica de fusão do amor romântico deixa de ser atraente porque segue pelo caminho inverso ao dos anseios contemporâneos. A partir dos anos 1960, o surgimento da pílula e os movimentos de contracultura – feminista, gay, hippie –, aliados ao mundo da internet, iniciaram a possibilidade de se experimentar novas formas de relacionamento amoroso. O sociólogo inglês Anthony Giddens chama de "transformação da intimidade" o fato de milhares de homens e mulheres ocidentais estarem tomando consciência da importância de desaprender e reaprender a amar. [11]

O amor romântico está saindo de cena, levando com ele a sua principal característica: a exigência de exclusividade. Com isso, aumenta o número dos que aceitam viver sem parceiro estável, recusando-se a se fechar numa vida a dois. Sem a crença de que é necessário encontrar alguém que o complete, surge a possibilidade de variadas opções amorosas.

Aos que não acreditam na possibilidade de, daqui a algumas décadas, a maioria das pessoas preferir ter parceiros múltiplos em vez de se fechar numa relação a dois basta visitar as décadas de 1950 e 1960. Se alguém, naquela época, dissesse que um tempo depois seria natural as moças não se casarem virgens seria tachado de louco. Diriam que a sociedade não estava preparada para isso. A virgindade era precondição para o casamento. O mesmo ocorria a respeito da separação de um casal, que era vista como uma tragédia. Quem poderia admitir que algumas décadas depois ela acabaria se tornando prática tão habitual?

Alguns sinais do declínio do amor romântico

No consultório

O pai de Maiara narrou para a filha, durante toda a sua infância, detalhes da região onde ele nascera, a Catalunha. A menina cresceu com as imagens das casas, das ruas, dos campos e, após a morte do pai, fez uma promessa a si mesma de passar um tempo lá. Desde o primeiro emprego que conseguiu, após terminar a universidade, juntou dinheiro para passar três meses na região, aproveitando a oportunidade para conhecer um pouco mais da Europa. Quando conheceu Fernando e começaram a namorar, muito apaixonados, ela sempre pensava em contar seus planos, mas ia deixando para o dia seguinte. O namorado passou num concurso público e imediatamente sugeriu que se casassem. Foi o momento em que Maiara lhe contou o que planejara. Antes de qualquer coisa, desejava conhecer a Catalunha. Pelas suas contas, dentro de oito meses teria os recursos necessários. Fernando sorriu. Havia entendido a sua determinação. Ofereceu-se para viajar junto e ajudar nas despesas.

* * *

Sérgio, namorado de Paula, tentou durante cinco anos ser aprovado no concurso para o Itamaraty. Acabou entrando e soube que iria para o México antes do final do ano. Sérgio era muito amado por ela e também a queria muito. Faziam planos sobre futuros filhos. Mas Paula era estudante de Jornalismo e muito empolgada com a futura profissão. Sérgio lhe informou o prazo-limite para se casarem no Brasil, antes da viagem. A família estava em polvorosa. Alguns primos já faziam planos de irem visitá-la. Então, Paula chamou a mãe para conversar: "Não vou me casar, mamãe. Adoro o Sérgio, mas vou ser esposa de diplomata o resto da vida? Vou jogar fora minhas pretensões de ser jornalista? Não. Vou desfazer meu noivado". A mãe deu um sorriso amarelo, mas não disse nada.

No cinema

Todos dizem eu te amo (*Everyone says I love you*, 1996), de Woody Allen, ironiza, de forma brilhante, o amor romântico. Steffi (Goldie Hawn), Bob Dandridge (Alan Alda) e Joe Berlin (Woody Allen) são o trio principal do filme. Steffi e Bob são casados, e Joe é o ex-marido de Steffi e amigo íntimo do casal, que mora em Nova York. Joe vive em Paris. A jovem Djuna "DJ" (Natasha Lyonne), narradora do filme, é filha de Steffi e Joe e mora com a mãe, o padrasto e as filhas deles, Lane (Gaby Hoffmann) e Laura (Natalie Portman), adolescentes, e a mais velha, Skylar (Drew Barrymore). Todos pertencem à alta burguesia nova-iorquina e residem num belo apartamento em frente ao Central Park. A crítica ao amor romântico aparece na maioria das cenas do filme. Skylar é convidada pelo namorado, Holden Spencer (Edward Norton), para jantar. Ele "torrou" suas economias para comprar uma aliança de 8 mil dólares e a pedir em casamento. Na hora do jantar romântico, ele coloca o anel dentro de uma fatia de torta e ela, sem saber de nada, engole a joia. Entram em pânico e vão todos, desesperados, para um hospital. O médico, ao ver a imagem na radiografia, pergunta o valor do anel e, ao saber do preço, informa que seu tio teria vendido um igual por valor menor.

Joe Berlin vivencia um drama sempre que é abandonado por alguma namorada, e tudo se dá de forma aparentemente casual. Ele viaja a Veneza com a filha DJ. Sentados num restaurante, à beira de um dos canais, passa por eles Von (Julia Roberts). Joe comenta a beleza dela, e a filha imediatamente desfia uma identificação total da moça, envolvendo intimidades que apenas a analista de Von conheceria. Sabemos então que DJ é amiga da filha da psicanalista com quem Von se trata e que as garotas ouvem, através de uma fresta na parede, as suas confissões. A cena, farsesca, consolida a crítica de Allen ao amor romântico: tudo está para acontecer em função do encontro amoroso, independentemente do absurdo que implique essa coincidência. DJ, que deseja ver o pai voltar a ser feliz após perder seu último amor, vai dando as informações íntimas sobre os gostos de Von, as quais ele usa para impressionar a moça com as afinidades entre eles, como se fosse sua "alma gêmea", a "metade da laranja", a "pessoa certa". É claro que Von se apaixona pelo homem que adivinha todos os seus gostos e desejos.

Pouco depois, numa festa, DJ apresenta ao pai seu novo amor. "Quem é ele?", pergunta Joe, chamando-a para um canto. E ela lhe responde que é um gondoleiro de Veneza e que estão apaixonados. Acrescenta romanticamente que vão se casar. O pai, surpreso, observa: "Mas vocês só se conhecem há cinco dias!". Acontece que para DJ só o que importa é o grande amor pelo gondoleiro. Aproxima-se o final de ano, e todos retornam a Nova York. DJ, logo que desce no aeroporto, apaixona-se por um belo jovem e esquece o gondoleiro de Veneza. Aqui Woody Allen ironiza uma das características do amor romântico: as pessoas se apaixonam pela paixão. Na verdade, não importa muito quem seja.

Enquanto isso, em Nova York, Steffi vive em função de eventos sociais que suavizem sua culpa por ser rica. Ela está lutando para melhorar a decoração das celas dos presidiários e se mobiliza para conseguir liberdade condicional para Charles Ferry (Tim Roth), acusado de tráfico de drogas e assaltos à mão armada. Na festa de Natal na casa de Bob e Steffi, Skylar e Holden já estão noivos. O ex-presidiário Charles Ferry é convidado e, apesar de suas atitudes totalmente inadequadas na tentativa de conquistar todas as mulheres narrando os próprios crimes, é aceito por todos. Skylar é abordada por ele e se apaixona. A idealização, típica do amor romântico, entra em ação.

Joe Berlin conquistou Von usando as informações que a filha lhe passara como se pertencessem a ele – o pintor preferido, a música erudita de que mais gosta, lugares por onde adora passear e até o próprio sonho recorrente que ela descreveu para a psicanalista: o topo absoluto do romantismo. Ela está dominada. Os dois se encontram em Paris num novo apartamento que ele aluga apenas para impressioná-la. Mas, depois de algumas semanas de intenso amor, ela informa que vai voltar para o marido em Nova York. Afinal, na convivência do dia a dia é impossível manter a idealização.

Skylar, após trocar o noivo recente pelo marginal Charles Ferry, sai para um passeio no parque com o novo amor. É surpreendida pela chegada de dois comparsas de Ferry, que acabaram de praticar um assalto. A polícia os persegue. Depois de conseguir se livrar do namorado perigoso, ela retorna para os braços do noivo.

Na festa de fim de ano em homenagem aos Irmãos Marx, Joe lá está. Encontra a ex Steffi. Bob não foi porque estava gripado. Os dois bebem um pouco e saem caminhando por Paris. Sob uma ponte onde namoraram no passado, beijam-se novamente, mas concluem apenas que a amizade é o grande amor que une a todos.

Nas histórias infantis – de Cinderela a Valente

Os contos de fadas trazem prejuízos às crianças. O mais grave é a ideia de que as mulheres só podem ser salvas da miséria, ou melhorar de vida, por meio da relação com um homem. As meninas vão aprendendo, então, a ter fantasias de salvamento, em vez de desenvolver suas próprias capacidades e talentos.

A historiadora austríaca, radicada nos Estados Unidos, Riane Eisler diz: "Realmente é repulsiva a maneira como Cinderela tem sido apresentada a milhões de meninas como louvável por não falar nada, muito menos se rebelar contra a injustiça: por chorar em silêncio e trabalhar do alvorecer ao anoitecer, explorada miseravelmente como um perfeito burro de carga. Todas as vezes que li essa história, não me dei conta de como isso também fazia parte do seu treinamento para se ajustar ao sapato do príncipe – em outras palavras, para satisfazer as especificações para uma mulher do tipo esposa submissa".[12]

Entretanto, a mentalidade das pessoas está mudando. É o que mostra os novos desenhos animados em que as personagens femininas são fortes e independentes, e de forma alguma buscam encontrar um homem para viver um romance e que dê significado à sua vida. "Nosso destino está dentro de nós, você só precisa ser valente o bastante para vê-lo." Essa sentença da personagem Merida sintetiza o argumento da animação *Valente*, da Disney.

Merida é uma princesa escocesa, filha do rei Fergus. Sua mãe, a rainha Elinor, busca adaptá-la aos padrões que a sua estatura dentro do reino exige. Tenta lhe ensinar boas maneiras, a história do reino, lições para que se torne uma boa rainha, e espera que ela se case. Mas a princesa Merida é diferente; não quer se casar nem ser igual à mãe. Ela quer poder viver o próprio destino, e não aquele que a mãe e as outras pessoas do reino esperam dela.

Merida aprende as habilidades que só os homens exercitam naquelas paragens e época, como, por exemplo, o manejo do arco e flecha. Todos os jovens do reino querem ganhar o seu coração e se tornar rei ao se casar com ela. É criado um campeonato de arco e flecha para escolher o indicado, mas, após vários atiradores chegarem perto do centro do alvo, é Merida quem faz o melhor acerto. Nesse sentido, *Valente* ultrapassa as narrativas tradicionais do gênero, apresentando uma jovem que não deseja encontrar o príncipe encantado e compete em pé de igualdade com os homens. O resultado positivo de toda essa mudança é que, no Ocidente, cada vez menos mulheres se dispõem a ajustar sua imagem às exigências e necessidades masculinas.

Nos brinquedos – a vida amorosa de Barbie e Ken

Criação de Ruth e Elliot Handler em homenagem à filha Barbara, Barbie tornou-se mundialmente famosa por ser a primeira boneca que reproduziu a anatomia de uma bela mulher adulta.

Até hoje a influência da Barbie, sem dúvida, é marcante. Ela e seu namorado, Ken, criado algum tempo depois, invadem milhões de lares em todo o mundo há cinquenta anos projetando um sonho de beleza, equilíbrio e perfeição. O sucesso de Barbie inspirou a artista canadense Dina Goldstein, que transportou o casal de bonecos para uma hipotética vida real a partir de montagens fotográficas com modelos humanos.

A obra intitulada *In the dollhouse* questiona a relação amorosa perfeita criada no imaginário de várias gerações. A autora desmitifica a história do casal e vai retratando o seu cotidiano, que não tem nada da vida idealizada que o amor romântico prega. "Utilizando cenários idênticos aos das casas de bonecas e dois modelos de carne e osso, Dina transforma a Barbie numa personagem dominada por angústias, medos e vícios. Ou seja, aquilo que possivelmente sentiria se fosse humana. Sob essa visão realista, aborda também a sua relação com Ken. Barbie vive um casamento infeliz, questiona-se sobre a sexualidade do marido e tenta esquecer os problemas refugiando-se no álcool."[13]

Utilizando cenários cor-de-rosa e hiperidealizados, as fotos mostram situações do casal no dia a dia. Algumas delas:

1. O vaidoso Ken se apodera do secador de cabelo de Barbie e ocupa o espelho numa sessão de "embelezamento", enquanto ela assiste à cena escovando os dentes.

2. No café da manhã, Ken, de pernas cruzadas e sapatos de salto alto, compete com ela na postura feminina.

3. Ken não veio para o jantar. A foto "Dining alone" mostra Barbie bebendo sozinha enquanto espera. Na imagem seguinte, ela está caída sobre a mesa, bêbeda.

4. Barbie e Ken dormem lado a lado. A ilustração fotográfica mostra o que os dois sonham. Coincide que ambos sonham com o mesmo homem: um soldado seminu.

5. Barbie abre a porta do quarto e encontra um homem na cama. Não há dúvida de que Ken, que está de pé, acabou de transar com ele.

No projeto *In the dollhouse* fica evidente o sinal do declínio da idealização do par amoroso inerente ao amor romântico.

Na música

Raul Seixas (1945-1989) é um dos pais do rock brasileiro. Sua contribuição foi além do gênero de origem inglesa ao fundir o baião com o rock tradicional. Ele foi também um compositor que assumiu as raízes místicas da contracultura, um crítico da hipocrisia burguesa. Duas músicas de

Raul ilustram bem os sinais de uma mudança de mentalidade a respeito do amor.

Em "A maçã", Raul diz que se o amor ficar só entre duas pessoas vai ser muito pobre e vai se gastar. Diz também que não poderá condenar a pessoa amada se ela se relacionar com outro, porque ela não pode ficar presa como uma santa num altar. A seguir, um dos mais belos trechos da música:

> Amor só dura em liberdade
> O ciúme é só vaidade
> Sofro, mas eu vou te libertar
> O que é que eu quero
> Se eu te privo
> Do que eu mais venero
> Que é a beleza de deitar...

Em "Medo da chuva", a letra fala dos prejuízos de ficar fechado numa relação:

> Como as pedras imóveis na praia
> Eu fico ao teu lado sem saber
> Dos amores que a vida me trouxe
> E eu não pude viver
> [...]

O maior desafio vivido pelos casais

Atendo no consultório há 45 anos em terapia individual e de casal. De aproximadamente cinco anos para cá, passei a receber casais trazendo novos conflitos, que ocorrem porque uma das partes propõe a abertura da relação – partir para uma relação não monogâmica – ou então uma nova prática sexual. A outra parte se desespera com essa possibilidade, sente-se desrespeitada, agredida, não amada. Atendi, por exemplo, um casal em que o marido desejava muito ver a esposa transando com outro homem.

E ela, chorando, perguntava durante a sessão de terapia de casal: "Como alguém que ama pode querer ver sua mulher com outro?". Selecionei cinco relatos que deixam claros os conflitos que muitos vivem nesse período de transição entre antigos e novos valores.

Joana e Felipe

Joana, médica, e Felipe, engenheiro, têm 40 anos e são casados há oito. O que os trouxe ao meu consultório para terapia de casal foi o desejo constante de Felipe de frequentar casas de swing, onde os dois pudessem ter contatos sexuais com outros casais. Joana diz:

Na primeira vez, fui a contragosto, aceitando apenas porque amo muito meu marido e porque ele insistiu até que eu cedesse. Comprou blusas do tipo tomara que caia para que os homens pudessem ver meus seios rapidamente. Eu bebo uns drinques e fico mais animada. Nunca fui penetrada por nenhum outro homem, além de meu marido, mas fiquei exposta várias vezes, quando os homens baixaram minha blusa. Enquanto um homem desconhecido beijava meus seios, a mulher dele fazia sexo oral no meu marido. Confesso que sempre saio da casa de swing com certa culpa e em dúvida se meu marido realmente me ama. Um dia, voltei para casa especialmente incomodada, chamei Felipe e dei um basta. Eu não me casei pra isso. Quero ter filhos, ser uma mãe de família. Ele também quer ser pai, mas senti que ficou muito triste com minha reação. Combinamos uma redução das visitas ao swing para uma vez por mês. Mas ele fica sempre ansioso enquanto não chega o dia de irmos.

Pat e João

Pat e João conheceram-se na empresa onde são engenheiros e colegas. Namoram há um ano. Procuraram ajuda porque Pat não suporta mais a prática que ele exige dela: sujeitar-se a transar com outros homens na frente dele.

Vamos para as boates e ele vasculha os homens sós e escolhe um para que eu seduza. Fica me observando a distância, e bastam alguns olhares para que o escolhido se aproxime de mim. Acabamos no apartamento de João, com sexo meu com o há pouco desconhecido parceiro e assistido por meu namorado. Um dia desses, gostei muito de um dos caras que ele determinou que eu seduzisse e saí porta afora com o estranho, deixando ele sozinho. Ele ficou furioso e brigamos no dia seguinte. Ele quer me assistir nos braços de outro. Isso me deixa em dúvida se realmente me ama.

Mariana e Pedro

Mariana e Pedro formam um casal com alguns anos de convívio e dois filhos. A vida sexual dos dois não era das melhores até que Mariana passou a trabalhar numa clínica em horário que tomava um pedaço da noite. Pedro reclamou, mas a vida deles melhorou no aspecto erótico: Mariana, que sempre fora conduzida ao sexo a contragosto, passou a procurá-lo quando chegava tarde do trabalho, e sempre faziam um ótimo sexo. Porém, o mais surpreendente ainda estava por vir, como ele conta:

Após uma melhora em nossas relações amorosas, sempre em noite alta, um dia ela propôs irmos a uma casa de swing. Resisti um pouco, depois aceitei. Temos ido bastante. O problema é que ela, logo que chega, encontra homens interessados, que a conduzem para o sexo mais ativo, mas eu raramente consigo alguém para transar. Na verdade, vou à casa de swing para ver outros homens transarem com a minha mulher.

Jorge

Fui procurada por Jorge, um advogado de 43 anos, casado há quinze, pai de três filhos. Ele ama a mulher, com quem faz sexo todos os dias. Mas, como ela tinha pouca experiência anterior ao casamento e ele queria viver outras relações, sugeriu que abrissem a relação. Ela resistiu no início, depois concordou. Mas o que ele não esperava aconteceu:

Descobri que ela está tendo um caso. Foi uma bomba para mim. Entrei numa crise de ciúmes. Procurei você porque eu acho que o melhor caminho para o casamento é termos a liberdade de transar com quem a gente quiser... E eu não quero sentir o que senti, não quero ficar perturbado, sentir ciúme. Peço a sua ajuda porque não tenho dúvida de que é o melhor caminho para o casamento.

Júlio

Júlio vive em Berlim e desde 2012 tem uma união estável com um alemão. No consultório me contou que sofre pelos hábitos libertários do parceiro.

Após dois anos de trocas de mensagens no Facebook e WhatsApp, nos encontramos no Rio de Janeiro. Ele sempre ia ao Brasil me visitar, e em 2016 decidimos viver juntos aqui. Depois do registro de nossa união estável, ele propôs relacionamento aberto, o que me chocou na época. Decidi topar por amor e pela curiosidade de estar com outros homens. Mas, na prática, eu não consigo me abrir pra esse tipo de relação. Sou ciumento. Imaginá-lo com outros caras me machuca. Há algumas semanas, terminamos e depois voltamos, concluindo que cada um deve ter seu espaço. Ele argumenta que, às vezes, precisa ficar sozinho. Mas o que ele realmente quer é ter outras pessoas. Ontem, descobri que ele vai a Budapeste para uma festa de sexo grupal. É relacionamento aberto ou putaria? Acho esse comportamento sexual um pouco fora da realidade. Concordo que não posso controlar a pulsão sexual de ninguém. Mas até que ponto isso é saudável? Eu tenho que fazer alguma terapia pra resolver minha sexualidade?

* * *

A maioria das pessoas tem apenas um relacionamento íntimo, tido como monogâmico. Trata-se de uma relação fechada em que não se admite a presença de mais ninguém. Mas há os que têm relações não monogâmicas. Nesse caso, cada um pode compartilhar a intimidade com outras pessoas, sem que o parceiro fixo se sinta magoado ou enganado.

Leonie Linssen é orientadora de casais, especializada em tipos alternativos de relacionamento. Ela se apresenta na Holanda em programas no rádio e na TV. Stephan Wik é taoista, praticante e codiretor do The Wuji Centre, na Bélgica, e tem vasta experiência no que diz respeito a relacionamentos íntimos. Ambos mantêm, há anos, relacionamentos abertos. Escreveram juntos o livro *Amor sem barreiras*, que comento a seguir.

A base de um relacionamento aberto é a honestidade e a transparência entre todos os envolvidos. O que exatamente a intimidade com outras pessoas implica depende dos nossos desejos e anseios. Alguns querem apenas flertar, outros podem querer proximidade, amizades íntimas com outros homens ou mulheres. Alguns desejam ter encontros em que possam flertar, beijar ou talvez ir além. Outros estão à procura de casais com quem passar uma noite erótica juntos em casa ou no clube de swing.

"O que para alguns é uma aventura a mais, para outros é apenas o primeiro passo. Alguns abrem o relacionamento para incluir relações complementares contínuas com outras pessoas. Os que se identificam com poliamorosos muitas vezes gostariam de poder expressar seu amor por outros de muitas maneiras diferentes."[14] Para os autores, um relacionamento aberto é aquele que oferece mais possibilidades do que simplesmente "você e eu". Cada um resolve o que "aberto" significa.

Abrir um relacionamento não é algo normalmente feito por capricho. Não é uma decisão que tomamos no sábado à noite e na sexta-feira seguinte estamos prontos para executá-la. Muitos casais falam sobre isso, mas não se arriscam a partir para a prática com medo do impacto sobre a própria relação.

Outros casais discutem a ideia durante muito tempo antes de decidir ampliar seus limites de relacionamento. Mesmo assim, pode ser necessário que se passem meses ou anos até que os parceiros envolvidos encontrem a melhor maneira de manter seu relacionamento aberto. É um processo que pode trazer paixão renovada, diversão e momentos emocionantes a uma relação, mas também oferecerá desafios que realmente a colocarão à prova. Em outras palavras, abrir um relacionamento pode demandar tempo e energia e requer cuidados para assegurar que decepções sejam evitadas ou adequadamente tratadas.

II
Vida a dois

"As mudanças conjugais contemporâneas nos países ocidentais traduzem a passagem de uma definição institucional antiga do casamento para uma definição interna e amplamente subjetiva do casal", diz Michel Bozon. "Durante as últimas décadas, o ideal do casamento por amor se tem dissolvido, progressivamente, no ideal do *juntos por amor*."[15]

Na maioria das vezes, as relações a dois estáveis – e aí tanto faz ser namoro ou casamento, morar junto ou não – se tornam difíceis. São tantas regras a seguir, tantas concessões a fazer... Antigamente, até a década de 1960, era mais fácil. Sentir-se protegido dentro do lar era o que importava. Além disso, as opções de lazer eram limitadas, não havia nem televisão nem tolerância social para ousadias existenciais. Hoje, ao contrário, os apelos são muitos. Existe muito a se descobrir fora do espaço privado do lar.

O convívio satisfatório com o outro depende do que se espera da vida a dois. Algumas décadas atrás, uma mulher se considerava feliz no casamento se seu marido fosse trabalhador, não deixasse faltar nada em casa e fizesse todos se sentirem protegidos. Para o homem, a boa esposa seria aquela que cuidasse bem da casa e dos filhos, não deixasse nunca faltar a camisa bem lavada e passada e, mais que tudo, mantivesse sua sexualidade contida. Um casal perfeito: a mulher respeitável e o homem provedor.

A partir da entrada do amor no casamento, por volta de 1940, os anseios passaram a ser bem diferentes e as expectativas em relação à vida a dois tornaram-se muito mais difíceis de serem satisfeitas: realização afetiva e prazer sexual. As pessoas escolhem seus parceiros por amor e esperam que esse amor e o desejo sexual que o acompanha sejam recíprocos e para a vida toda. Entretanto, não é isso o que acontece na vida real.

A ideia de que os dois se completam os obriga a se desenvolver num espaço limitado. Durante algum tempo esse arranjo pode funcionar, mas chega um momento em que o que fazíamos antes de bom grado se torna um sacrifício difícil de suportar. Muita gente se queixa da vida a dois. Poucos têm coragem de tentar novos caminhos, por isso, apesar das frustrações, quase todos recorrem ao que já conhecem. Talvez o primeiro passo para encerrar essas queixas seja perceber que os modelos tradicionais de relacionamento são insatisfatórios e causam sofrimento.

Sedução e conquista

Júlio César tomou o palácio imperial de Alexandria em 51 a.C. Ele era o grande líder militar e político de Roma, império que dominava quase todo o mundo conhecido da época. Quando se acomodou no palácio, vieram lhe entregar o presente: um tapete enrolado, que aberto revelou uma jovem mulher. Cleópatra, a rainha do Egito, tinha 18 anos e logo conquistou o coração do general. Tornando-se sua amante, conseguiu recuperar o poder que havia perdido. O comportamento de Cleópatra não foi padrão, afinal ela usufruía da liberdade e do poder de uma rainha. Ainda hoje, a maioria dos sedutores e conquistadores são homens.

Grandes conquistadores

A prática de conquistar mulheres acompanha a História. No século XVIII, a definição básica de "sedução" era induzir uma mulher a fazer sexo ilícito, porém consensual. Embora ambas as partes talvez fossem responsáveis por seu ato, a sedução em si não era considerada um crime – mesmo que se desse através de um engodo, como uma falsa promessa de casamento. Na verdade, havia a ideia de que todas as mulheres secretamente desejavam ser violentadas, e que nunca se podia acreditar nelas quando alegavam ter sido tomadas contra sua vontade.[16]

Alguns sedutores atravessam os tempos, como Casanova e Don Juan. O primeiro existiu; o segundo, personagem de ficção, nomeou os futuros conquistadores. Em nossa época, a condenação ao Don Juan se dá por conta dos avanços feministas, que repudiam comportamentos machistas.

Casanova

O mais conhecido dos sedutores, e o único que escreveu um registro completo das suas experiências amorosas, foi o aventureiro veneziano Giacomo Girolano Casanova (1725-1798). Assim como seus negócios, seus casos de amor também eram marcados pela canalhice, pela ostentação e pela necessidade de mudança rápida e constante.

Sua primeira experiência sexual completa foi realizada com duas irmãs, ao mesmo tempo. Os três gostaram do episódio, e Casanova mostrava-se sempre disposto a repeti-lo. Como a maioria dos conquistadores, Casanova tinha mais prazer na sedução do que no próprio ato amoroso que resultava dela. Suas mulheres iam desde as mais aristocráticas até as mais modestas camareiras. E ele teve relações sexuais com elas de pé, sentado e deitado; em camas, becos, escadarias, carruagens e botes.

Sua técnica típica era a de se sentir apaixonado poucos momentos depois de se encontrar com uma nova mulher. A partir daí, punha em prática seus roteiros. Fazia uso da adulação, de palavras de veneração, de presentes e de dinheiro, se necessário. Lançava mão de emboscadas, se isso fosse possível e o ajudasse a conseguir o que queria, e acabava sempre oferecendo casamento, quando todo o resto fracassava. Casanova seguiu seduzindo em toda a Europa. Era forçado a fugir das cidades para não ser morto por nobres desonrados. Fazia a política mais suja e barganhava qualquer coisa por poder e prazeres.

Conta-se que Casanova podia conquistar quem quisesse, sem dificuldade. Um dos seus biógrafos diz que ele tinha o dom "de manter a graça e a ereção quando todos em volta as estavam perdendo". O próprio julgamento de toda a sua vida está contido na última afirmação que fez: "Não me arrependo de nada".

Advogado don juan

Hoje, observamos variados tipos de sedução. Sérgio, um jovem advogado, colecionava seduções amorosas no escritório em que atuava. Especializou-se quando o principal sócio o escolheu para lidar com os novos clientes. Seu chefe tinha um apartamento apenas para "aventuras amorosas", mas quem realmente o utilizava era Sérgio. Anos depois, amigos comentavam sua técnica. Ele defendia a ideia de que chegar a 100 amantes em dois anos, feito do qual se gabava, exigia sempre aparentar um conhecimento refinado sobre algum assunto de interesse comum.

No caso dele, o Direito. As clientes, esposas de clientes, filhas e outras mulheres que se aproximavam do escritório eram envolvidas numa conversa sobre questões jurídicas. Qualquer questão. Sérgio não conhecia nada muito bem, mas era um embromador de primeira. Contam que não era especialmente bonito, mas se vestia bem e sorria muito nas horas certas. A sua fama fez com que mulheres que haviam sido suas amantes comentassem sobre o advogado don juan. Nada disso o intimidava.

Sua decadência ocorreu devido ao caso que teve com a filha de um cliente muito rico. Ele recebeu a informação de que se não mudasse da cidade em 24 horas sairia desta vida. Foi-se embora e nunca mais se ouviu falar dele.

Os caminhos da sedução

"O que há de comum entre um comercial de jeans na TV, com um rapaz e uma moça belíssimos, e o requebro de uma mulata em plena Marquês de Sapucaí? Ou ainda o olhar insistente que busca seus olhos, os gestos intencionalmente dirigidos a você?", pergunta o psicoterapeuta Paulo Lemos em seu livro, do qual sintetizo alguns trechos.[17]

Na tentativa de seduzir, todos os esforços são no sentido de fazer o outro se encantar e se entregar à sedução. Por que será que algumas pessoas não conseguem arranjar um companheiro, namorado, marido ou mesmo um parceiro sexual? Porque são feias, pobres ou não têm este ou aquele atributo físico? Provavelmente, não. Pessoas "feias" ou pobres encontram, sim, seus respectivos parceiros.

Quando perguntadas, as pessoas sem par alegam não compreender por que é assim com elas. Quando não racionalizam, colocando a culpa nos outros por não conseguir o que querem, acomodam-se à ideia de que há algo de errado com elas, mas não sabem o quê. É como se não soubessem seduzir ou como se não pudessem se deixar seduzir.

O sedutor consegue que o seduzido se altere e veja o mundo e o próprio sedutor de uma maneira diferenciada. E mais: essa diferenciação ocorre sempre de acordo com os desejos do sedutor, como se o desejo de um se instalasse no outro de tal modo que este último ficasse totalmente persuadido de que o desejo original era seu.

O sedutor é um hábil vendedor de sonhos que sabe da avidez do comprador. Ele sabe que tudo, o menor dos gestos, deve parecer como único, criado naquele momento para aquela pessoa. A lógica formal não funciona para uma relação cujo processo de encantamento esteja em seu apogeu. Nada fará sentido senão aquilo que vem do sedutor; não porque o sedutor seja o dono do mundo, mas porque ele é dono e senhor dos desejos do seduzido, que se deu ao sedutor.

O seduzido vai construindo um mundo idealizado, onde ele e o sedutor viverão para sempre. O sedutor habilidoso consegue instalar no outro um desejo até com um simples olhar ou a exposição do seu corpo aos olhos do outro, além da persistência em dose suficiente para que uma dada pessoa, em cada circunstância e ambiente, se permita entregar-se voluntariamente.

Homens e mulheres – sedução diferente

"Estamos diante de uma diferença fundamental entre o erotismo masculino e o feminino", afirma o sociólogo italiano Francesco Alberoni. Para ele, o erotismo masculino é ativado pela forma do corpo, pela beleza física, pelo fascínio, pela capacidade de sedução. Não pelo reconhecimento social, pelo poder. Se um homem pendura na parede do seu quarto uma foto de Marilyn Monroe nua é porque ela é uma belíssima mulher nua. E, se ele tiver que escolher entre fazer sexo com uma atriz famosa, mas feia, ou com uma deliciosa garota desconhecida, não terá dúvidas em escolher a segunda. A sua escolha é feita na base de critérios eróticos pessoais.

Com a mulher seria diferente: o erotismo é profundamente influenciado pelo sucesso, pelo reconhecimento social, pelo aplauso, pela classificação no elenco da vida. O homem quer fazer sexo com uma mulher bonita e sensual. A mulher quer fazer sexo com um artista famoso, com um líder, com quem é amado pelas outras mulheres, com quem é respeitado pela sociedade.[18]

Mas isso é fácil de entender se lembrarmos que, durante milênios, as mulheres aprenderam a erotizar a relação com o poderoso para se sentirem protegidas. Para Giddens, a "sedução" perdeu grande parte do seu significado em uma sociedade em que as mulheres tornaram-se muito mais sexualmente "disponíveis" aos homens do que jamais o foram, embora – e isto é importante – apenas mais como uma igual.[19]

Nas mãos de um sedutor

Alice, uma publicitária de 34 anos, está separada há cinco. Desde essa época tenta conquistar Juarez, seu colega de trabalho. Já saíram várias vezes, até fim de semana passaram em Búzios, só os dois. Mas não tem jeito, Juarez não se manifesta quanto a uma relação estável:

> *Não sei mais o que faço, até em mãe de santo já deixei o nome dele. Nosso sexo é maravilhoso, e quando estamos juntos não tenho dúvida de que ele me deseja, que gosta de estar comigo. Mas no dia seguinte é como se eu não existisse na vida dele. Uma amiga me ensinou uma mandinga. Confesso que me sinto ridícula, mas acho que vou experimentar. Não suporto mais essa indefinição.*

Laura Kipnis diz que essa é uma situação comum vivida por mulheres que não têm uma relação amorosa há bastante tempo. O fato de ter encontrado um amante tão atraente e divertido gera ansiedade por não saber se vai haver continuidade. Há momentos em que se sente frio no estômago e se tem várias noites maldormidas.[20]

Mas nem todos apelam para reforços externos, como uma mandinga, preferindo se arriscar usando a própria capacidade de sedução, num jogo cheio de rituais que se inicia com a escolha do parceiro. Homens e mulheres são ensinados a ser diferentes, sobretudo no que diz respeito à sensibilidade, ao desejo e às fantasias. "Os homens tenderam a ser 'especialistas em amor' apenas com respeito às técnicas de sedução ou de conquista."[21] Na relação a dois, com frequência, um imagina o outro como na realidade ele não é e espera dele coisas que ele não pode dar. Entretanto, a igualdade entre os sexos tende a acabar com essa situação; ambos buscam, cada vez mais, o que os iguala e tentam superar as diferenças.

Benching – quando se espera "sentado" por alguém

Matéria do site português Observador, de 4/7/2016, tem a chamada "Ainda estávamos a familiarizar-nos com o *ghosting*, e eis que surge o *benching*. Uma prática antiga no mundo das relações, mas que só agora ganhou nome e projeção".[22] Como o próprio nome indica, *benching* vem de *bench*, que em inglês significa banco, ou seja, é o ato de ficar no banco. Mas o que vem a ser o *benching*? Quando duas pessoas – no Tinder ou em outra rede social – têm um ou dois encontros e uma delas subitamente deixa de responder às mensagens, voltando a dar sinais de vida apenas semanas mais tarde, isso é *benching*.

A comunicação é intermitente e pressupõe convites para jantares ou cafés que à última hora nunca acontecem. E isso pode durar meses. Quem está "sentado" acha que é uma questão de *timing* e que, eventualmente, a coisa vai acontecer. As desculpas, sempre elaboradas, envolvem agendas cheias, entrega de trabalhos ou problemas familiares, corroborados por fotos com um único propósito: iludir a pessoa "sentada".

Quem põe a outra pessoa "sentada" o faz por indecisão e para manter as possibilidades em aberto. Não tem a certeza de gostar o suficiente para assumir uma relação, mas não quer descartar a hipótese – espera alguém melhor sem se comprometer e está de olho em mais dois ou três pretendentes. No caso de não acertar com uma das alternativas, tem alguém seguro, no banco.

Há dois tipos de *benching*: solteiro(a) ocasionalmente com outra pessoa de quem não tem a certeza se gosta ou não ou alguém que está numa relação e não tem a certeza de querer continuar nela, mas prefere não acabar e começar a procurar outras opções.

Segundo o jornal *The Telegraph*, as *benchees* também servem para acompanhar a casamentos ou para quando a pessoa não quer chegar a uma festa sozinha e sabe que basta mandar uma mensagem no WhatsApp para arranjar um par. Para quem está "sentado" isso só aumenta a incerteza sobre o interesse do outro. Basicamente, os pensamentos são: se não gostasse de mim não me mandava essas mensagens *versus* se gostasse de mim não ficava tanto tempo sem dizer nada.

Por que tanta gente cai nessa história? Porque o *bencher* (quem pratica o *benching*) é atencioso, pergunta à pessoa como é que ela está, como foi o dia, além de outros cuidados interpretados como interesse genuíno. Mesmo que isso só aconteça de duas em duas semanas e seja sempre por celular.

O que diferencia o *benching* do *ghosting* é que no último a pessoa desaparece sem aviso e de vez, isto é, não volta para se assegurar de que não perdeu nada. De acordo com a revista eletrônica nova-iorquina *Beta*

Male, o *benching* é bem mais traiçoeiro do que o *ghosting* ou do que simplesmente dizer que não está interessado e acabar com tudo de uma vez.

Uma vítima de *ghosting* pode fazer o seu luto quando percebe o fim da relação – mesmo que não encontre uma explicação –, já a vítima de *benching* não sabe em que pé estão as coisas porque a pessoa desaparece e aparece constantemente. Jason Chen, editor da *Beta Male*, acredita que essa é uma prática de homens. Nela ainda há a ideia de o homem ter de dar o primeiro passo.

A matéria termina com o trecho: "Se depois deste texto você concluir que está 'sentado/a', tem duas opções. Pode sentar a outra pessoa também ou pode levantar-se e ir cuidar de sua vida. Porque, quando o *benching* acontece, a velha máxima de 'ele(a) não está assim tão interessado' continua a ser verdadeira".

Sedução a qualquer preço

Mulheres aprendem a "desmunhecar" em curso para "atrair partidão"

Esse é o título da matéria da jornalista Marianne Piemonte, do caderno "Equilíbrio e Saúde", do jornal *Folha de S.Paulo*, da jornalista Marianne Piemonte, que comento a seguir.[23] Aquelas que desejam se tornar "magnéticas" para conquistar um partidão podem embarcar na promessa do treinamento intensivo oferecido pela agência de relacionamentos Eclipse Love. A mil reais por cabeça, 19 mulheres estavam numa sala da avenida Paulista, em São Paulo, diante de um PowerPoint que anunciava mudar suas vidas. Eram secretárias, arquitetas e psicólogas com idades entre 30 e 60 anos.

A criadora do programa, a psicóloga Eliete Amélia de Medeiros, 47 anos, trabalha há quinze formando casais e há dois abriu a agência. Diz ser a primeira "hearthunter" (caçadora de corações) e chega a cobrar 12 mil reais pelos seus serviços, que, segundo afirma, têm êxito de até 70%. Atualmente, informa, 2.500 pessoas contam com seu auxílio para ter sorte no amor.

No capítulo sobre etiqueta, aparece na tela a imagem de um sutiã em chamas. Eliete diz: "Não foi por nossa culpa que elas fizeram isso, mas precisamos resgatar a feminilidade e a tolerância se quisermos relacionamentos duradouros". Nessa aula, as mulheres aprendem que não devem falar com o garçom durante um jantar romântico, que homens reparam se as unhas do pé estão bem-feitas e que é proibido comer muito em um primeiro encontro. Depois de um breve curso de maquiagem – porque cara lavada é sinal de desleixo –, a professora volta com um guia prático de magnetismo. Todas as participantes estão com caneta em punho.

A primeira regra é a pontualidade. "Qual o problema em deixar um pretendente com uma Mercedes esperando na porta da sua casa por quinze minutos?" "Todos", responde a plateia. São Paulo é uma cidade perigosa, além de ser sinal de falta de respeito, segundo as participantes. Outro item elementar é o salto alto. "Sei que rasteirinhas e sapatilhas estão na moda, mas para atrair devemos usar salto", diz Eliete. Ela mesma não descansou um segundo do seu salto doze.

"As magnéticas são maleáveis, 'batem cabelo' [jogo de cabeça para os lados], quebram os pulsos [sim, desmunhecar] e movem os quadris enquanto conversam." A professora orienta: "Quem quer relacionamentos duradouros não deve transar na primeira noite, e o homem é quem paga o primeiro jantar". Há também dicas de como se vestir na praia ou piscina. "Como você não usa sapato nessas ocasiões, deve andar na ponta dos pés. Além de chamar atenção e olhares, gordurinhas e celulites ficam disfarçadas", afirma Eliete. Nesse instante, ela demonstra como deve ser esse andar. As alunas observam atentamente.

Meninas são treinadas para seduzir futuros pretendentes

Em Uberlândia, Minas Gerais, em pleno século XXI, foi criada uma escola de princesas. As vítimas são meninas, a partir dos 4 anos, treinadas para se comportar como se aguardassem a chegada do príncipe encantado. Aprendem a ser boas donas de casa, maquiar-se, vestir-se como princesas – para isso usam até tiaras na cabeça – e comportar-se à mesa, com a pompa de candidata ao trono. O incrível é que a escola abriu filiais em outras cidades.

Depois de treinadas para se ajustarem às exigências masculinas, é torcer para que encontrem quem se interesse por elas. As mães assistem felizes ao resultado: futuras mulheres se preparando para agradar maridos. Uma delas comentou na reportagem que cobriu a iniciativa: "Se houvesse um curso para rainha, eu faria para acompanhar a minha filha". A Escola de Princesas deve ter servido de inspiração para o curso citado anteriormente que ensina a "desmunhecar" para "atrair partidão".

Talvez falte às mães que matriculam suas filhas nas escolas de princesas conhecer a história das mulheres. Seria bom se soubessem que às mulheres, durante milênios, foram negadas quase todas as experiências do mundo. Diziam que têm o cérebro úmido e por isso são incompetentes, incapazes e desinteressantes. Deveriam ser obedientes e ficar quietinhas no espaço privado, só cuidando de casa e dos filhos.

A luta das mulheres pela emancipação e para se livrar da submissão ao homem tem sido longa e árdua. O movimento feminista, que nasceu nos anos 1960, tenta acabar com a discriminação, mas ondas conservadoras sempre mostram suas garras. Foi o que aconteceu nos anos 1980 em reação ao avanço das mulheres. A imprensa na época chegou a fazer afirmações absurdas.

Diziam haver dois tipos de mulheres particularmente sujeitas a um colapso nervoso: as solteiras e as profissionais bem-sucedidas. A revista *Newsweek* acusava as solteiras de ganância por buscarem um bom salário em vez de um marido. O renomado *The New York Times* disse que as solteiras e independentes estavam "deprimidas e confusas" por causa da "falta de homens". A revista feminina *Harper's Bazaar* opinou dizendo que o movimento feminista dera às mulheres mais perdas do que ganhos.

Hollywood aderiu ao retrocesso alguns anos depois da mídia. Como a produção de filmes é algo mais demorado, a indústria cinematográfica teve todo o tempo para absorver "as tendências" que a mídia atribuía às mulheres independentes e devolvê-las nos filmes americanos com o dobro do tamanho. Os esforços para calar a voz das mulheres sempre foi uma constante no cinema americano nesse período.[24]

"O contra-ataque antifeminista praticamente moldou a imagem que Hollywood projetou da mulher na década de 1980. Nos casos mais típicos, as mulheres enfrentavam outras mulheres; a raiva das mulheres diante das circunstâncias sociais foi esvaziada no seu aspecto político e, em lugar disso, foi apresentada como depressão pessoal; a vida das mulheres era mostrada como um conto moral em que a 'boa mãe' vence e a mulher independente é punida. E Hollywood redefiniu e reforçou a tese do contra-ataque: as mulheres eram infelizes porque eram livres demais; essa liberação roubara delas o casamento e a maternidade."[25]

Mas, pelo visto, as tentativas de voltar no tempo continuam. A escola das princesas e o curso para arranjar marido rico estão aí para não deixar ninguém mentir. Em 2016, a ONU alertou para o retrocesso que estão sofrendo as liberdades fundamentais das mulheres em muitos lugares do mundo e advertiu sobre o perigo de que os avanços conquistados durante anos se percam.

Ainda não conheço este tipo de escola no Brasil, mas do Chile vem um exemplo interessante: é o curso de "desprincesamento", que ensina a deixar de ser princesa. Ele é oferecido por uma casa de cultura, com o apoio de uma Secretaria de Proteção de Direitos da Infância. Ao contrário das escolas de princesas, as meninas aprendem que nenhuma mulher precisa de um príncipe encantado para ser feliz. Há debates e diversas aulas, até de defesa pessoal.

Não é necessário pensar muito para decidir o que é melhor: a escola das princesas – meninas contidas, submissas e recatadas – ou a escola das "desprincesas" – meninas independentes, confiantes e corajosas, livres da ideia de que para conquistar um homem é necessário se submeter às exigências dele.

Início de uma relação amorosa

No início do século XX, as mulheres passaram a exigir mais interação com os namorados, afinal, eles poderiam vir a ser seus maridos. Os acompanhantes, que fiscalizavam os namoros, foram ficando para trás. Mas a maior novidade no namoro veio, como vimos, com o telefone e o automóvel. Como sempre ocorre com qualquer novidade, os conservadores reagiram. Diziam que o telefone era uma imoralidade, porque uma jovem podia estar deitada na cama e ouvir a voz de seu amado, junto ao travesseiro, com um tremor voluptuoso, o que era considerado bem indecente na época.

O automóvel era visto como muito mais perigoso. Desde 1902, os anúncios diziam: "Para se divertir é preciso uma namorada e um carro". Nos anos 1920, um carro era "um pecado sobre quatro rodas", o meio mais simples de escapar dos olhares e da pressão social. O automóvel libertou os jovens da tutela dos pais, já que envolvia a saída para lugares de divertimento público, escapando assim à supervisão direta no lar.

Nos anos 1950 e 1960, as revistas femininas não perdiam a oportunidade de amedrontar as moças a respeito de sua conduta no namoro: "É leviana, sim, a moça que consente em ser beijada pelo namorado que conheceu hoje, no baile, e com quem bebeu muito champanhe [...] tem razão para temer o que o rapaz agora ande a dizer na roda de amigos. Felizmente não permitiu que outro namorado, depois, desfrutasse em tal companhia de 'intimidades silenciosas' [...] ela o teria prendido por um tempo, sim, mas não para amá-la, antes para desfrutá-la e deixá-la depois com a alma cheia de remorsos".[26]

O encontro amoroso

Muitas vezes, a busca do par amoroso é incessante e desesperada. Basta encontrar quem corresponda mais ou menos ao que se deseja e pronto: criam-se expectativas de ter encontrado "a pessoa certa". "Começos são sempre plenos de possibilidades, uma vez que contêm a promessa de completude. Através do amor, imaginamos uma nova forma de ser. Você me vê como eu nunca me vi. Com você, e por seu intermédio, hei de me tornar o que desejo ser. Hei de me tornar inteiro. Ser escolhido por quem você escolheu é uma das glórias do apaixonamento. Faz a gente se sentir extremamente valorizado. Eu sou importante. Você confirma o que significo. O primeiro estágio de qualquer encontro é cheio de fantasias. É uma sequência de projeções, expectativas e sentimentos que podem ou não se transformar numa relação."[27] Até o namoro começar há dúvidas e incertezas: atrair o interesse, manter o clima de atração, despertar o desejo do outro pela convivência.

No início da relação, lá está você diante de uma pessoa que mal conhece e com quem já faz mil planos – imagina viagens a lugares exóticos, um casamento na Tailândia, o nome dos três filhos que vão ter. É comum atribuir ao amado características que ele não possui e acreditar que ele é perfeito. "O amor nasce em nós como um ato de imaginação, uma síntese criativa que visa preencher nossos desejos mais profundos, nossos sonhos mais antigos, permitindo que ambos nos renovemos e nos transformemos."[28]

Um só tem olhos para o outro

Muitas vezes os dois se envolvem de tal forma que se fecham na relação. Afastam-se dos amigos, deixam de fazer coisas que sempre lhes deram prazer. Quando um dá espaço para outras pessoas na própria vida, o outro pode sentir como se estivesse sendo excluído e traído. Afinal, é alimentada a crença de que os dois se completam e nada mais importa.

"Esta sensação de prazer é tão grande que, para exprimi-la, é comum usar as expressões do tipo: 'depois de a(o) conhecer eu não posso viver sem ele(a)' ou 'ela(e) me completa'. O homem se completa na mulher, e vice-versa. O que é uma grande tolice, pois o ser humano, macho ou fêmea, jamais é incompleto. Para procriar, sim, são necessários dois, mas isso não significa incompletude para a vida afetiva."[29]

Dois tipos de busca por um parceiro

A crença de que só é possível ser feliz se houver alguém que amamos e que retribua o nosso amor faz com que a busca por um(a) parceiro(a) seja constante. O psiquiatra francês Jacques Salomé analisa dois tipos de busca.[30] Ele diz que, dependendo da história ou dinâmica pessoal de cada um, essa busca será ativa ou passiva. A busca é *ativa* quando passa, principalmente, por processos e estratégias da ordem da sedução. Por atitudes, comportamentos e investimentos orientados para o outro. Mobiliza a pessoa, é inventiva e suscita toda uma série de ações baseada, quase exclusivamente, no agir em favor do outro ou até mesmo agir no lugar dele.

Salomé acredita que, por mais generosas e dedicadas que, à primeira vista, possam parecer, as atenções derivadas dessa forma de busca muitas vezes visam criar um relacionamento de controle sobre o outro. As frases-chave que dão testemunho dessa dinâmica na relação são do tipo: "Você pode contar comigo"; "Não faça nada sem mim"; "Farei tudo por você"; "Jamais abandonaria você"...

A busca por um parceiro é *passiva* quando é constituída, sobretudo, por expectativas e até mesmo exigências implícitas. A forma clínica principal dessa maneira de ser corresponde à síndrome bem conhecida da Bela Adormecida no bosque. Atinge tanto os homens quanto as mulheres, isto é, todos os ingênuos que apenas sonham em cultivar a secreta e mágica esperança da chegada do príncipe encantado ou da deliciosa princesa para os despertar e os satisfazer completamente.

Cada um espera que o outro venha a corresponder a suas necessidades e desejos, sendo capaz ao mesmo tempo de reparar as mágoas e satisfazer todas as carências, falhas e ainda preencher os vazios do passado: "Conto com você"; "Preciso de você"; "Não posso viver sem você"; "Sem você, não sou nada"...

O que nos atrai no outro

Para Salomé, a atração pode ser física, emocional ou espiritual. Pode ser igualmente circunstancial, ligada a um estado particular, uma sensibilidade ou receptividade privilegiada. Podemos ser atraídos não só pela beleza ou charme, mas também pela fragilidade, aflição ou, até mesmo, pela brutalidade de alguém. Podemos ficar perturbados, mobilizados e estimulados por uma recusa, rejeição ou desinteresse manifestado em relação a nós ou algum de nossos aspectos. Podemos ser sensíveis a vulnerabilidade ou fraqueza de uma pessoa que suscitará em nós compaixão, dedicação ou sentimentos mais complexos em torno da necessidade de reparar, ajudar, amparar ou salvar.[31]

Códigos estabelecidos desde o início

O início de uma relação amorosa é decisivo, seja ela passageira ou duradoura, inventada ou real. Nessa fase de conhecimento e descoberta é comum que as duas pessoas mostrem o melhor de si, seus aspectos mais atraentes e sedutores. Não se incomodam em abdicar de coisas que lhes dão prazer só para agradar ao outro. O que poderia ser mais importante naquele momento da vida?

Até aí tudo bem, já conhecemos essa história. Entretanto, o que muitos não sabem é que toda relação é regida por códigos, que são passados de um para o outro, na maioria das vezes de forma inconsciente. Através de gestos, olhares, sorrisos, comentários ou qualquer outra manifestação, deixamos o parceiro perceber quais são nossas expectativas a seu respeito. O que admiramos ou rejeitamos no seu comportamento, o que esperamos que faça em determinada situação e até as atitudes que não admitimos de jeito nenhum. A questão é que, depois de estabelecidos os códigos, não adianta lamentar. É muito difícil revertê-los.

O ciúme, por exemplo, pode ou não fazer parte de um relacionamento. Vamos imaginar a seguinte situação na vida de um casal: eles começaram a namorar há uma semana. Estão num bar conversando quando chega um amigo dela, que ele não conhecia. Ela se levanta e abraça o amigo, afinal, não se viam havia vários meses e estavam com saudades. Ela faz as apresentações e pouco depois o amigo se retira. O namorado então lhe diz, baixinho: "Não gostei nada do jeito como vocês dois se abraçaram. Fiquei com ciúmes". À primeira vista pode parecer um comentário banal, nessa situação, mas o perigo está em considerá-lo inofensivo. Dependendo da reação da namorada a esse comentário, aspectos fundamentais da relação vão se definindo.

O que você responderia nesse caso, mesmo que fosse o contrário, a sua namorada é que ficasse com ciúme do abraço? As respostas possíveis são inúmeras, mas você tem que escolher uma. E sabe por quê? Para não deixar dúvidas quanto ao tipo de relação que se dispõe a ter. Se você é uma pessoa insegura, que entende o ciúme como prova de amor, provavelmente vai deixar transparecer que apreciou o comentário feito. Pode responder algo do tipo: "Ah, meu bem, juro que ela é só minha amiga". Mas a essa altura sua namorada já registrou, mesmo sem perceber, que o ciúme lhe agradou e deve, portanto, fazer parte do cotidiano de vocês.

Outra resposta bem diferente pode ser dada por uma pessoa que deseja uma relação madura, sem que as inseguranças de cada um sejam nela depositadas. Ela pode, por exemplo, esclarecer que um namoro ou casamento só faz sentido se as pessoas se respeitarem, sem tentar tolher a liberdade do outro, e que interferências desse tipo podem aos poucos deteriorar a relação.

Um não se sentir dono do outro, e as pessoas saberem que estão juntas por prazer, e não por qualquer outro motivo, só enriquece cada encontro. Além de permitir que se viva sem limitações, coisa tão rara em quem está casado ou namorando.

A paixão

Sou casado e amo minha mulher e filhos. Não quero perder minha família, mas aconteceu um fato em minha vida que eu, no fundo, temia. Viajei a negócios com um colega e ficamos no mesmo quarto de hotel. Eu nunca tive muita intimidade com ele, mas à noite, após um dia exaustivo de trabalho, bebemos um pouco e acabamos transando. Estamos profundamente apaixonados. Ele também é casado e ama a família, mas tememos que nossa história venha a público.

Esse foi o relato que Júlio me fez no consultório. Chegou tenso e foi logo mostrando como está difícil decidir o que fazer no momento.

* * *

É muito raro encontrar alguém que nunca tenha se apaixonado. Nós todos aprendemos, desde cedo, a desejar viver uma paixão. Não se sabe nada do outro, vemos o que queremos ver, e a pessoa por quem estamos apaixonados faz o mesmo. A conversa dura pouco, mas isso não impede que se façam planos e se imaginem situações. Na maior parte das vezes, a emoção que se sente, nesse caso, é de um amor totalmente idealizado. Por isso, certo distanciamento e mistério são essenciais para a paixão; em geral, as pessoas não se apaixonam por alguém que conhecem bem.

"Apaixonar-se por alguém é dar permissão a essa pessoa para uma mistificação consentida. A cristalização de nossos desejos num indivíduo específico significa que o descobrimos tanto quanto o inventamos, correndo o risco de 'dourá-lo' nesse percurso. Os mais perfeitos embustes se valem sempre das linguagens do entusiasmo e da devoção. Mesmo que o outro esteja sendo sincero no momento em que declara sua paixão, nada garante que manterá sua palavra, pois, assim como eu, não tem o controle das próprias emoções."[32]

Já para Giddens, o amor apaixonado é marcado por uma urgência que o coloca à parte das rotinas da vida cotidiana, com a qual, na verdade, ele tende a se conflitar. O envolvimento emocional com o outro é invasivo – tão forte que pode levar o indivíduo, ou ambos os indivíduos, a ignorar as suas obrigações habituais. O amor apaixonado tem uma qualidade de encantamento que pode ser religiosa em seu fervor. Tudo no mundo parece de repente viçoso, mas é especificamente perturbador nas relações pessoais e arranca o indivíduo das atividades cotidianas e gera uma propensão às opções radicais e aos sacrifícios.[33]

A duração da paixão

Ansiosos por experimentar as emoções tão propaladas desse amor, quase todos no mundo ocidental constroem a história que bem entendem, sem nem se dar conta disso. Há quem questione se uma paixão desse tipo pode ser duradoura. A questão é saber se entre a pessoa real e a imagem que se formou dela existe grande distância. Se existir, em pouco tempo a convivência com o outro se torna frustrante. Principalmente quando ignoramos ou rejeitamos aspectos da relação que ameaçam a ordem estabelecida de nossa parceria.

"Reduzimo-nos também descartando aspectos importantes da nossa personalidade em nome do amor. Não devemos nos surpreender que a paixão acabe quando prendemos a nós mesmos e nossos parceiros a papéis fixos. Os dois lados perdem. Não só você esgotou a paixão, como também não conseguiu grande satisfação. A fragilidade desse equilíbrio artificial fica evidente quando um parceiro infringe as regras da convivência e insiste em trazer partes mais autênticas de si mesmo para a relação."[34]

Talvez a diminuição da paixão tenha mais a ver com os limites da familiaridade e o peso da realidade do que com medo. O erotismo é arriscado. Temos medo de nos permitir esses momentos de idealização e desejo por quem vive conosco. Isso introduz um reconhecimento de soberania que pode dar uma sensação de instabilidade. Quando nosso parceiro é independente, tendo sua própria vontade e sua liberdade, a vulnerabilidade de nosso vínculo aumenta.[35]

"A defesa típica contra essa ameaça é permanecer no âmbito do familiar e do aconchego – das briguinhas, do sexo confortável, dos aspectos cotidianos da vida que nos mantêm amarrados à realidade e barram qualquer chance de transcendência."[36]

O psicanalista americano Stephen Mitchell diz que até mesmo nos casamentos mais tediosos a previsibilidade é uma ilusão. Nossa necessidade de constância limita o quanto desejamos conhecer quem está do nosso lado. Estamos empenhados em vê-lo ou vê-la de acordo com a imagem que muitas vezes é uma criação de nossa imaginação, com base em nossas próprias necessidades.[37]

Paixão e sofrimento

A maioria das pessoas sabe que a paixão acaba logo, mas vivenciar o desejo e o sofrimento faz com que todos se sintam vivos. Necessita-se do outro, não como ele é no plano do real, mas como instrumento que torna possível viver uma paixão ardente. O sentimento que nos envolve é tão intenso que ansiamos por ele, apesar da certeza do sofrimento.

Todos os apaixonados pressentem que um dia podem perder a pessoa amada, que isso pode acontecer a qualquer momento, e sofrem. Mitchell acredita que a fantasia da permanência pode cortar a da paixão, mas ambas são produtos de nossa imaginação. Desejamos constância, podemos trabalhar para tê-la, mas ela nunca está garantida. "Quando amamos, sempre corremos o risco da perda – por alguma crítica, por rejeição pela separação e, em última análise, pela morte –, independentemente do esforço que façamos para dela nos defender. A introdução da incerteza às vezes nada mais exige senão o abandono da ilusão da certeza. Nessa mudança de percepção, reconhecemos o mistério intrínseco de nosso parceiro."[38]

Amor e paixão

De acordo com Scott Peck, de todos os falsos juízos sobre o amor, o mais poderoso e infiltrado é a crença de que "apaixonar-se" é amor ou, pelo menos, uma das manifestações de amor. Ele acredita ser uma concepção errada, porque a paixão é experimentada subjetivamente de uma forma poderosa como uma experiência de amor. Quando uma pessoa se apaixona, o que ele ou ela sente com certeza é "amo-o" ou "amo-a". Mas dois problemas aparecem imediatamente. O primeiro é que a experiência de se apaixonar é especificamente uma experiência erótica ligada ao sexo. Não nos apaixonamos pelos nossos filhos, embora os amemos profundamente. Não nos apaixonamos por amigos do mesmo sexo, a menos que sejamos homossexuais, por muito que gostemos deles. Apaixonamo-nos só quando somos, consciente ou inconscientemente, motivados sexualmente.[39] Nas ligações do amor romântico, o elemento do amor sublime tende a predominar sobre o ardor sexual.

Quando o(a) parceiro(a) se apaixona por alguém

Há alguns anos, conversando sobre paixão com Angel Vianna, coreógrafa e pesquisadora de dança, ouvi coisas bem interessantes. "Acho que amar é aceitar os momentos de cada um. A paixão é um impulso, se o parceiro se apaixona por outra pessoa, é importante ceder... ele tem que experimentar isso. Mas, para aceitar isso, tem que haver muito amor pelo ser humano, uma compreensão especial de gente." Perguntei, então, como ficava o ciúme. "O único jeito é engolir o ciúme. Além disso, descobrir uma maneira de crescer como pessoa, em todos os sentidos."

A paixão está em via de extinção?
Os novos padrões de permissividade desmobilizam a paixão, que se alimenta muito da proibição, é o que defende a filósofa francesa Elisabeth Badinter. Ela acredita também que homens e mulheres sonham com outra coisa diferente dos dilaceramentos. Se as promessas de sofrimento devem vencer os prazeres, preferimos nos desligar. De um ponto de vista tanto social quanto psicológico, as condições da paixão não estão mais reunidas.[40]

Ausência de garantias no amor

A experiência de se apaixonar tem como uma das suas prováveis características a ilusão de que a paixão vai durar para sempre. Essa ilusão é estimulada na nossa cultura pelo mito do amor romântico e é reforçada pelas histórias infantis, em que o príncipe e a princesa, uma vez unidos, vivem felizes para sempre.

O filósofo francês Alain Badiou comenta um anúncio de um site de relacionamentos que promete uma relação amorosa com segurança total. "Tenha amor sem ter o acaso", essa era a chamada do site. Badiou mostra como a ameaça de segurança – em que toda a potencialidade da surpresa do encontro, a possibilidade de descoberta, a aventura, a poesia do encontro amoroso – é deixada em segundo plano para garantir a felicidade. Para ele o mundo está, com certeza, cheio de novidades, e o amor também deve ser avaliado dentro dessa inovação. É necessário reinventar o risco e a aventura, em oposição à segurança e ao conforto.[41]

O psicoterapeuta e escritor Roberto Freire concordava com essa ideia quando dizia que o risco é sinônimo de liberdade e o máximo de segurança é a escravidão. A saída é vivermos o presente com prazer. Para Freire, a questão é que temos medo, os riscos são grandes e nossa incompetência para a aventura nos paralisa. Entre o risco no prazer e a certeza no sofrer, acabamos sendo socialmente empurrados para a última opção.[42]

Para o professor de Teoria Psicanalítica e escritor Luiz Alfredo Garcia-Roza ninguém tem acesso à subjetividade do outro. A relação entre dois seres é marcada pela ausência de garantia. Por maior que seja a prova de amor dada, ela pode não ser verdadeira. Essa possibilidade de falsear é que é a mola do ciúme. Ciúme é a contrapartida da ausência de garantia.[43]

É necessário "trabalhar" um relacionamento?

É comum ouvirmos as pessoas dizerem que para viver bem numa vida a dois todos devem "trabalhar" o relacionamento com os parceiros. Laura Kipnis trata de forma interessante essa questão. A seguir algumas ideias da autora.[44]

O amor moderno pode ser uma vila operária – pode até vir com alojamento (funcional também conhecido como domesticidade) –, mas pergunta se somos marionetes sociais tão manipuladas que aceitamos automaticamente todas as histórias sempre sem questionar nada. Evidentemente, o amor está sujeito a tanta regulação quanto qualquer substância poderosa que induza ao prazer. Seja ou não uma fantasia que acalentamos enquanto nos agrada, existe uma quantidade interminável de instrução social para nos dizer o que ele é e o que fazer com ele, e como e quando. A quantidade de conselhos sobre como amar adequadamente é quase tão infinita quanto são limitadas as formas aprovadas que ele assume.

Para Laura, somos criaturas demasiado sociais e aparentemente tão maleáveis que nossos próprios desejos conseguem acompanhar de perto quaisquer expectativas sociais do amor que prevaleçam no momento. Apesar da aparência natural e inevitável ligada a esses arranjos atuais, a injunção de trabalhar o amor é um ditame cultural bem recente. E, embora a grande maioria dos habitantes do mundo possa se organizar em arranjos permanentes e semipermanentes de dois, até o olhar intercultural mais superficial revela que as particularidades desses arranjos variam muito. Obviamente, quanto mais trabalho alguém tem que fazer, menos recompensa aufere – o que sem dúvida é verdadeiro mesmo quando se "trabalha no seu relacionamento".

Dependência emocional

Não são poucos os casais que vivem numa relação de aparências, que pode servir de proteção do mundo exterior. Ambos podem se tornar dependentes um do outro e do próprio relacionamento. Alcançar um equilíbrio entre autonomia e dependência não é nada simples. A busca de autonomia não significa incapacidade de permanecer numa relação a dois, mas, sim, a recusa de pagar qualquer preço por ela.

Simbiose x autonomia

Selecionei algumas observações interessantes que a terapeuta de casais americana Esther Perel faz sobre a dependência emocional na vida a dois, que sintetizo nos próximos parágrafos.[45] No começo de uma relação o amor o agarra e você se sente poderoso e não quer que acabe. Mas também tem medo. Quanto mais você se apega, mais tem a perder. Então, tenta tornar o amor mais seguro. Procura prendê-lo, torná-lo confiável. Você assume seus primeiros compromissos e alegremente abre mão de um pouco de sua liberdade em troca de um pouco de estabilidade. Mas a emoção estava ligada a uma certa dose de insegurança. A sua excitação decorria da incerteza, e agora, ao procurar dominá-la, você acaba permitindo que a vivacidade abandone a relação.

Tentando controlar os riscos da paixão, você acabou com ela. Nasce o tédio conjugal. Embora prometa aliviar nossa solidão, o amor também aumenta nossa dependência emocional de uma pessoa. Somos propensos a acalmar nossas ansiedades através do controle. Sentimo-nos mais seguros e diminuímos a distância que há entre nós, aumentamos a certeza, as ameaças perdem a força e refreamos o desconhecido. Existe uma forte tendência de valorizar mais o previsível nas relações longas. Mas o erotismo gosta do imprevisível. O desejo entra em conflito com o hábito e a repetição. É indisciplinado e desafia nossas tentativas de controle.

As coisas se complicam quando você considera que uma de nossas maiores necessidades, em termos de desenvolvimento, é a autonomia. Desde que aprendemos a engatinhar, trilhamos os traiçoeiros caminhos da independência numa tentativa de equilibrar nossa necessidade fundamental de ligação com a de experimentar o que somos capazes de fazer. Precisamos que nossos pais cuidem de nós, mas também que nos deem espaço suficiente para estabelecermos nossa liberdade. Queremos que eles nos segurem e nos soltem. A vida toda andamos às voltas com essa interação entre dependência e independência.

Na vida a dois não queremos jogar fora a segurança porque nossa relação depende dela. Uma sensação de segurança física e emocional é fundamental para uma relação saudável. Mas sem um componente de incerteza não há desejo, não há *frisson*. A paixão numa relação é proporcional ao grau de incerteza que você pode tolerar. No fim, modelamos um sistema de convicções, medos e expectativas – algumas conscientes, muitas inconscientes – em relação à forma de funcionamento das relações. Fazemos um pacote bem amarrado com isso tudo e o entregamos ao nosso amor.

Relacionamentos codependentes

Num relacionamento codependente os parceiros se integram de tal modo que parecem ser um só. Muitas vezes, um parceiro domina e o outro se submete. O parceiro dominante não pode viver sem a dependência e o amor do outro. Este, por sua vez, apoia-se no parceiro dominante e não gosta de tomar decisões ou de assumir riscos. A relação codependente se baseia no fato de que cada parceiro busca no outro o que lhe falta, criando-se assim uma sensação de segurança. Isso tem um preço: ambos acabam intelectual e emocionalmente limitados. Além disso, nenhum dos parceiros é verdadeiramente independente e autônomo, uma vez que suas identidades pessoais não são levadas em consideração. Relacionamentos codependentes sempre se estabelecem à custa de um dos parceiros ou de ambos.[46] A dependência emocional gera ansiedade porque é comum alimentar a ideia de que a pessoa que amamos tem poder sobre nós – poder de nos amar, mas também de nos abandonar. "O medo – de críticas, de rejeição, da perda – está incrustado no amor romântico. Ser rejeitado sexualmente por quem amamos é particularmente doloroso. Portanto, temos menos propensão a ser eroticamente aventureiros com a pessoa de quem dependemos tanto e cuja opinião é primordial."[47]

Dependência e amor se confundem

A dependência emocional entre um casal é encarada por todos com naturalidade porque se confunde com amor. Essa dependência do outro pode levar as pessoas a continuarem juntas, acomodadas, dando a impressão de estarem anestesiadas. E, quando alguém fica junto por hábito ou dependência emocional, não é raro que um sentimento de ódio pelo outro, mesmo inconsciente, seja desencadeado.

Para Scott Peck, um erro comum sobre o amor é a ideia de que dependência é amor. Sintetizei algumas de suas observações.[48] Ele considera esse conceito, com o qual os psicoterapeutas se confrontam diariamente, equivocado. O efeito é verificado de um modo mais dramático em indivíduos que tentam ou ameaçam se suicidar ou se tornam deprimidos em reação à rejeição ou a uma separação do cônjuge ou de um amante. Essa pessoa diz: "Eu não quero viver, eu não posso viver sem o meu marido [mulher, namorada, namorado], eu o amo tanto". Quando Peck usa sua resposta frequente: "Isso é um erro, você não ama o seu marido [mulher, namorado, namorada]", a paciente, irritada, responde com uma pergunta e uma afirmação: "O que é que você quer dizer? Acabei de lhe dizer que não posso viver sem ele [ou ela]".

O psiquiatra tenta explicar: "O que me descreve é parasitismo, não amor. Quando precisa de outra pessoa para sua sobrevivência, é um parasita dessa pessoa. Não existe escolha nem liberdade na sua relação. É mais uma questão de necessidade do que de amor. O amor é o exercício da escolha livre. Duas pessoas sentem amor uma pela outra apenas quando são capazes de viver uma sem a outra, mas *escolhem* viver uma com a outra."

Peck define a dependência como a incapacidade de se sentir realizado ou de agir adequadamente sem a certeza de que se é motivo de cuidado para outra pessoa. A dependência em adultos fisicamente saudáveis é sempre uma manifestação de um problema emocional. Por fim, se continuam na terapia, todos os casais aprendem que a verdadeira aceitação da sua própria individualidade e da do outro e a independência são as únicas fundações sobre as quais se pode basear um relacionamento amoroso adulto.

Medo de não ser amado

Jacques Salomé pondera que o medo de não ser amado pode fazer alguém se lançar em uma busca desesperada por um parceiro amoroso, apenas por acreditar que ter alguém ao lado seria uma confirmação do seu valor, do interesse que pode suscitar ou de uma resposta à sua necessidade de amor.[49] Para outros, o mesmo temor pode paralisar, impedir ou falsear o encontro possível com outras pessoas.

O medo de ficarmos sós, o medo de sermos abandonados ou ficarmos desamparados, de não sermos reconhecidos, de nos sentirmos rejeitados, leva-nos, por vezes, a aceitar os sinais de interesse, as tentativas de aproximação, as demandas e as escolhas inconscientes de um parceiro que corre o risco de se revelar decepcionante ou frustrante em relação às nossas expectativas. Salomé nos dá exemplos dessas situações: "Tinha tanto medo de ficar sozinha que, no início, considerei seu mutismo como uma certa reserva e, até mesmo, sinal de profundidade. Levei anos para descobrir que o silêncio era profundo, sobretudo, no sentido do vazio!". "Ela ridicularizava tudo e considerava isso como a coisa mais engraçada possível. E o fato de que ela mostrava interesse por mim me dava o sentimento enganador de que eu era alguém muito engraçado".

Para Salomé, medos da fusão, dependência ou intrusão geram desconfiança, prudência e reserva. Podem até mesmo se traduzir por atitudes de distanciamento ou hostilidade, e ainda rejeição de qualquer sinal de interesse e, sobretudo, intimidade. A luta contra uma relação amorosa demasiado intensa, antecipada como uma ameaça, vai se manifestar pela instalação de mecanismos de defesa na área da sexualidade. É assim que alguns parceiros se organizam implicitamente para que seus desejos respectivos não possam coincidir. Por vezes, é preferível ser censurado ou acusado do que provocar uma aproximação na qual cada um correria o risco de se perder e se fundir no amor do outro.

O vínculo com a pessoa amada

O vínculo com a pessoa amada pode unir os dois, mas também pode ser vivido como uma forma de dependência alienante. Salomé acredita que para muitos não há comunicação autêntica sem vínculo. O vínculo não é um sentimento, mas uma modalidade peculiar do relacionamento que nos remete – de forma particular, com determinada pessoa e não com outra – às primeiras dependências de nossa vida, quando sentíamos a necessidade de uma resposta próxima, imediata e segura.

O vínculo com um ser querido manifesta-se pela necessidade da sua presença, de uma proximidade e certeza íntima de que tal pessoa não nos faltará. O vínculo desencadeia vários sentimentos antagônicos: um sentimento de bem-estar, de algo que é bom e inspira confiança, que nos liga como ser humano à presença ou evocação do nosso companheiro; mas suscita também sentimentos de vulnerabilidade quando apela a uma dependência e ao risco de perda.[50]

"Antes da minha revolução pessoal, eu julgava que o amor era ignorar minhas próprias necessidades, censurar inúmeros desejos, renunciar aos direitos pessoais para satisfazer as expectativas e necessidades do meu companheiro, realizar seus desejos de ajustar-me às suas escolhas sem levar em consideração as minhas."[51]

Dependência masculina

Lúcio foi sempre um ótimo estudante. Criado pela mãe, viúva e extremamente autoritária, era cobrado para atingir um patamar profissional semelhante ao do pai, que morreu cedo em um acidente de carro. Quando terminou a universidade, ele logo se tornou um profissional respeitado. Homem bonito e gentil, tinha muitas pretendentes, mas acabou se casando com Joana, que ninguém da família conhecia bem. Ela estava desempregada e, logo depois do casamento, engravidou. Tornou-se, então, a verdadeira "rainha do lar". Não só do lar como também de Lúcio, que passou a obedecer às suas ordens. Horários, amigos, criação dos filhos, viagens, tudo era decidido por ela.

Muitas vezes fico constrangido. Outro dia, ao sair do trabalho, fui com alguns colegas tomar um chope num bar próximo. Você acredita que ela foi lá me procurar e, sem a menor cerimônia, disse que eu tinha que ir imediatamente pra casa? E eu, que nem um cordeirinho, obedeci.

* * *

Sempre ouvi falar que os homens são independentes, não querem saber de compromissos amorosos e passam a vida tentando escapar do casamento. Porém, basta um momento de distração e podem ser fisgados. E a "felizarda" deverá ser, claro, aquela que melhor corresponder à expectativa do homem, muito atenta a seus desejos. Dessa submissão ela nem se dá conta, porque aprendeu desde pequena, quando ouvia a mãe repetir vinte, trinta, quarenta vezes: "homem gosta disso", "homem não gosta daquilo". Tudo isso, porém, pode estar longe de corresponder à realidade, porque no íntimo das relações as coisas se passam de outra maneira.

Ao contrário do que parece, é grande o número de homens que dependem emocionalmente de suas mulheres, entregando a elas a administração integral de sua vida e dos próprios desejos. A expressão máxima da submissão do homem à mulher pode ser ilustrada na cena inacreditável a que assisti, alguns anos atrás, na casa de amigos. Marido e mulher, casados há mais de trinta anos, conversavam em grupos separados. Quando foi servido o jantar, todos foram à mesa. E a cada momento, antes de pôr a comida no prato, ele se virava para a esposa e perguntava baixinho: "Julieta, eu gosto?". É claro que a dependência masculina não se mostra necessariamente tão óbvia, apresentando-se, na maioria das vezes, de forma bem mais sutil.

Homens e mulheres têm um papel a desempenhar. Para serem aceitos como machos, os meninos devem corresponder ao que deles se espera numa sociedade patriarcal – força, sucesso, poder. Não podem falhar nem sentir medo. Entretanto, perseguir o ideal masculino gera angústias e tensões, sendo necessário então usar uma máscara de onipotência e independência absoluta. Quando pequeno, o menino tem com a mãe um vínculo intenso, que deve ser rompido precocemente para que ele se desenvolva como "homem". Permanecer muito perto da mãe só é permitido às meninas. Para os meninos isso significa ser "filhinho da mamãe". Os amigos e os próprios pais não perdem uma oportunidade de debochar de qualquer manifestação de necessidade da mãe. O desejo de ser cuidado e acalentado é recalcado. Na vida adulta os homens escondem a necessidade que têm das mulheres mostrando-se autossuficientes. Tentam se convencer de que elas é que precisam deles. Assim, negando seus próprios impulsos de dependência, se sentem mais fortes.

Contudo, quando o homem se percebe atraído por uma mulher, dois sentimentos contraditórios o assaltam. Por um lado, o desejo de intimidade, de aprofundar a relação. Por outro, o temor de se ver diante do seu próprio desamparo e do desejo de ser cuidado por uma mulher. Talvez isso explique por que tantos homens que resistem ao casamento, optando por uma vida livre, em um determinado momento se casam e se tornam submissos, dependentes e dominados pela mulher.

Giddens concorda com essa ideia quando diz que a manutenção da confiança básica para o homem está, desde a infância, ligada ao domínio e ao controle, incluindo o autocontrole, que tem a sua origem em uma dependência emocional reprimida das mulheres. A necessidade de neutralizar tais desejos reprimidos, ou de destruir o objeto de tais desejos, entra em choque com a necessidade de amor. Nessas circunstâncias, os homens estão, em grande número, inclinados a se afastar das mulheres e a encarar o compromisso como equivalente a uma armadilha, embora os níveis de violência masculina contra as mulheres possam muito bem ir além daqueles atualmente observados.[52]

O ato de mascarar a dependência emocional vem deixando os homens vulneráveis. O amor romântico tem, de certo modo, sustentado essa orientação, no sentido de que o homem desejável tem sido representado com frequência como frio e inatingível. Mas, desde que tal amor dissolva essas características, que são exibidas como uma máscara, percebemos que a vulnerabilidade emocional masculina está evidentemente presente.[53]

Redefinindo a masculinidade

Giddens cita o psicólogo alemão Herb Goldberg, que diz que os homens são encarregados de redefinir a masculinidade para superar aquelas influências que os separaram de sua "experiência interior". Deveriam evitar os rótulos que serviram para sustentar uma adesão escravizadora ao princípio do desempenho – a preocupação de ser considerado um covarde, um fraco, um fracasso, um imaturo, um impotente ou um misógino. Deveriam cultivar amizades próximas com outros homens para terem aquele mesmo tipo de apoio que as mulheres são capazes de proporcionar umas às outras.

Goldberg acredita ser importante para todo homem romper com a ideia de que as mulheres com quem ele se envolve devam ser passivas e apaixonadas; em vez disso, devem esperar se relacionar com mulheres que são pessoas independentes. Os homens não devem buscar tão ansiosamente modificar o mundo: primeiro modifiquem a si mesmos.[54]

Medo da perda

"As confissões de Gilberto Gil e Tony Bellotto" é o título da matéria do jornalista Jorge Bastos Moreno, no jornal *O Globo*, em que Gil conta que teve um sonho horrível em que sua mulher, Flora, o mandava ir embora de casa e cuja única explicação seria ela ter se cansado de uma relação de 35 anos.[55] "Aquilo foi me apertando o coração e provocando uma dor imensa no meu peito. Achei que estava morrendo." A dor só passou quando Flora o acordou para lhe dar os remédios. Gil, então, contou-lhe o sonho, e ela o acalmou dizendo que, se ele a trocasse por outra, ela iria junto só para cuidar dele. Mas a dor que Gil sentia não passou logo. "Até agora ainda estou sentindo uma angústia, uma ressaca moral desse sonho. Eu não saberia viver sem a Flora."

No dia seguinte, Moreno entrevistou Tony Bellotto para o seu programa *Preto no branco*, do Canal Brasil. Ao vê-lo no estúdio, o jornalista se lembrou de tê-lo ouvido dizer na televisão que tinha sonhos recorrentes em que estava sendo abandonado pela mulher, a atriz Malu Mader. Moreno lhe contou sobre a conversa com Gil, e Bellotto lhe disse que esse é um pesadelo recorrente mesmo, de muitos anos. "De vez em quando eu tenho esses sonhos terríveis, com alguma destas situações: ou ela está me deixando, ou eu estou sentindo que ela não está mais interessada em mim, está se ligando em outra pessoa, ou está indo embora. Eu acordo realmente desesperado [risos]. É um terror!"

* * *

"Naquele momento são evocados os 'demônios' da nossa incapacidade de suportar uma possível perda", diz o psicólogo italiano Aldo Carotenuto. Quando nossas expectativas a respeito do comportamento do outro estão sendo satisfeitas, nos sentimos, de alguma forma, seguros na relação. Mas, se algo não sai exatamente como esperávamos, tentamos encontrar uma explicação que nos apazigue. Muitas vezes o receio de ser abandonado leva a pessoa a exigir do parceiro que não tenha interesse em nada fora da vida a dois, longe da pessoa amada.

"Tais maneiras fantasiosas de justificar o que acontece estão sempre profundamente enraizadas em situações anteriores de perda, em que a emoção com frequência esteve presente de maneira exacerbada, o que faz com que a 'nitidez' ou a força gerada pelo que sentimos anteriormente reapareça e se atualize de maneira intensa, às vezes em total desproporção ao acontecimento atual. Tornamo-nos então alertas. Vivemos a sensação de perigo iminente."[56]

Na realidade, por mais convivência que um casal tenha, nenhum deles conhece o outro como julga conhecer. Esther Perel nos lembra que, até mesmo nos casamentos mais tediosos, a previsibilidade é uma ilusão. Nossa necessidade de constância limita o quanto desejamos conhecer quem está do nosso lado. Estamos empenhados em vê-lo(a) de acordo com a imagem que muitas vezes é uma criação de nossa imaginação, com base em nossas próprias necessidades.[57]

Quando resistimos ao impulso de controlar, quando nos mantemos abertos, preservamos a possibilidade de descoberta. "O erotismo está no espaço ambíguo entre a ansiedade e a fascinação. Continuamos interessados no parceiro; ele nos diverte e somos atraídos para ele. Mas, para muitos de nós, renunciar à ilusão de segurança e aceitar a realidade de nossa insegurança fundamental é um passo difícil."[58] É impossível não concordar com o psiquiatra italiano Willy Pasini quando ele diz que a suspeita de ser abandonado e rejeitado são os pesadelos da infância, mas também os fantasmas da maturidade.

Intimidade

O amor se baseia em dois pilares: entrega e autonomia. Ao mesmo tempo que temos necessidade de união com o outro também temos necessidade de distanciamento. Com excesso de distância, não pode haver vínculo. Mas o excesso de união elimina a independência. "Então nada mais resta a transcender, não há ponte para se atravessar, ninguém para se visitar do outro lado, nenhum outro mundo interno onde entrar. Quando as pessoas se fundem, quando dois viram um, não há com quem estabelecer uma ligação. Assim, o distanciamento é uma precondição da ligação: este é o paradoxo essencial da intimidade e do sexo."[59]

Necessidades conflitantes

Há necessidades contraditórias, e muitas vezes conflitantes, de se fechar na relação com o outro e de independência. Ao contrário de quem idealiza o amor romântico e o próprio par amoroso, não é difícil observar pessoas que amam o parceiro, têm uma vida sexual satisfatória, mas lamentam não ter liberdade de fazer o que quiser da própria vida. Esther Perel faz uma interessante análise dessa questão, que reproduzo a seguir.[60] Na infância, lutamos para encontrar um equilíbrio sutil entre nossa profunda dependência das pessoas mais importantes que cuidam de nós e nossa necessidade de construir um sentimento de independência.

A intensidade com que as relações de nossa infância alimentam ou obstruem os dois tipos de necessidade determinará as vulnerabilidades que levaremos para nossas relações adultas: o que mais queremos é o que mais tememos. Ora uma necessidade é mais intensa, ora é outra; ora priorizamos uma, ora outra. E, justamente, somos inclinados a escolher parceiros com tendências que combinem com nossas vulnerabilidades.

Alguns de nós entram numa ligação íntima profundamente conscientes da necessidade de união, de estar junto, de não estar só, de não ser abandonado. Outros chegam à relação com uma grande necessidade de espaço pessoal – nossa noção de defesa nos leva a tomar cuidado para não nos deixar ser engolidos. A ligação erótica e emocional cria uma proximidade que pode ser perturbadora, quase claustrofóbica. Pode dar a sensação de invasão. O cercado que inicialmente dava segurança agora pode asfixiar.

A autenticidade e a espontaneidade do início não levam o casal a prever a ambivalência do amor que virá depois. Do ponto em que estavam, a intimidade era simples. Abrir-se, revelar, compartilhar, tornar-se transparentes, abrir-se mais. Na verdade, a intensa união física e emocional que sentem só é possível com alguém ainda desconhecido. Nesse estado inicial, ainda é relativamente seguro fundir-se e entregar-se, porque as fronteiras entre as duas pessoas ainda são definidas externamente. Os dois são novos um para o outro.

E, enquanto não se instalaram plenamente um no mundo do outro, ainda são duas entidades distintas. É o espaço que há entre eles que lhes permite imaginar que não existe espaço nenhum. Eles ainda estão empolgados pelo encontro e ainda não consolidaram a relação. Não é preciso cultivar a distância nos estágios iniciais do apaixonamento; os dois ainda são pessoas bem distintas.

Medo da intimidade

No amor, muitos têm dificuldade de estabelecer uma relação de intimidade com o outro. As pessoas inseguras supõem que a intimidade as torna vulneráveis e tendem a viver esse fenômeno como uma situação perigosa, às vezes até angustiante, e a sentir um grande medo dela. A intimidade é temida pelos mais variados motivos. Pelo receio de nos entregarmos a ela, de nos fundirmos com o outro, de ficarmos desprotegidos. "Estarmos apaixonados, tornarmo-nos amantes, é também abandonar defesas e quebrar a crosta de nossa couraça. É aceitar que venha a se revelar o menino tão inquieto ou desajeitado e a menina tão vulnerável que vivem na expectativa – adormecida em cada um, qualquer que seja a idade, estatuto social ou funções – de serem amados e acolhidos."[61]

Para Giddens, intimidade significa a revelação de emoções e ações que não são expostas pelo indivíduo para um olhar público mais amplo. Na verdade, a revelação do que é mantido oculto das outras pessoas é um dos principais indicadores psicológicos, capaz de evocar a confiança do outro e de ser buscado em retribuição. É fácil verificar como a autorrevelação presumida pela intimidade pode produzir codependência se não acompanhar a preservação da autonomia. Se a "entrega" psicológica ao outro não for mútua, e razoavelmente bem equilibrada, um indivíduo é capaz de definir as suas necessidades desvinculadas do outro, esperando que o outro o acompanhe.[62]

O homem e a intimidade

A maioria dos homens tem problemas com a intimidade, que é muito mais fácil para a mulher. Muitos deles, ainda submetidos à ideologia patriarcal, ou seja, machista, estabelecem no máximo intimidade sexual com suas parceiras, nunca intimidade emocional. Para estes a intimidade é vista como um sinal de fraqueza. Para outros, a intimidade é um privilégio, um luxo afetivo a ser conquistado pouco a pouco.

A intimidade é acima de tudo uma questão de comunicação emocional, com os outros e consigo mesmo, em um contexto de igualdade interpessoal. "As mulheres preparam o caminho para uma expansão do domínio da intimidade, seu papel como as revolucionárias emocionais da modernidade."[63] Há um estudo americano em que dois terços dos 200 homens entrevistados não conseguiram citar um amigo íntimo. Com as mulheres o resultado é diferente: três quartos puderam facilmente citar um ou mais amigos íntimos, e para elas era virtualmente sempre uma mulher.[64]

A vida inteira, do homem é cobrado ter atitudes, comportamentos e desejos considerados masculinos. Qualquer variação no jeito de falar, andar ou sentir, e sua virilidade é posta em dúvida. A hegemonia da palavra falada passou a ser uma tendência feminina que, por sua vez, colocou o homem numa posição de inferioridade. Como são socializados para agir, competir e ser destemidos, a capacidade de expressar os sentimentos não é um atributo valorizado na formação da masculinidade. "Quando se trata de relações amorosas, a 'intimidade de diálogo', inevitavelmente, deixa os homens perdidos. Nesse regime, eles sofrem de uma deficiência de intimidade crônica que necessita de reparos constantes."[65]

A importância da privacidade

Uma questão importante, mas pouco discutida, é a privacidade. Há casais que consideram fundamental contar tudo para o outro, dizem que não podem omitir nada do parceiro, que a sinceridade deve ser total. A questão é que isso não garante uma intimidade profunda. Pelo contrário, o excesso de revelações de pensamentos e sentimentos pode ter um efeito negativo. A obrigação de intimidade, quando levada longe demais, pode parecer coerção. Há casais que não esperam convite para entrar na interioridade do parceiro, vão logo exigindo ser admitidos, como se tivessem direito a acesso irrestrito aos pensamentos íntimos de suas caras-metades. A intimidade torna-se antes invasão que proximidade – intimidade com uma ordem expressa. "Você tem que me ouvir." "Cuide de mim; diga que me ama."[66]

Intimidade x privacidade

Para haver privacidade é importante perceber que nunca vamos dividir tudo com o outro, por maiores que sejam o convívio e a intimidade na relação. Certos fatos ou lembranças só têm valor para nós. O que não podemos viver com o outro temos que viver dentro da nossa privacidade. O fato de convivermos não transforma nós dois em um só. Somos pessoas distintas e temos necessidades que o outro não poderá satisfazer. As opções são: deixar minhas necessidades de lado, renunciar a meu prazer, com todas as consequências disso, ou viver em minha intimidade algo que só diz respeito a mim.[67]

Paulo Lemos acredita ainda que há pouca privacidade no início de um relacionamento porque estamos nos "abrindo" ao contato com outro para que ele também nos conheça e faça o mesmo que estamos fazendo. À medida que aumenta a intimidade, diminui a privacidade. "Aliás, esse processo é muito importante e necessário para o futuro da relação. É nesse começo de convivência que vamos delineando o tipo de relação que construiremos. Torna-se importante, mesmo nesse início, mostrarmos ao outro o que significa e qual a importância que damos à nossa privacidade e também começarmos a prestar atenção aos limites que o outro sinaliza para a privacidade dele."[68]

Pascal Bruckner traz outra forma de privacidade numa relação. "São várias as possibilidades de vida a dois sem a obrigatoriedade do tempo integral. O luxo supremo é morar em apartamentos separados ou, pelo menos, poder dispor de quartos separados para evitar a confusão de intimidades. Pode-se manter uma distância respeitosa, pode-se amar e desejar alguém fora..."[69]

Uma visão ampla da intimidade

A terapeuta familiar norte-americana Kaethe Weingarten acredita que não se pode ver a intimidade como um traço estático de uma relação, mas como uma qualidade interativa que ocorre em momentos isolados e existe dentro e fora de compromissos de longo prazo. Ela dá exemplos variados: há a sincronização de parceiros de dança, a súbita identificação entre estranhos num avião, a solidariedade de testemunhas de uma catástrofe, o reconhecimento mútuo de sobreviventes – de câncer de mama, alcoolismo, terrorismo, divórcio.[70] Existe a intimidade entre profissionais e aqueles a quem eles servem – médico e paciente, terapeuta e cliente, *stripper* e frequentador. Podem ser intimidades circunstanciais e não ter continuidade. "Quando só valorizamos o que é revelado por palavras, prestamos um desserviço a nós mesmos."[71]

A intimidade exige o abandono da couraça que protege o que temos de mais íntimo: quanto mais a intimidade é compartilhada, mais o outro teria livre trânsito para as nossas coisas mais secretas. Mas só uma autoestima elevada leva a viver tal "despir-se" como oportunidade, e não como ameaça. Quem pensa que deve esconder as partes de si que considera inconfessáveis vive inevitavelmente a intimidade como se fosse um risco pessoal.[72]

Controle – possessividade – ciúme

Este foi o relato que Cezar, 36 anos, engenheiro, me fez:

Eu e Marília estamos casados há menos de um ano. Vivermos juntos foi um sonho que alimentei em nossos três anos de namoro. Hoje, tenho dúvidas se valeu a pena. Ela é muito ciumenta e controladora. A impressão que tenho é que comprei ingresso para o céu e recebi bilhete para o inferno. É um "Cezinho isso... Cezinho aquilo... Isso são horas...?". Meu nome é Cezar, mas ela me chama de Cezinho. O auge do absurdo foi na semana passada. Ela viajou para visitar a mãe em Curitiba e eu fiquei só e feliz em casa. Bebia uma cerveja assistindo ao jogo do Flamengo quando ela ligou. "Cezinho, cê tá em casa a essa hora? Quem tá aí contigo?" Respondi que ninguém, é claro, falei do jogo. "Anda com o celular pela casa, Cezinho, quero ver quem tá na sala, me mostra o quarto..." Subiu um calor em mim. Tive vontade de jogar o celular na privada. "Me mostra a cama, Cezinho... Quero ver quem está lá... Você levou alguém para o nosso quarto... Eu sei. Me mostra!" "Marília, chega!!!", gritei, profundamente irritado. Depois, desliguei todos os telefones e sentei no sofá. Não aguento mais; viver assim é insuportável.

* * *

É difícil entender por que uma pessoa se comporta como dona de outra. "Muitas vezes, essa situação se arrasta por anos a fio. Por que será que alguém aceita ser propriedade de outro? Por que será que alguém precisa ser senhor absoluto do outro?"[73] Uma explicação possível se encontra no fato de aprendermos desde cedo a ser ciumentos nas relações amorosas. A criança tem ciúme da mãe porque, se a mãe desaparecer, ela morre. É uma questão de sobrevivência.

Na vida adulta, ao entrar em uma relação amorosa, a dependência infantil reaparece com bastante força. No parceiro é depositada a certeza de ser cuidado e de não ficar só. A distância faz sentir o desamparo, da mesma forma que se sentia quando a mãe se ausentava. A dependência emocional que se estabelece torna comum depositar no outro a garantia de não ficar só. O medo da solidão e do desamparo leva à exigência de que o parceiro não tenha olhos para mais ninguém.

Há os que se iludem com a ideia de que é possível encontrar a complementação por meio da relação com outra pessoa. Mas ninguém completa ninguém. Sem que se perceba, inconscientemente, é comum reeditarmos nossas necessidades infantis com o parceiro. Dessa forma, passamos a considerar o outro tão indispensável à nossa vida que a possessividade e o cerceamento da liberdade sobrecarregam a relação.

Muitos acreditam até que o parceiro deve estar sempre pronto para suprir todas as necessidades do outro, adivinhando pensamentos e desejos. A crença de que existe alguém de quem dependemos para sermos felizes alimenta o pavor de perdê-lo e, assim, o desejo de posse se manifesta. Por acreditar que o ciúme faz parte do amor, aceitam-se os mais variados tipos de violência, atitudes que não escondem o total desrespeito à liberdade do outro.

Há pessoas que são mais controladoras e manifestam muito mais ciúme do que outras. Mas, de qualquer forma, "é importante frisar que o acontecimento ciúme é uma construção elaborada por quem está sentindo e depende pouco da ação do outro. Quase todos nós produzimos essas situações e, se permitirmos que uma construção fantasiosa da realidade nos faça mal, estamos precisando de ajuda".[74]

Não tem jeito, é necessário saber com clareza como desejamos uma vida a dois.

Intimidade e controle

Júlio, 42 anos, pequeno empresário, vive uma questão semelhante à de Cezar:

> *Antes de casar, eu achava que uma certa dose de ciúme seria natural, como parte do amor. Mas, depois que casei, minha mulher foi apertando o cerco a tal ponto que se tornou muito difícil. Ela se sente ameaçada por qualquer outra mulher. Ela quer até que eu despeça a minha secretária porque a acha sensual demais. Quer que eu contrate uma velha feia para que não haja possibilidade de que eu me envolva... Minha secretária é casada e ama o marido, mas minha esposa não quer saber. Para se certificar de que não estou transando com a secretária, ela se empenha em cuidar de mim. Telefona e envia mensagens o tempo todo querendo saber se estou bem, se almocei direito, se tomei o remédio... Não sei o que faço para que ela mude de atitude*

Alguns casais confundem intimidade com controle. O que passa por atenção, muitas vezes, é uma vigilância disfarçada – uma abordagem para se informar dos detalhes da vida do outro. Esse tipo de cuidado dá impressão de haver intimidade entre o casal e confunde detalhes insignificantes com uma ideia de conhecimento mais profundo. Muitas vezes, o cônjuge sabe os menores detalhes da vida do outro sem ter uma conversa significativa há anos.[75]

Muitos acreditam que, numa relação amorosa, só há a garantia de não ser abandonado se o outro for controlado. Existem pessoas que preferem até abrir mão da própria liberdade, desde que seja um bom argumento para controlar a liberdade do parceiro. "Quando o impulso de compartilhar vira obrigatório, quando os limites pessoais já não são respeitados, quando só se reconhece o espaço compartilhado com o companheiro e o espaço privado é negado, a fusão substitui a intimidade e a posse coopta o amor. É também o beijo da morte para o sexo. Destituída de enigma, a intimidade torna-se cruel quando exclui qualquer possibilidade de descoberta. Onde nada resta a esconder, nada resta a procurar."[76]

Interpretações equivocadas

O psicoterapeuta Paulo Lemos acredita que o ciúme é basicamente o sofrer por uma situação hipotética, advinda das interpretações enviesadas que o ciumento faz dos sinais que percebe. No ciúme não existe um fato real, apenas indícios que geram sofrimento. O ciumento tem convicção de que o outro é o agente do seu sofrimento e de que as "provas" de que dispõe são absolutamente verdadeiras, bem como o significado que atribui a elas. Por ser uma fantasia baseada em premissa falsa, a argumentação lógica pode até parecer convincente, mas não pode substituir a realidade sob pena de se perder o contato com o outro, pela absoluta impossibilidade de ter parâmetros reais nos quais se basear.[77]

É fundamental que todos saibam que o mundo e as outras pessoas não atenderão a todas as nossas necessidades. Por mais terrível que seja constatar isso, não há escolha. Nem que tivéssemos toda a riqueza e poder do mundo conseguiríamos uma satisfação plena. Nem mesmo alguém que nos ame, admire e que tenha o maior desprendimento poderá nos dar tudo. A frustração é um elemento constante na vida, e aprender a identificar os limites que podemos suportar nos impedirá de pedir ao outro o que ele não tem condições de nos dar.[78]

Ansiedade de abandono

Fábio, 46 anos, fez este relato chorando:

A mulher com quem casei e tive filhos me abandonou. Alega que não suporta os meus ciúmes. O problema é que a amo demais. A forma como ela é sociável, o grande número de amigos que tem, de ambos os sexos, me enlouquece. Pode não ser nada, mas não suporto. Nunca tive indícios de que ela havia transado com outro, mas fico imaginando ela na cama com outro homem, o que me tortura. Por isso a perdi. Faria qualquer coisa para ela voltar.

A falta de confiança de que podemos ser amados e de que podemos encontrar pessoas que amamos gera uma terrível sensação de solidão e abandono. O relacionamento com essas pessoas é difícil, porque temem se entregar de maneira solta e confiante. Acreditam na necessidade de vigiar o tempo todo para não serem abandonadas. É essa vigilância compulsiva que confere à relação seu caráter de prisão e que dá a sensação de "sufoco" à qual a maioria dos que convivem com ela se referem com frequência.[79] Se a pessoa se preocupa com a estabilidade na relação, será controladora e apreensiva, por exemplo, com cada amigo ou amiga que seu parceiro tenha. Isso impede que desenvolva a tão importante liberdade dentro da relação.

O ciúme envolve uma ansiedade de abandono debilitadora. Para superar os sentimentos de impotência, o ciumento se esforça por sufocar o outro. O ciumento, geralmente, apresenta duas características fundamentais: baixa autoestima e incapacidade de ficar bem sozinho. Quem é inseguro, e tem uma imagem desvalorizada de si, teme ser trocado por outro a qualquer momento. Para evitar isso, restringe a liberdade do parceiro e tenta controlar suas atitudes. Só quem realmente acredita ser uma pessoa importante não sente ciúme. Sabe que ninguém vai dispensá-lo com tanta facilidade.

* * *

O ciúme é fruto do condicionamento cultural: aprendemos a ser ciumentos. Devemos questionar mecanismos que podem ser modificados. Não tenho dúvida de que não pode haver controle, ciúme, possessividade para uma relação amorosa ser realmente satisfatória. Os dois só mantêm a relação porque se amam e sentem muito prazer quando estão juntos. O que se privilegia é o momento do encontro, que pode ser intenso e profundo.

Sexo na vida a dois

O sexo é o maior problema vivido pelos casais numa relação estável – namoro ou casamento. É muito comum mulheres fazerem sexo com seus parceiros fixos sem nenhuma vontade, por obrigação. Sempre foi assim. Visando apenas à união econômica e política das famílias, o casamento nunca foi considerado lugar de amor. Acreditava-se que era algo muito sério para se misturar a emoções tão fugazes.

No século XII havia o consenso de que entre o casal poderia haver estima, mas nunca o amor sensual, o desejo. O impulso do corpo seria a perturbação, a desordem. Contudo, as mulheres não podiam se esquivar do dever conjugal e deveriam, portanto, se dobrar às exigências do marido. Exatamente como, oitocentos anos depois, muitas continuam fazendo.

Até a década de 1940, a importância da atração sexual entre o casal se colocava depois de vários outros aspectos, como da fidelidade, das qualidades de caráter e principalmente da divisão das tarefas e preocupações. As mudanças começaram a ocorrer mais claramente em meados do século XX. A valorização do amor conjugal sob todos os pontos de vista, sobretudo o sexual, começa a se manifestar. A ausência de desejo sexual só passou a chamar a atenção – e se tornar um problema – quando o amor e o prazer sexual se tornaram fundamentais na vida a dois. As expectativas não realizadas levam à frustração.

Alguns casais se amam, manifestam carinho entre si, mas vivem juntos como se fossem irmãos. Não é raro a escassez de sexo progredir até a ausência total. Já ouvi muita gente propondo uma solução aparentemente simples: "Tem que ser criativo!". O que esquecem, nesse caso, é que o tesão é que leva à criatividade, e não o contrário. Muitos têm dificuldade de entender essa situação porque acreditam que amar uma pessoa significa naturalmente sentir desejo sexual por ela.

A questão é que pode haver prazer sexual pleno desvinculado de qualquer aspiração romântica, assim como é possível amar muito uma pessoa e não ter desejo sexual algum por ela. "Ironicamente, o que contribui para uma intimidade gostosa nem sempre contribui para um sexo gostoso. O aumento da intimidade afetiva muitas vezes é acompanhado por uma diminuição do desejo sexual. A desintegração do desejo parece ser uma consequência não intencional da criação de intimidade."[80]

Ana Paula, 38 anos, casada há doze, mãe de dois filhos, exemplifica bem essa situação. Seu marido é um empresário bem-sucedido e a trata com amor e carinho.

Levo a vida que sempre desejei. Amo meu marido. Trabalho como advogada na empresa dele e estou realizada profissionalmente. Seria a perfeição se não fosse a falta de tesão que sinto por ele. No início da nossa relação era maravilhoso, no fim de semana chegávamos a fazer sexo três vezes no sábado e também no domingo. Hoje, só gosto do abraço e do carinho... sexo me dá muita preguiça. Mas isso é só com ele; sinto tesão por outros homens. À noite, às vezes, aceito transar porque sei que ele sofre por não se sentir desejado. É comum eu dar desculpas, mas não posso escapar sempre. O mais complicado na minha vida é que não quero me separar; não consigo imaginar a vida sem ele.

Aconchego x erotismo

Ao mesmo tempo que sentimos necessidade de segurança e aconchego – o que nos faz buscar relações fixas, estáveis e duradouras –, também sentimos necessidade de liberdade, de aventura e daquela sensação de frio na barriga sempre que vemos a pessoa amada. Nem todos consideram amor e desejo inseparáveis. Em muitos casos a expressão erótica é inibida quando há grande intimidade emocional.

Como vimos, o amor romântico propõe a fusão entre os amantes, alimenta a ideia de que os dois vão se transformar num só. Então, quando os dois se fecham na relação, não é a falta, mas o excesso de proximidade que impede o desejo. "O erotismo exige distância, viceja no espaço entre mim e o outro. Para entrar em comunhão com a pessoa amada, precisamos ser capazes de tolerar esse vazio e seu véu de incertezas. Talvez tivéssemos uma vida sexual mais excitante, alegre, até frívola se fôssemos menos tolhidos por nossa inclinação para a democracia na cama." [81]

No livro *Can love last?*, o psicanalista americano Stephen Mitchell diz: "Todos nós precisamos de segurança: permanência, confiabilidade, estabilidade e continuidade. Esses instintos de enraizamento e proteção nos embasam em nossa experiência humana. Mas também temos necessidade de novidade e mudança, forças geradoras que preencham a vida e a tornem vibrante. Aí, o risco e a aventura não nos deixam. Somos contradições ambulantes, buscando segurança e previsibilidade por um lado e gostando de diversidade por outro".[82]

Todos nós desejamos que nosso parceiro seja uma sólida base de sustentação, confiável e que nos ampare. Mas, ao mesmo tempo, esperamos que o amor por ele e com ele nos eleve para além de nossa vida comum.

"O desafio para os casais modernos está em conciliar a necessidade de segurança e previsibilidade com o desejo de buscar o que é empolgante, misterioso, assombroso."[83]

O filósofo francês Pascal Bruckner concorda. Ele considera que há no casal desejo de incandescência tanto quanto vontade de permanência, os dois igualmente verdadeiros, mas critica as soluções apresentadas. "Tornando o desacordo um comércio, esses especialistas, *coaches*, terapeutas, 'administradores de crise' nos vendem, às vezes bem caro, receitas que antigamente faziam parte da sabedoria popular: façam concessões, conversem, estejam atentos ao outro, surpreendam-no com pequenas coisas. Trata-se de uma pregação carregada de lugares-comuns."[84]

Para Freud, existem duas formas de buscar a felicidade: visando evitar a dor e o desprazer ou experimentar fortes sensações de prazer. O medo de perder a segurança afetiva é tanto que em muitas relações amorosas homens e mulheres sacrificam uma vida sexual realmente prazerosa para ter estabilidade.

Livre para o prazer

Ouvi o relato de Luciana, 29 anos, sobre um breve encontro sexual que a surpreendeu:

Até hoje acho estranho o que aconteceu comigo ou fiz com que acontecesse. Eu assistia a uma palestra profissional num hotel e era obrigada a ouvir uma série de ideias desconexas. Já pensava em ir embora quando outro convidado, homem atraente, pediu a palavra e desancou o palestrante com elegância, depois se levantou e saiu. Saí atrás. Nos encontramos no corredor, nos olhamos e começamos a rir da situação, rimos tanto que acabamos abraçados. Ele me conduziu por uma porta de serviço e logo estávamos num quarto vazio transando. Foi sexo e alegria por quase uma hora até nos vestirmos para ir embora. No corredor, ele quis saber meu nome, meu telefone, e eu disse apenas: "Melhor não. Sou casada". Virei as costas e entrei no elevador. Foi um sexo incrível.

* * *

Giddens explica que a sexualidade tornou-se propriedade do eu, uma propriedade que desenvolvemos, definimos e renegociamos durante a vida. Hoje, nossa sexualidade é um projeto pessoal em aberto; é parte de quem somos, uma identidade, não mais apenas algo que fazemos. Tornou-se um traço central dos relacionamentos íntimos, e satisfação sexual é o que julgamos merecer. Para ele não há dúvida de que a era do prazer chegou.[85]

Após 2 mil anos de intensa repressão, principalmente ao prazer sexual, observa-se uma clara mudança de mentalidade. A liberdade sexual foi o traço de comportamento que melhor caracterizou os movimentos de contracultura a partir dos anos 1960. Cada vez mais pessoas tentam se libertar das amarras de uma vida social e familiar sempre regida por deveres, obrigações e busca de aceitação social.

Inteligência erótica

Esther Perel assinala alguns pontos importantes, e um tanto polêmicos, que nos ajudam a refletir por que, apesar do amor, o desejo sexual deixa de existir. A seguir uma síntese de suas ideias.[86]

Uma relação segura realmente nos dá coragem para seguir nossas ambições profissionais e buscar o que nos desperta interesse. Mas rejeitamos a ideia de estabelecer distância dentro da relação em si – o próprio lugar que, em princípio, nos faculta a deliciosa união. Podemos tolerar espaço em qualquer lugar, menos ali.

Razão, compreensão, compaixão e camaradagem são os elementos que favorecem uma relação próxima e harmoniosa. Mas o desejo sexual não obedece às leis que mantêm a paz e a satisfação entre os parceiros. Muitas vezes, o sexo evoca antes obsessão irracional do que discernimento atencioso, e desejo egoísta do que consideração altruísta. Agressão, coisificação e poder existem à sombra do desejo, componentes da paixão que não necessariamente alimentam a intimidade. O desejo atua em sua trajetória própria.

Perel conta o que ouviu de uma paciente: "O que posso lhe dizer é que a bondade dele faz eu me sentir segura, mas quando penso na pessoa com quem quero sexo, segurança não é o que procuro". Muito gentil, sim, mas não excitante. É tudo muito afetuoso, muito aconchegante, só não é sensual. É o que se chama de "amor confortável". A afeição, os elementos de proteção que alimentam a vida do lar podem ir de encontro ao espírito rebelde do amor carnal. Frequentemente, escolhemos uma cara-metade que nos faz sentir gostados; mas, após o encanto inicial, descobrimos que não podemos sexualizá-la.

Desejamos criar intimidade em nossas relações, preencher a lacuna que há entre nós e nosso parceiro, mas, ironicamente, é essa mesma lacuna entre o eu e o outro que provoca a sinapse erótica. Para trazer sensualidade para casa, precisamos recriar a lacuna que fizemos tanto esforço para preencher. Inteligência erótica é criar distância, depois dar vida a essa lacuna. Em vez de sempre procurar intimidade a qualquer preço, os casais talvez possam estar em situação melhor cultivando suas individualidades, acredita Perel.

Egoísmo necessário

O psicanalista americano Michael Bader diz que a intimidade vem com uma preocupação crescente com o bem-estar da outra pessoa, que inclui o medo de magoá-la. Mas a excitação sexual requer a capacidade de não se preocupar, e a busca do prazer exige certa dose de egoísmo. Algumas pessoas não podem se permitir esse egoísmo, por estarem muito concentradas no bem-estar do amado.[87] Alguns têm dificuldade de dar ênfase às suas próprias necessidades; não conseguem ser espontâneos e descontraídos. Isso se deve também à idealização do par amoroso, em que um só deve ter olhos para o outro.

"A intimidade erótica é um ato de generosidade e autocentramento, de dar e receber. Precisamos ser capazes de entrar no corpo ou no espaço erótico do outro, sem o pavor de sermos engolidos e nos perder. Ao mesmo tempo, precisamos ser capazes de entrar em nós mesmos, de nos entregar ao egocentrismo estando na presença do outro, acreditando que o outro continuará ali quando voltarmos, que ele ou ela não se sentirá rejeitado por nossa ausência momentânea. Precisamos ser capazes de nos ligar sem ter medo de desparecer, e ainda ser capazes de vivenciar nosso individualismo sem ter medo de sermos abandonados."[88]

Sobre a importância de ser insensível

É comum as pessoas idealizarem o ato sexual dizendo que um deve estar o tempo todo preocupado com o prazer do outro e que devem até terem orgasmo ao mesmo tempo. Esther Perel traz uma ideia bem diferente, que nunca encontrei em livros de especialistas sobre o tema.[89] Penso que vale a pena refletir sobre ela. A seguir, alguns trechos que selecionei.

Se acreditarmos que, quanto mais íntimos somos de nossos parceiros, menos inibidos nos sentiremos, devemos também considerar que a intimidade realmente alimenta o desejo, mas o prazer sexual também pede distância. A excitação erótica exige que sejamos capazes de deixarmos por um instante nosso vínculo íntimo, de nos voltarmos para nós mesmos e de nos concentrarmos em nossas sensações crescentes. Precisamos conseguir ser momentaneamente egoístas para estarmos unidos em termos eróticos.

A autora cita Bader, que associa a ideia de egoísmo ao conceito de inflexibilidade sexual e que define como "a qualidade de desejar o que capacita uma pessoa a se entregar à força total de seus próprios ritmos de prazer e excitação sem culpa, preocupação ou vergonha de qualquer espécie".[90] A explicação de Bader dá ênfase à importância da diferenciação – a capacidade de conservar a individualidade na presença do outro.

A crueza de nosso desejo pode parecer ruim, bestial, até pouco afetuosa. Eros pode parecer predatório, um arrebatamento voraz. Toda culpa e vergonha que sentimos de nossa carência, nossa paixão, nossa indecência é intensificada na vulnerabilidade primitiva do sexo. Levamos para os nossos encontros eróticos íntimos uma vida de recomendações formais contra o egoísmo no contexto do amor, cujas especificidades estão detalhadas em nossa matriz erótica. Além do legado da família, também levamos um legado cultural.

Somos socializados para nos controlar, para dominar nossos impulsos, para domar nossa parte animal. Então, como cidadãos e cônjuges obedientes, nós disfarçamos nossos apetites vorazes e escondemos nossa necessidade passageira de tratar como objeto a pessoa amada. Para muitos, ser inflexível para com o parceiro sexual é algo proibido demais para permitir uma entrega erótica. O egocentrismo inerente à excitação sexual apaga o outro de uma forma que contraria o ideal de intimidade. Os que pensam assim acham que só é seguro serem voluptuosos e lúbricos com desconhecidos ou pessoas que lhes são indiferentes.

Perel não tem dúvida de que cultivar certa inflexibilidade em nossas relações íntimas é uma ótima solução para os problemas do desejo. Embora, à primeira vista, essa atitude possa parecer falta de envolvimento e até de amor, ela está na verdade enraizada no amor e na segurança de nossa ligação. É uma rara experiência de confiança ser capaz de se deixar levar completamente sem culpa ou aflição, sabendo que nossa relação é suficientemente ampla para resistir à nossa inteireza. Na intimidade erótica, há a promessa contraditória de se perder e se achar. É uma experiência de união e de total egocentrismo, de reciprocidade e de egoísmo.

Fronteiras do ego

Embora possam ocorrer juntos, o desejo sexual e o amor estão frequentemente dissociados, como já dissemos, porque são basicamente fenômenos independentes. Para Scott Peck,[91] a experiência do sexo, e particularmente do orgasmo – mesmo na masturbação –, é uma experiência também associada a um maior ou menor grau de colapso das fronteiras do ego e ao êxtase a ele ligado. É devido a esse colapso das fronteiras do ego que somos capazes de gritar, no instante do clímax, "Te amo" ou "Ah, meu Deus" a uma pessoa que nem conhecemos e por quem, momentos mais tarde, depois de as fronteiras do ego terem voltado ao seu lugar, não sentimos nenhum vestígio de afeto. Com um parceiro ou não, o colapso das fronteiras do ego no momento do orgasmo pode ser total. Por um segundo podemos esquecer quem somos, nos perder no tempo e no espaço, ficarmos fora de nós, sermos transportados. Podemos nos unir ao Universo. Mas só por um segundo.

* * *

Mesmo após vários anos de vida em comum, sem dúvida existem casais cujo desejo continua existindo. Mas são exceções, e não podemos nos apoiar nelas para discutir uma ideia. O que ocorre na maioria dos casos é que as pessoas buscam mais segurança do que prazer na vida a dois. Para se sentirem seguras, exigem exclusividade, o que, claro, é limitador e também responsável pela falta de desejo. A certeza de posse, e de que o outro não tem uma vida própria, leva ao desinteresse, por eliminar a sedução e a conquista. Como dissemos acima, o erotismo necessita de distância. À medida que vai aumentando o carinho, a solidariedade, o companheirismo, o desejo sexual vai diminuindo, e, em muitos casos, o amor assexuado toma conta da relação.

Exclusividade sexual

A exigência de exclusividade surgiu há aproximadamente 5 mil anos, com a propriedade privada – "minha terra", "meu rebanho". O homem ficou obcecado pela certeza de paternidade porque não admitia correr o risco de deixar a herança para o filho de outro. A mulher só ter relações sexuais com ele era fundamental. A partir de então, a esposa passou a ser sempre suspeita, uma adversária que requeria vigilância absoluta. Temendo golpes baixos e traições, os homens lançaram mão de variadas estratégias: manter as mulheres confinadas em casa sem contato com outros homens, cinto de castidade e até a extirpação do clitóris para limitar as pulsões eróticas. Puni-las com severidade ou mesmo matá-las é considerado simplesmente o exercício de um direito.

Em Roma, há 2 mil anos, um marido era senhor da esposa assim como dos filhos e dos escravos. Se a esposa o enganava, criticavam-no por falta de vigilância ou de firmeza, e por deixar o adultério florescer na cidade. As paredes do Império eram cobertas pelas inscrições e mensagens públicas. Era por meio delas que o povo ficava sabendo de muitos episódios. As inscrições por vezes denunciavam as relações extraconjugais das esposas. Até o final do século I a.C., um marido tinha o direito legal de matar a esposa no ato, caso ela fosse apanhada em flagrante de adultério. Em certas circunstâncias, ela podia ser condenada à morte mesmo se não tivesse sido flagrada.

Na Idade Média (séculos V ao XV), o casamento, e tudo o que se referia a ele, esteve submetido à meticulosa vigilância, tanto nos vilarejos como nos bairros urbanos. O princípio de que o sexo ilícito é um crime público foi afirmado com crescente vigor a partir do início desse período. Havia o charivari, a turbulenta explosão de sinos, trompas, tambores, tenazes e caldeirões, que se alternavam com buzinas de sons desafinados, cujo objetivo era, principalmente, denunciar a relação extraconjugal da mulher. Era uma algazarra ritual, e os insultos constituíam o próprio costume. A dimensão de denúncia do charivari matrimonial era constante, expondo o casal à chacota pública. Assim, quem passava por essa situação se via diante da opinião comum sobre seu comportamento, pois o charivari acompanhava o casamento como uma sombra.

O século XIV assistiu à invenção do cinto de castidade, conhecido como "florentino". Se o dinheiro podia ser trancafiado, por que não fazer o mesmo com a genitália das esposas? Era alimentada a crença de que mulheres eram libertinas, e melhor seria tomar todos os cuidados. O cinto consistia numa estrutura de metal que passava entre as coxas das mulheres, da frente para a traseira. O marido carregava a chave.

Na Renascença (séculos XIV ao XVI), qualquer ato sexual fora do casamento era ilegal. Para eles era óbvio que as relações ilícitas despertavam a ira de Deus, impediam a salvação, feriam as relações pessoais e minavam a ordem social. Os infratores estavam sujeitos a uma punição pessoal severa. Na Inglaterra, a penitência mais comum era surra em público repetidas vezes. Não era raro que mulheres adúlteras fossem humilhadas publicamente, perdessem seus bens, e suas orelhas e nariz fossem cortados. A principal preocupação das leis geralmente era proteger a honra e os direitos de propriedade dos pais e maridos. Os detalhes variavam de um lugar para o outro, mas todas as sociedades europeias promoviam o ideal da disciplina sexual e puniam pessoas por sexo consensual fora do casamento. Atualmente, encaramos tais práticas com repugnância. Associamos ao Talibã, à xaria islâmica, a povos distantes, com visões de mundo bem diferentes. No entanto, há muito pouco tempo, até o Iluminismo, século XVIII, nossa própria cultura também era assim. O surgimento das atitudes modernas em relação ao sexo no fim do século XVII e no XVIII constituiu uma grande revolução. O período entre 1660 e 1800 foi um importante divisor de águas, uma grande mudança secular nas atitudes e comportamentos sexuais, o nascimento da mentalidade moderna.

No século XIX, o século do pudor, houve grande repressão da sexualidade, principalmente para a mulher, que deveria ser pudica, quase santa e maternal. Sua principal função era reinar na qualidade de anjo do lar, mas ela se submetia humilde e docemente aos desejos do seu marido. O prazer sexual das mulheres era inaceitável; o sexo só era permitido com o marido e visando à procriação. A falta de desejo sexual era um importante aspecto da feminilidade. Os maridos tinham relações extraconjugais; buscavam o prazer nos bordéis.

No pós-guerra, meados do século XX, a repressão da sexualidade era grande, assim como a preocupação com a opinião alheia quanto à conduta, principalmente das mulheres. As aparências e as normas sociais tinham peso excessivo. Aos maridos eram permitidas relações extraconjugais. Estava isento de crítica aquele que fosse discreto e continuasse sendo provedor e respeitador da família. A honra do marido dependia muito da conduta da esposa, portanto ela devia ter a sexualidade contida. Caso contrário, ela sofria execração pública. Um bom exemplo foi o que aconteceu com a maior estrela de Hollywood da época e um importante cineasta.

Ingrid Bergman e Roberto Rossellini

Em 1949, Ingrid Bergman (Estocolmo, 1915-Londres, 1982), a atriz de *Casablanca* e *Interlúdio*, se preparava para filmar *Joana d'Arc*. Mas ela não estava contente com o clima "espetacular" da capital do cinema, o olhar constante sobre os números de bilheteria e o culto ao estrelato. Era casada com um dentista sueco e tinha uma filha de 9 anos, Pia. O marido não lhe cobrava exclusividade, mas ela precisava voltar para casa de vez em quando. A luz que anunciou seu rompimento com o cinema comercial americano foi o filme *Roma, cidade aberta*, de Roberto Rossellini.

Ingrid enviou uma carta ao diretor italiano na qual se oferecia para atuar em seus filmes, embora em italiano só soubesse dizer "te amo". Rossellini a chamou para atuar em *Stromboli*. Quando se conheceram, apaixonaram-se imediatamente e iniciaram um romance. Ela logo engravidou, e o escândalo se tornou inevitável, pois ele também era casado. Quando o filme estreou, Roberto, o primeiro filho do casal, nascia. Pouco tempo depois, Ingrid se divorciou de seu primeiro marido, casando-se com Rossellini no México.

A atitude de Ingrid enlouqueceu a indústria do cinema americano, revoltou os moralistas e abalou o mito, que fascinava os fãs e a opinião pública. A "santa" de *Joana d'Arc* e a romântica de *Casablanca* desfizeram-se imediatamente, substituídas pela adúltera desavergonhada e sem coração. O nome da atriz foi alvo de boicote pela Legião de Decência dos EUA. Os exibidores passaram a não aceitar seus filmes, e a imprensa voltada para as celebridades tratou-a como o alvo da vez. Após o divórcio, Ingrid foi proibida de ver a filha Pia, então com 10 anos. Ela teve três filhos na relação com Rossellini e viveu sete anos com ele.

* * *

No Ocidente, a exclusividade sexual nas relações estáveis é a norma, e o sexo extraconjugal, condenado por muitos, é sempre associado a palavras como traição, infidelidade e adultério. Embora eu recuse os termos fiel/infiel, e mais ainda a palavra traição, para caracterizar esse tipo de sexo, vou usá-los em alguns momentos com o objetivo de facilitar a compreensão. O adultério, como ato de se relacionar com terceiros durante o casamento, é considerado uma grave violação dos deveres conjugais. No Brasil, até pouco tempo era crime. Atualmente, é uma palavra quase em desuso por ter a conotação de infâmia, de ato vil, desonesto.

Desde cedo somos estimulados a investir nossa energia sexual em uma única pessoa. Mas não é o que acontece na prática. É bastante comum que homens e mulheres casados compartilhem seu tempo e seu prazer com outros parceiros, geralmente de forma secreta. A exclusividade é como um valor agregado ao amor porque, supostamente, quem ama só se relaciona sexualmente com a pessoa amada.

A escritora uruguaia Carmen Posadas diz: "A paixão é possessiva, exclusiva. Possui e retém. Mas como é impossível possuir o outro por completo, inventaram a fidelidade, que no fim das contas é uma reciprocidade possessiva. Cada integrante do casal compromete-se a ser fiel ao outro para não perdê-lo, para assegurar-se de que 'está atado e bem atado'".[92]

Por que é difícil falar contra a exclusividade obrigatória

Trocar ideias a respeito de exclusividade sexual não é simples; provoca a ira dos conservadores e preconceituosos e ataques de todos os tipos. Essa discussão só será realmente possível quando a fidelidade deixar de ser um imperativo. "A infidelidade é o problema que é porque assumimos a monogamia como algo indiscutível; como se fosse a norma. Talvez devêssemos pensar na infidelidade como o que não precisa se justificar, assumi-la com uma naturalidade sem mortificações, para termos condições de refletir sobre a monogamia. [...] Podemos crer que partilhar seja uma virtude, mas parecemos não acreditar em partilhar aquilo que mais valorizamos na vida: nossos parceiros sexuais."[93]

O amor romântico, como vimos no primeiro capítulo, defende a ideia de que quem ama só tem olhos para o amado, não se interessa por mais ninguém. Isso não é verdade, mas muitos acreditam que é, e quando descobrem que seu(sua) parceiro(a) se relacionou com outra pessoa, concluem que não são amados. "Tão arraigada é nossa fé na monogamia que a maioria dos casais, sobretudo heterossexuais, raramente toca abertamente no assunto. Não há necessidade em discutir o que é um dado. Preferimos matar uma relação que questionar sua estrutura."[94]

Na nossa cultura, muitos defendem a exclusividade sexual. Mesmo entre os psicoterapeutas, parece predominar a ideia de que maturidade emocional é ter um par amoroso estável, duradouro e exclusivo. A não exclusividade é muitas vezes interpretada como temor da intimidade, de aprofundar a relação. Aqui, tento contribuir para uma reflexão sobre essa questão que gera tanto sofrimento.

Monogamia é realmente melhor do que a não monogamia?

Essa é a pergunta com que a jornalista Cassie Werber inicia seu artigo para a BBC.[95] Após indicar que é uma pergunta aberta e sem respostas claras, a autora revela como os estudiosos do tema não conseguem se livrar de um certo modo de ver o mundo. "As pessoas que estudam relações não conseguem perceber seus preconceitos", diz ela ao comentar uma pesquisa recente que admite as falhas fundamentais na maneira como a intimidade é estudada. "A primazia dada às uniões monogâmicas não surpreende, dado serem as sociedades patriarcais que dominam o mundo", lembra Cassie, acrescentando que o nosso sistema econômico é baseado na propriedade transmitida de pai para filho, cuja segurança é a paternidade.

Pesquisa da Universidade de Michigan (EUA) demonstra que a forma como psicólogos e outros cientistas estudam os relacionamentos está orientada para dar resultados – às vezes inconscientemente – que promovem a monogamia. Terri Conley, o autor do principal estudo, disse que nossas atitudes quanto à monogamia são tão enraizadas que se tornam invisíveis. Cassie mostra como a linguagem das pesquisas não é neutra: perguntam às pessoas sobre "infidelidade" ou "ser enganado"; referem-se à pessoa como "a parte ofendida" ou o "parceiro traído". Esses são os termos que têm aparecido em estudos acadêmicos.

"Recentemente, poliamor e outros estilos de relacionamentos alternativos começaram a ser normalizados", diz Conley. Mas, por enquanto, o estudo descobriu que "a premissa da monogamia ser superior a outros tipos de relações não monogâmicas continua a permear o caminho em que pesquisadores constroem e testam teorias sobre amor e intimidade".

O encerramento da matéria de Cassie Werber contribui bastante para a reflexão sobre o tema: "Torna-se improvável obter uma imagem clara do tipo de relacionamento que funciona melhor para os seres humanos quando até a ciência confirma sua tendência a se apegar à monogamia como um ideal".

A exigência de exclusividade

Suely, 59 anos, ligou para marcar hora no meu consultório. Estava aos prantos e mal conseguia falar. Quando chegou à consulta, de olhos inchados, relatou a sua história. Separada, com dois filhos adultos, namorava Heitor havia oito anos. Optaram por viver em casas separadas, mas tinham um excelente relacionamento afetivo e sexual.

Heitor teve que fazer uma viagem de trabalho por três dias. Acabei descobrindo que ele conheceu uma mulher e transou com ela. Terminei tudo. Há uma semana que não paro de chorar. Ele também está desesperado. Já me jurou que foi só um fim de noite, que tinha bebido muito e que a mulher não significa nada para ele. Ele está tão mal com o fim da nossa relação que fica na rua, em frente ao meu prédio, chorando. Mas eu não admito. Nunca vou perdoá-lo.

* * *

Geralmente, as pessoas são rígidas quando o assunto é exclusividade sexual. O pesquisador Alfred Kinsey afirmou que "a preocupação da biografia e da ficção do mundo, em todas as épocas e em todas as culturas humanas, com as atividades extraconjugais de mulheres e homens casados é evidência da universalidade dos desejos humanos nessas questões".[96] A afirmação de Kinsey pode ser ilustrada pela grande quantidade de romances, no Ocidente, que exploram os fracassos da monogamia. Alguns exemplos famosos são *Anna Kariênina*, de Liev Tolstói, *Madame Bovary*, de Gustave Flaubert, *O amante de lady Chatterley*, de D.H. Lawrence, *A letra escarlate*, de Nathaniel Hawthorne, *A taça de ouro*, de Henry James, entre muitos outros. Isso sem falar de filmes e novelas de TV.

É curioso assistir à cobrança de fidelidade porque, na verdade, todos sabem que ela não existe. Temos notícia o tempo todo de relações extraconjugais de gente que nos cerca ou mesmo de pessoas famosas. Mas, inexplicavelmente, quase todos continuam defendendo a exclusividade como se fosse fácil e natural, e estabelecendo-a como condição para a vida a dois. O número de homens e mulheres casados que têm relações extraconjugais ocasionais é enorme, e hoje o percentual de mulheres se nivela ao dos homens.

Estamos no século XXI, mas ainda há os que consideram inadmissível que seus parceiros sintam desejo sexual por outra pessoa. Na realidade, todos são afetados por estímulos sexuais novos, vindos de outras pessoas que não os parceiros fixos. Esses estímulos existem e não podem ser eliminados. Acontece que, diante da ideologia do amor romântico, as pessoas recalcam seus desejos e afirmam conceitos estereotipados, expressos em frases do tipo: "Quando se ama de verdade, só se sente desejo pela pessoa amada" ou "Se um dos dois sentir tesão por outra pessoa é porque a relação não vai bem". Nada disso corresponde à realidade. Os casais, no entanto, bem sabem que é natural sentir desejo por outras pessoas, por isso se controlam tanto.

Você só pode ter olhos para mim e eu para você

Este é o relato de Mário, 38 anos:

Estou casado há seis anos e não havia "pulado a cerca" porque a relação amorosa com minha mulher é ótima. Mas conheci uma colega de trabalho de outro estado que estava visitando a empresa e rolou o maior clima. Não tinha como dizer não. Fomos para o motel depois de um almoço com os colegas da empresa. Brochei. Foi a maior vergonha. Não subiu de jeito nenhum. Desliguei o celular e fiquei pensando o tempo todo que minha esposa ia ligar. A minha colega riu e disse que acontece, mas foi um vexame. Depois disso, resolvi testar minha ereção fora de casa e "arrastei" outra colega. Aconteceu a mesma coisa...

A exclusividade sexual é a cobrança mais séria numa relação estável. Quando se discute sobre o tema, muitos dizem que vale o acordo que foi feito entre o casal. Mas eu nunca soube de alguém que tenha feito acordo de ser exclusivo. Nem é necessário conversar sobre o assunto ao iniciar um namoro; está implícito que a exclusividade é lei. Com toda a liberação sexual das últimas décadas, supunha-se que a exigência de fidelidade diminuiria. Entretanto, não foi o que aconteceu. Ao contrário, ela se ampliou: a mulher passou a exigir também fidelidade do marido, coisa que nunca havia feito anteriormente.

As pessoas exigem exclusividade porque na relação amorosa estável se cria uma situação de dependência emocional, sendo comum se depositar no outro a garantia de não ficar só. O medo da solidão e do desamparo leva ao controle. E parece que Mário, no exemplo anterior, é vítima de um poderoso controle da esposa. Laura Kipnis comenta: "Quando a monogamia vira trabalho, quando o desejo é organizado por contrato, com a contabilidade registrada e a fidelidade extraída como o trabalho dos empregados, com o casamento parecendo uma fábrica doméstica policiada por uma rígida disciplina de chão de fábrica planejada para manter as esposas, os maridos e os parceiros domésticos do mundo agrilhoados à maquinaria *status quo*... será que é isso que realmente significa um 'bom relacionamento'?".[97]

Eu acrescentaria que quando um dos parceiros abre mão de seus desejos por alguém, por consideração ou pela obrigação de exclusividade, o resultado pode ser desastroso. Geralmente, desenvolve-se uma irritação pelo outro, responsabilizando-o por suas frustrações. Isso sem contar que o parceiro, mesmo sem saber, terá uma dívida eterna pela concessão feita.

De onde vem isso?

Dentro do útero da mãe, numa relação simbiótica, a pessoa obtém a satisfação imediata de todas as suas necessidades. Desconhece a fome, o frio, a sede e a falta de aconchego. Ao nascer, precisa respirar com os próprios pulmões, reclamar da fralda molhada, desesperar-se com a cólica. É tomada por um profundo sentimento de falta. Uma angustiante sensação de desamparo a invade. Sem retorno ao estágio anterior, isso a acompanhará por toda a vida. O condicionamento cultural impõe uma relação amorosa estável e exclusiva com uma única pessoa como única forma de atenuar esse desamparo.

É possível que essa seja a razão da nossa constante preocupação com a sexualidade do(a) parceiro(a). "Porque o amor sexual adulto representa momentaneamente aquela forma mais primitiva de união – a fusão dos corpos, o mamilo que nos enche a boca e nos deixa inteiramente saciados –, pensar na pessoa amada com outra é uma tragédia. Precisamos confirmar o tempo todo que somos insubstituíveis para o outro. A monogamia, por conseguinte, é a vaca sagrada do ideal romântico, pois é o que marca que somos especiais: fui escolhida e outras foram recusadas. Ao dar as costas para outros amores, você confirma que sou a única; quando você pensa ou toca em outra, minha importância é abalada."[98]

A difícil monogamia

Este relato é de Vivian, 42 anos:

Sou casada há quinze anos sem nunca ter pensado em trair meu marido. Há algum tempo comecei a me relacionar mais intimamente com um homem que trabalha na mesma empresa que eu. Almoçamos sempre juntos e ele me conta seus problemas com a ex-mulher. Sou sua amiga e confidente. Acontece que me sinto atraída por ele, e ele confessou me desejar. Acabamos no motel. O sexo foi ótimo, mas sinto culpa por isso. Na verdade, amo meu marido e não quero perdê-lo. Se contar sobre minha infidelidade, tenho medo de ele nunca mais confiar em mim e querer se separar.

Sentir desejo por alguém que não seja o parceiro fixo é comum. Viver ou não essa experiência depende da visão que cada um tem do amor e do sexo. "Não é evidente que o amor se faça somente aos pares, não é evidente que o equilíbrio social se assente sobre a família monogâmica. Também não é evidente que os discursos em prol da não monogamia sejam eficazes na ruptura das normas que regulam a afetividade e a sexualidade."[99] De qualquer forma, a antropóloga americana Helen Fisher concluiu que nossa tendência para as ligações extraconjugais parece ser o triunfo da natureza sobre a cultura.

Em um estudo realizado na Inglaterra, dirigido às mulheres que trabalham fora, dois terços das casadas ou com companheiro estável responderam ter tido relações sexuais fora do casamento. Na ocasião da entrevista, quase a metade das mulheres confessou estar envolvida num caso, e 72% garantiram que era melhor fazer sexo com o amante. "Ter mais de um desejo pode ser o maior tabu da intimidade moderna, mas amontoar a totalidade de uma libido nos estreitos limites domésticos e concordar com um mundo de desejos pré-retraídos também é, para alguns, *autotraição*, no sentido mais pleno."[100]

Certa vez, a antropóloga Margaret Mead sugeriu que a monogamia é o mais difícil de todos os arranjos conjugais humanos. E ela não está sozinha. David Barash e Judith Lipton dizem que "os recentes desenvolvimentos na biologia da evolução, combinados com a mais recente tecnologia, simplesmente indicam que não há dúvida de que o desejo sexual por múltiplos parceiros é 'natural'. Ele é. Da mesma forma, simplesmente não há nenhuma dúvida de que a monogamia não é 'natural'. Ela não é".[101]

A psicóloga Noely Montes Moraes acredita ser um equívoco tentar fundamentar a exigência de exclusividade, dando-lhe caráter de norma moral e jurídica. Os estudos da etologia, da biologia e da genética não confirmaram a monogamia como padrão dominante nas espécies, incluindo a humana. É comum valorizar o controle dos sentimentos, e nada do que é espontâneo é bem-visto, pois pode ameaçar a moral vigente. Essa moral se baseia em ideias abstratas e arbitrárias de certo/errado, tomadas como leis naturais. É considerado impossível se apaixonar por alguém estando envolvido com outra pessoa. Mas o enamoramento, acredita ela, é um ato de libertação da dependência de vínculos e pactos.[102]

Um dia, conversando com o psicoterapeuta e escritor José Angelo Gaiarsa, perguntei como uma vida a dois poderia ser realmente satisfatória. Ele me respondeu: "Eu só achei duas soluções até hoje. Uma, na minha vida. Casei cinco vezes e diria que um casamento que dura de quatro a sete anos pode ser interessante, dependendo da pessoa, circunstâncias e tudo o mais. A segunda: hoje, o que eu consideraria ideal, eu diria que é poder ter duas, três, quatro mulheres, amigas, eventualmente coloridas, e elas também terem dois, três, quatro homens. Eu acho que seria a solução. Mesmo os bons amigos você não tem vontade de ver sempre. Há certos dias em que você diz: 'Ih! Se ele vier aqui hoje vai ser um saco'. E quando se está casado é a mesma coisa".

Pensavam que elas eram fiéis

Pesquisas genéticas em insetos, tartarugas, aves e em praticamente todos os mamíferos demonstram que a infidelidade feminina é arma decisiva no processo de seleção natural. Nos pássaros, por exemplo, a necessidade de construir ninhos, protegê-los e alimentar os filhotes é considerada justificativa para o comportamento monogâmico de várias espécies, porque os machos só investiriam tanta energia quando seguros da paternidade. Mas pesquisas têm revelado que a poligamia entre pássaros é muito mais frequente do que se imaginava. Patricia Gowaty, da Universidade da Geórgia (EUA), verificou que apenas cerca de 10% dos filhotes carregavam os genes do pai social ao testar DNA em 180 espécies de pássaros cantores, acasalados em liberdade segundo padrões aparentemente monogâmicos.[103]

O mesmo ocorre com os melros-de-asa-vermelha. Durante a época do acasalamento, eles sobrevoam grandes regiões pantanosas em busca de território para se fixarem. Diversas fêmeas juntam-se a um único macho no território deste e acasalam aparentemente apenas com ele. Cientistas realizaram vasectomia em alguns machos antes da época do acasalamento. Depois, as fêmeas copularam com eles e fizeram ninhos em seus territórios, como de costume. Para surpresa dos pesquisadores, muitas delas foram fertilizadas. O que significa que essas fêmeas não haviam sido fiéis a seus parceiros. Para se certificarem, os cientistas tiraram amostras de sangue das 31 fêmeas da espécie. Em quase metade dos ninhos havia um ou mais filhotes cujo pai não era o dono do território. A maior parte dessas fêmeas havia copulado com invasores ou com o macho do território vizinho.[104]

Sites para encontros extraconjugais

Os sites que se propõem a facilitar que homens e mulheres encontrem parceiros para o sexo fora do casamento ganham cada vez mais espaço em vários países. O site americano Ashley Madison tem milhões de inscritos, e o slogan é: "A vida é curta... curta um caso".

Leo, 42 anos, casado há quinze, arquiteto, é frequentador assíduo do site:

Adoro minha mulher e nossas duas filhas. Não me passa pela cabeça a separação. Mas minha vida mudou para melhor depois que passei a ter sexo com outras mulheres. Marco encontro em motéis na cidade em que moro, mas também quando viajo a trabalho. Nesse caso, dependendo dos dias em que vou ficar na cidade, já vou com tudo agendado. Onde moro, tenho encontros frequentes com uma advogada também casada. A gente já se encontra há dois anos, mais ou menos duas vezes por mês. Conversamos pouco, mas o principal é o prazer sexual que um proporciona ao outro.

Catherine Hakim, socióloga inglesa, pesquisadora da London School of Economics, desafia a moral conservadora ao afirmar, em uma entrevista à revista *Época*, que "ter um caso faz bem ao casamento".[105] Em sua pesquisa em sites para relações extraconjugais, os usuários lhe contaram que buscam parceiros sexuais na internet apenas para suprir a falta de sexo, comum na vida dos casais. "Gostar de comer em casa diariamente não nos impede de ir ao restaurante de vez em quando. [...] Acho exagero esse conceito que rotula a infidelidade como um terrível desastre e que, se acontecer em sua casa, é sua obrigação pedir o divórcio", diz ela.

Catherine lembra que, nos anos 1960 e 1970, era imoral ver jovens solteiros fazendo sexo antes do casamento ou morando juntos. Agora, essas coisas são aceitas. Da mesma forma, sexo fora do casamento virou algo factível. A ideia ainda choca, apesar de ser difundida nesses sites. Para ela, hoje, sociedades como a França entenderam que a fidelidade sexual é uma questão de escolha e não pode ser imposta.

Quanto à ideia muito difundida de que uma relação extraconjugal só ocorre se a pessoa estiver infeliz em casa há discordância. A socióloga conta que a maioria dos entrevistados estava feliz com o casamento e não queria que nada afetasse a vida familiar. Até por isso se preocupavam em manter o caso com discrição. "Eles não pensavam em se separar do cônjuge. Nem em se apaixonar ou viver um grande romance com outra pessoa. Queriam coisas que a relação, depois de três ou quatro anos, não consegue mais oferecer."

Catherine acredita que as pessoas usam esses sites de encontro porque *é comum* no casamento fazer pouco sexo. Essa é a solução para permanecer no casamento. Mas também *há quem tenha* casos pela excitação e pela aventura, mesmo que o sexo no casamento esteja ótimo. Homens e mulheres sentem que a novidade acaba depois do período "lua de mel". O outro se torna familiar e não causa tanta excitação. "As pessoas gostam da segurança de um casamento, mas também sonham com fortes emoções. Querem se sentir atraídas e desejadas. Os casos oferecem de volta a empolgação com o jogo sexual, a fantasia aventureira, a afirmação da individualidade."

Para ela, a pílula descomplicou o sexo casual e os sites de encontro para relações extraconjugais facilitaram a vida de muita gente. "Reuniram pessoas que não querem terminar o casamento, mas desejam sexo sem envolvimento emocional. São relações simétricas, em que as duas partes concordam em manter um caso escondido para não constranger o marido ou a mulher."

E conclui: "Um bom caso extraconjugal pode até melhorar o casamento na medida em que deixa as pessoas mais felizes e bem-humoradas. Um bom caso é aquele que não deixa a pessoa excessivamente ansiosa ou distante da mulher ou do marido. É algo leve, sem cobranças".

O papel dos amantes

A atração pelo amante cresce quando o casamento cai na rotina. A relação paralela, extraconjugal, por ser inacessível, assume um fascínio especial. Os amantes estão sempre à beira do momento especial, na expectativa do encontro, a superação do obstáculo evidente à realização do verdadeiro amor. O afastamento do mundo cotidiano é exatamente o que promove sua qualidade extraordinária. O amor pelo amante vive na imaginação.

Francesco Alberoni faz uma análise interessante sobre a dimensão do amante na vida de homens e mulheres, que resumo nos parágrafos seguintes.[106] Para ele, o erotismo pressupõe a ausência de preocupações com a pessoa com a qual estamos nos relacionando. Se existem problemas, envolvimentos externos desagradáveis, é preciso que haja um ato positivo de alienação, liberação. A área liberada e iluminada pode então ser preenchida pelo erotismo. Não é um espaço vazio, é um espaço esvaziado, onde podemos nos concentrar exclusivamente no prazer erótico e sua perfeição.

O tempo passado com o amante deve ser um tempo extraordinário, livre de toda e qualquer preocupação. Um tempo separado, recortado do cotidiano. Com um princípio e um fim. Os amantes existem paralelamente a uma relação institucional. Constituem outra dimensão na qual a pessoa se refugia e da qual retorna ao cotidiano. A dimensão do amante é a separação, o duplo, o paralelo. Essa dimensão é mais serena, exatamente porque o seu tempo é limitado, a relação com o mundo é parcial. Tudo vai bem com o amante porque naquele tempo não há interferências, apenas perfeição erótica. O tempo limitado e separado é governável, como uma festa, um espetáculo teatral, férias, um baile.

Às vezes, os dois estão apaixonados, mas um quer conservar o papel de amante para evitar que o amor invada toda a existência e crie um novo cotidiano. Ou então para evitar ter que escolher. Existem relações entre amantes que podem durar anos e anos, até mesmo toda a vida. Principalmente quando ambos são casados. Os dois não se encontram com muita frequência e durante o encontro não permitem que seja inserido nenhum elemento perturbador. São carinhosos, gentis, interessados apenas em dar-se prazer. Agem como dois cúmplices, e cada um dá o melhor de si mesmo.

O fato de essa relação estar limitada ao erotismo dá-lhe um caráter não compromissado – mesmo que, com o tempo, se desenvolva um afeto sincero e profundo, talvez mesmo um amor. Não existe amante sem que haja limite. Limite de tempo, na oficialidade, na apresentação. Não existe amante sem que haja segredo, conclui Alberoni.

Quando o parceiro se relaciona com outra pessoa

Miguel, 43 anos, engenheiro:

Tentei fingir que a minha mulher não estava tendo um caso, mas chegou a um ponto em que não deu mais para me enganar. Os cuidados que ela passou a ter com seu celular me levaram a espioná-lo e verifiquei que não havia ligações recentes, menos as minhas. Ela estava apagando os contatos. Decidi segui-la e constatei seus encontros. Estamos casados há dezessete anos e ainda gosto muito dela, mesmo com a infidelidade. Não sei o que fazer. Ou vou embora ou finjo que não é comigo e arranjo alguém.

Muitas pessoas têm relações extraconjugais, mas não admitem a hipótese de seu(sua) parceiro(a) fazer o mesmo. A descoberta causa profunda dor, pela crença tão difundida de que quem ama não deseja mais ninguém. "Numa cultura em que as relações amorosas estão sujeitas ao controle monogâmico e impregnadas pelo discurso de um único amor verdadeiro, ver o parceiro ou a parceira com outra pessoa parece encaminhar para esse desfecho da agressão por ciúmes, reforçado por uma ampla produção cultural: as telenovelas, as músicas, a literatura e a mídia em geral agem como encorajadores da relação de poder exprimida pelo ciúme. Trata-se de uma cultura em que a falta de controle sobre a vida do parceiro não é facilmente admitida, mesmo por aqueles que se dispõem a enfrentá-la. As reações violentas de ciúme expressam esse domínio."[107]

Paulo Lemos diz que, quando tentamos responder se é possível uma única pessoa viver conosco por toda uma vida sem que nos interessemos afetiva e sexualmente por outra, notamos que, não raro, a resposta é ambivalente – damo-nos conta de que poderíamos, sim, viver com uma única pessoa por toda a vida, mas honestamente não poderíamos afirmar que não amaríamos outra pessoa ou não desejaríamos outra pessoa.[108]

Duplo padrão em declínio

O duplo padrão – homem pode, mulher não –, que existiu até os anos 1970, está desaparecendo. Durante 5 mil anos os homens acreditaram ser somente deles o direito de relações fora do casamento. Mas começam a pensar diferente. A pílula anticoncepcional – possibilitando o movimento de emancipação feminina e a revolução sexual – foi fundamental para a mudança dessa forma de pensar.

Em 1970, uma pesquisa na França mostrou que a maioria das mulheres e dos homens acreditava que a infidelidade de um homem casado era uma coisa perdoável, enquanto em 1992 as mulheres, majoritariamente, já não consideravam esse comportamento aceitável. A crescente autonomia das mulheres no casamento e na vida social passou a se manifestar através de uma exigência maior em relação ao cônjuge, na medida em que é mais fácil para elas interromper uma relação não satisfatória.[109]

Numa relação amorosa estável, a cobrança de exclusividade sempre foi constante, mas com toda a liberação sexual passou a exigir mais esforço. O conflito entre o desejo e o medo de transgredir é doloroso, principalmente para a mulher. Ela foi ensinada a fazer sexo apenas com o parceiro fixo. Isso fez com que se sentisse culpada no caso de ter uma relação extraconjugal. Mas o psicólogo italiano Willy Pasini garante que o cenário não é mais o mesmo, e que hoje o remorso da mulher desapareceu quase completamente. As pesquisas confirmam isso, como a do *New York Post*, que concluiu que nove entre dez mulheres não nutrem qualquer tipo de sentimento de culpa.

Cada vez se acredita mais que as restrições que muitos têm o hábito de se impor por causa do outro ameaçam bem mais a relação do que uma "infidelidade". Afinal, reprimir os verdadeiros desejos não significa eliminá-los.

Motivos das relações extraconjugais

Frequentemente os estudiosos das relações amorosas reproduzem o senso comum. Muitos afirmam que as relações extraconjugais ocorrem por problemas na vida a dois – fim do amor, insatisfação, mágoas, ressentimentos, imaturidade etc. Não ouvi nem li em quase nenhum lugar o que me parece óbvio: embora haja insatisfação na maioria das relações estáveis, o sexo com outras pessoas ocorre principalmente porque variar é bom, e as pessoas sabem disso. Um relacionamento pode ser plenamente satisfatório, do ponto de vista afetivo e sexual, e mesmo assim buscarmos outros parceiros.

Afinal, todos estão constantemente expostos a estímulos sexuais novos provenientes de outros, que não o parceiro atual. É possível que esses estímulos não tenham efeito na fase inicial da relação, em que há total encantamento pelo outro. Entretanto, existem e não podem ser eliminados. A maioria dos seres humanos já sentiu vontade de viver uma relação com alguém que lhe agradou, e isso não só devido a fatores físicos. Os mais variados aspectos podem provocar desejo, mas somos historicamente limitados pela ideia de exclusividade.

A questão é que "não existe nenhuma evidência de que o ser humano é monógamo. Nenhum pesquisador chegou a conclusões sequer parecidas. Induzido por falta de indicações, o ser humano tem buscado sempre um ideal que não se concretiza, a não ser na sua fantasiosa mente".[110] Penso que a única coisa que importa numa relação é a própria relação; os dois estarem juntos porque gostam da companhia um do outro e fazerem sexo porque sentem prazer.

Uma pesquisa com mulheres casadas que tinham casos extraconjugais concluiu que ter um caso é uma maneira de elas tentarem resgatar a individualidade que achavam ter perdido no casamento. A autora da pesquisa, que questionou a crença de que as mulheres são monógamas por natureza e que mulheres com casamentos felizes não cometem adultério, recebeu ameaças. Ao aparecer no programa de TV *Larry King Live*, espectadores telefonaram para denunciá-la. Mas alguns veículos parecem concordar com ela. A revista *Elle* disse às leitoras que "um caso pode ser uma recarga sexual". A *Harper's Bazaar* sugeriu que os casamentos podem realmente melhorar com os casos extraconjugais: "Como conseguem obter bastante êxtase em outro lugar, essas mulheres não estão inclinadas a reclamar, censurar ou encontrar defeitos no marido".[111]

A entrada de um terceiro

Este foi o relato que ouvi de Rui:

Sou médico, 27 anos, e tenho um namorado de 28. Moramos juntos há uns oito meses. Gosto muito dele e estou feliz com nossa casa. Nosso relacionamento é aberto, mas na prática isso não está funcionando. Sempre que fico com alguém, ele sofre, fica péssimo, muito triste. Sente ciúmes e ódio, ameaça ir embora, passa uns dias desanimado com o namoro e com a vida. Eu faço sexo com várias pessoas, tenho alguns "romancezinhos" paralelos. Nunca levo nada adiante, só quero me divertir. Já ele nunca fica com ninguém. Nas poucas vezes em que ficou, não se empolgou muito. Esse desequilíbrio o incomoda; eu entendo, mas não sei o que fazer. Acabo mentindo pra ele quando vou encontrar outro homem, o que destrói totalmente a ideia da relação aberta. E quando ele me pega na mentira, tudo fica pior ainda. Ele já não aguenta mais minhas mentiras e puladas de cerca, mas eu não suporto a ideia de monogamia.

* * *

Este relato é de Sérgio, 39 anos, advogado:

Tenho uma relação muito legal com uma mulher. Somos namorados, mas sinto que ela é experiente e tenho quase certeza de que ela faz sexo com outros caras. Cada dia gosto mais dela e de transar com ela, mas essa dúvida me atormenta. Como não moramos juntos, fico mal se tento falar com ela e não a encontro. Há vezes em que ligo para a casa dela de madrugada, ela não atende; o celular está desligado. Estará nos braços de outro? Fico doido. Ela diz que toma remédio para dormir e só acorda de manhã. Por quê? É angustiante.

* * *

Há casais que optam por uma vida com mais espaço para cada um, recusando-se a se fechar na relação – saem sozinhos, viajam separados, jantam com seus próprios amigos sem a presença do parceiro fixo –, mas, apesar disso, a maioria não aceita ser possível um casal ter vida sexual independente um do outro. Tentam se convencer de que não há a necessidade de mais ninguém porque o amor que sentem os completa.

Mas essa ideia de fusão não é forte o suficiente, mesmo se a presença do outro for só na fantasia. "O que gera mais ansiedade que a liberdade de um parceiro, que talvez signifique a liberdade de não amar você, ou de parar de amá-la, ou de amar outra pessoa, ou de virar uma pessoa diferente da que uma vez jurou amá-la sempre e hoje... talvez não ame?".[112] Se ela ou ele pode pensar em outros, talvez ame outros, e isso é intolerável.

Perguntas aparentemente inocentes são feitas com a intenção de descobrir alguma coisa: "Você demorou a chegar... havia muito trânsito?"; "Você não larga o celular... está esperando algum telefonema?"; "Tentei falar com você... seu telefone estava desligado?". Há os que não suportam a dúvida da existência de uma terceira pessoa e passam a espionar o parceiro – e-mails, WhatsApp, Facebook...

A questão é que, para diminuir a ansiedade, nem sempre adianta controlar o outro. "O reconhecimento do terceiro tem a ver com a confirmação da independência erótica de nosso parceiro. A sexualidade de nosso parceiro não nos pertence. Ela não existe só para nós nem em torno de nós, e não deveríamos presumir que se encontre legitimamente em nossa jurisdição. Não se encontra. Quanto mais abafamos a liberdade do outro, mais difícil é para o desejo respirar dentro de uma relação formal."[113]

Solução negociada

Robert Crumb, 74 anos, americano radicado na França e considerado um dos maiores quadrinistas da história, em entrevista ao jornal *O Globo* fala do seu trabalho e no final responde a perguntas sobre a exclusividade sexual no seu casamento.[114] Ele conta que é casado com a também quadrinista Aline Kominsky-Crumb desde 1978 e explica o que os ajuda a conviver bem. "Nós dois fomos infiéis nesse tempo, com alguns relacionamentos fora do casamento. Eu ainda tenho um relacionamento com outra mulher, que vive nos EUA. Uma vez por ano, nós passamos umas semanas juntos. Aline não gosta, mas aceita. Ela também tem um relacionamento de quinze anos com um cara francês que mora na nossa cidade."

Crumb não se considera ciumento, e ele e Aline não acreditam em fidelidade absoluta. Para ele é uma perda de energia o fato de as pessoas mentirem umas para as outras. "Eu falei para a Aline logo que nós começamos a nos envolver que gostaria de viver com ela, mas não daria para ser fiel. Eu não consigo. Ela aceitou. [...] Há egoísmo no amor. Só que não quero que minhas relações com mulheres sejam baseadas em egoísmo."

Os prejuízos causados pela repressão dos desejos

Muito se fala sobre os perigos de uma relação extraconjugal. No Twitter e no Facebook sempre há críticas a quem defende o direito de optar por relações não monogâmicas. "Falta de caráter", "Canalhice", "Imaturidade". E o comentário estereotipado: "Se quer transar com outras pessoas, então não se case!". Fico imaginando que ideia essas pessoas têm do casamento. Será que para elas casamento existe só para se viver a exclusividade sexual e nada mais? Poucos falam dos efeitos nocivos da repressão dos desejos. Wilhelm Reich, importante pensador e psicanalista da primeira metade do século XX, analisa, em um dos seus livros, os prejuízos causados às pessoas envolvidas e à própria relação, que sintetizo nos parágrafos a seguir.[115]

Quando o desejo por outros parceiros se torna mais imediato, afeta a relação sexual existente no sentido de acelerar o enfraquecimento do desejo sexual pelo cônjuge. A relação sexual torna-se progressivamente um hábito e um dever. A diminuição do prazer obtido com o parceiro e o desejo de outros se somam e se reforçam mutuamente. Não é possível evitar essa situação ou se iludir por meio de boas intenções ou de "técnicas amorosas".

É nessa altura que se manifesta um estado crítico de irritação contra o outro, irritação que, conforme o temperamento de cada um, é exteriorizada ou reprimida. Em qualquer um dos casos, e conforme demonstra a análise de situações desse gênero, gera-se e desenvolve-se sem cessar um ódio inconsciente contra o outro, pelo fato de ele impedir a satisfação, frustrar os outros desejos sexuais. Em tal caso, não se tem nenhuma razão pessoal e consciente para odiar, mas sente-se no outro, e mesmo no amor que por ele se tenha, um obstáculo, um peso.

Frequentemente, o ódio é compensado e camuflado por uma extrema afeição. Essa afeição reativa nascida do ódio e os sentimentos de culpa concomitantes são os componentes específicos de uma certa forma de ligação "pegajosa". Por isso, é tão frequente ver pessoas, mesmo não casadas, que não são capazes de se separar, ainda que efetivamente já não tenham nada a se dizer e menos ainda a se dar, não sendo a relação entre elas mais do que uma tortura recíproca, prolongada e inútil.

Entretanto, o enfraquecimento do desejo sexual pode não ser definitivo. Mas passa facilmente do estado passageiro para permanente se os parceiros são incapazes de tomar consciência da tensão ou do ódio recíproco, se rejeitam como inconvenientes e imorais os desejos sexuais sentidos por outras pessoas. Nesse caso, em geral verifica-se a repressão de todas essas poderosas tendências, com todo o inevitável cortejo de consequências desastrosas para as relações entre duas pessoas que essa repressão engendra.

Se, pelo contrário, tais fatos são abordados com franqueza, sem distorções nem preconceitos, pode-se limitar a extensão do conflito e encontrar uma saída, com a condição de que as manifestações de ciúme não se transformem em reivindicações possessivas e se reconheça o caráter natural e legítimo do interesse sexual por outros. Incontáveis exemplos mostram que a fidelidade, calcada em valores morais, mina progressivamente uma relação, enquanto, em contrapartida, numerosos outros exemplos demonstram claramente que uma relação ocasional com outro parceiro favorece a relação estável, que estava em via de se deteriorar, conclui Reich.

* * *

"A favor da fidelidade conjugal, o máximo que os cientistas conseguiram catalogar até o momento é o caso exemplar do parasita de peixe *Diplozoon paradoxum*: ele encontra uma larva virgem e se funde a ela. Permanecem juntos para sempre. Até que a morte os separe."[116]

A grande preocupação das pessoas quanto à exclusividade sexual do(a) parceiro(a) é enorme. Tive alguns programas de rádio em que tratei de relacionamentos amorosos. Num deles, eu respondia às perguntas dos ouvintes depois que me narravam uma breve história. Lembro que sempre me impressionou a quantidade de perguntas em que homens e mulheres buscavam confirmar a exclusividade do outro.

Penso que está mais do que na hora de refletir sobre essa questão. Em vez de nos preocuparmos se nosso(a) parceiro(a) se relacionou sexualmente com outra pessoa, deveríamos apenas responder a duas perguntas: "Sinto-me amado(a)?" e "Sinto-me desejado(a)?". Se a resposta for sim para as duas, ótimo. O que o outro faz quando não está comigo não me diz respeito. Não tenho dúvida de que dessa forma as pessoas viveriam muito melhor.

Fazer parte do processo em curso de mudança de mentalidade não é uma tarefa simples. Essas formas desconhecidas de viver o amor causam insegurança e medo. Entretanto, não há dúvida de que teremos melhor qualidade de vida com a percepção mais livre dos nossos desejos e dos desejos de nossos parceiros. Concordo com o psicoterapeuta Roberto Freire quando diz que o verdadeiro ato de amor é o que garante a quem amamos a liberdade de amar, além e apesar de nós e de nosso amor.

Educação para amar

Amo profundamente a minha mulher, mas não conseguimos conversar; por qualquer motivo já estamos brigando. Todos pensam que vivemos bem, mas nossa vida é um desentendimento só. E olha que estamos juntos há pouco tempo. Estou deprimido, sem ânimo para nada.

Esse foi o desabafo de Pedro, 36 anos, logo que se sentou no sofá do meu consultório.

Quando duas pessoas passam a viver juntas, é comum terem a ilusão de que enfim encontraram a "pessoa certa" e vão viver juntas e felizes para sempre. A relação simbiótica então estabelecida, na qual os dois imaginam se transformar num só, é o campo propício para que ambos projetem, um no outro, aquilo que têm em si e julgam ser desvalorizado. Após algum tempo de convívio, em muitos casos, o outro passa a ser visto com "defeitos", porque aos "defeitos" de cada um somam-se os do outro. E a isso se acrescenta a raiva sentida quando se constata que o outro não está cumprindo o papel que se esperava dele: o de satisfazer todas as necessidades e carências pessoais do parceiro.

Parece simples, mas é importante lembrar que o amor não dá direito algum sobre o outro. Em muitos casos, a vigilância e a invasão na vida do outro são vistas como algo natural. "A crença quase universal baseada na evidência de um amor único, permanente e sem defeito, entendido e recebido como garantia de felicidade duradoura, vai, justamente, levar-nos a esquecer, com muita frequência, que é necessário manter, alimentar e respeitar o relacionamento vivo e saudável. Que este deve, sobretudo, se proteger contra as alterações inevitáveis de uma intimidade que vai ficando desgastada com partilhas em tempo integral."[117]

Não são poucos os que aceitam a obrigação de ser e agir a partir de um código, muitas vezes expresso através de um "nós" ou "a gente", definido exclusivamente por um dos cônjuges! "No casal, tudo deve ser dito. Tenho direito de saber para quem ele está telefonando. Quando temos a consciência tranquila, quando não temos nada para nos censurar, não há nada para esconder!"[118]

O amor necessita de aprendizado

O psicoterapeuta Paulo Lemos aponta em seu livro aspectos importantes do aprendizado para uma boa relação amorosa. Logo na introdução o autor diz: "Se é verdade que o amor como sentimento básico não precisa ser aprendido, a conduta amorosa, esta sim, deve e precisa ser aprendida".[119] Difícil não concordar com ele... A seguir, transcrevo alguns trechos.

"Muitas pessoas escolhem com quem conviver e dizem que foi por amor. Mas a escolha por amor não garante boa convivência. Mais cedo ou mais tarde aparecem problemas: sofrem de dificuldades sexuais, vivem em atrito constante e se sentem infelizes e com a sensação de que há algo errado com elas ou com o outro."

"Precisamos ter consciência de que o outro jamais compreenderá inteiramente o que se passa conosco e que nem valorizará as coisas da mesma maneira. Não há artifício que faça com que duas pessoas vejam e sintam de maneira idêntica um mesmo acontecimento."

"Algumas pessoas realmente se sentem amarradas e presas quando estão numa relação. Como se não pudessem mais viver ou gozar a liberdade. Elas absorveram a ideia de que conviver significa abster-se de ter vida própria."

"Possuir um espaço próprio dentro de uma relação torna-se, então, uma questão de higiene – manutenção da saúde da relação. Como a maioria de nós foi educada para estar 'grudado' no outro, quando intuitivamente um dos pares começa a reivindicar um espaço maior para si parece que algo estranho está acontecendo. Surgem as fantasias de abandono. Surge o ciúme."

"Quando escolhemos alguém para conviver, escolhemos os sofrimentos que pudermos suportar advindos do jeito dele de reagir ao mundo. Se tentarmos a todo momento modificá-lo para não sofrermos, estaremos em constante atrito e chegará o momento em que o outro não poderá corresponder aos nossos anseios. Nunca ninguém reagirá ao mundo da mesma maneira que nós."

Dar e receber no amor

É na área do amor em que o dar e o receber podem ser percebidos com clareza, mesmo nos menores atos. Para o psicoterapeuta e escritor José Angelo Gaiarsa, a pior exploração que fazemos da pessoa amada é esperar/exigir que ela nos aguente, ouça e sofra conosco por todas as nossas dificuldades e problemas – mas sem reciprocidade. Uma coisa é repartir – como o peso de uma cesta levada em dois –, outra coisa é esperar, ou exigir, que o outro me carregue – sozinho – no colo ou nos ombros![120]

Gaiarsa considera que não é difícil passar daí para a relação sexual, na qual acontece algo semelhante. É como o ato de dar um presente, que só se completa se a alegria de quem recebe chega até quem dá. Nas relações amorosas, a reciprocidade é particularmente importante e difícil. Para o psicoterapeuta, a reciprocidade envolve, então, acima de tudo, a *atenção* recíproca. "Mas o que acontece é: eu cuido de você (e você tenta me coagir a fazer o que você gosta ou está acostumado). A busca da dança perfeita é substituída por uma tentativa de controle – uma exibição de poderio –, um esforço de replicar (repetir) a fim de impedir a criação (e o risco!)."[121]

Laura Kipnis diz que aquela nuvem baixa do excesso de familiaridade significa saber antecipadamente como será qualquer discussão antes mesmo que ela aconteça, e tudo que você gostava mais em si mesmo fica soterrado pela avalanche da rotina. "Vamos dizer que até haja sexo – satisfatório, de dever cumprido –, mas como isso pode ser comparado com a sensação de ser *reinventado*? De ser *desejado*? De sentir *fascínio*?"[122]

Há mais ou menos vinte anos, pela primeira vez nos EUA, educadores americanos começaram a abordar a educação para amar – ou seja, a alfabetização emocional – para ajudar os estudantes a aprenderem maneiras de ser e de se relacionar. Essa educação está sendo introduzida lentamente no currículo escolar.

Por que os casais brigam?

Quando eu assinava uma coluna semanal no *Jornal do Brasil*, no final dos anos 1990, perguntei a algumas pessoas por que motivo os casais brigam. Não sei se elas já mudaram de ideia, mas selecionei algumas respostas interessantes.

Nana Caymmi: "Tudo é por causa dos problemas financeiros. As brigas todas, bebedeiras, são porque as pessoas gastam mais do que podem.

Para mim a relação vai para a cucuia não é por falta de amor, não. É por ter que pagar o aluguel e tudo o mais. O dinheiro é primordial, é só ler o jornal e você não vê um *barraco* que não seja por dinheiro".

Elza Soares: "A coisa mais difícil na vida a dois é o banheiro. A toalha no chão também começa a complicar a cabeça... e aquelas roncadinhas estranhas... A gente acorda muito feia, tem que dormir maquiada. E de madrugada é bom ir até o banheiro e passar um batonzinho".

Leo Jaime: "O homem se casa pensando que ela não vai mudar e ela muda; a mulher se casa pensando que vai conseguir mudá-lo e ele não muda".

Leila Pinheiro: "O dia a dia é muito cruel. As pessoas estão diferentes a cada momento. Vou dar um exemplo: você dorme todo dia com a mesma pessoa. Numa noite você tem um sonho x, y ou z. Apesar de não se lembrar dele direito, ele te gera um 'estar' diferente naquela manhã. Aí, a pessoa olha pra você e pergunta: 'O que é que houve?'. Você tem que explicar o inexplicável? É importante essa liberdade de existir. Essa liberdade de o ser humano ser o que ele é a cada dia, sem precisar ficar explicando as coisas. O mundo moderno está nos levando a essa independência de existir cada vez mais. Tenho até um pouco de medo de me viciar nessa ausência da convivência".

Evandro Mesquita: "A principal coisa é que os dois não tentem ser um só. Cada um tem que ter sua individualidade, ter até um espaço físico próprio em casa. As diferenças de cada um não devem ser obstáculos, e sim motivo de encantamento pela surpresa que causam".

Zélia Duncan: "O mais difícil é você detectar onde está a individualidade do outro... onde está aquele pedaço que, por mais que você divida tudo, nunca vai chegar. Se você acha que chegou é uma ilusão. Está invadindo ou reprimindo a pessoa. É difícil detectar isso quando se está vivendo junto todo dia. Às vezes, existem coisas que me irritam, mas não me dizem respeito... é muito difícil sacar essa fronteira".

* * *

"De tanto valorizar o frenesi, os cônjuges correm um grande risco: o laço que tinham literalmente funde sob o impacto da paixão, e as fronteiras entre os dois tendem a se diluir. A esfera doméstica tornou-se um campo de batalha titânica entre o sublime que se almeja e o trivial que se vive."[123]

A questão da individualidade, apontada por alguns entrevistados, é séria. Viver a dois, permanecendo diferentes, requer disposição que na maioria das vezes não se consegue ter. A tentação para se fechar na relação com o outro é grande. Afinal, fomos ensinados a acreditar que ao encontrar o "grande amor" estaremos completos, nada mais nos faltando. Ter uma boa convivência depende mais da qualidade do relacionamento do que do amor entre as partes. A ideia de fusão entre os parceiros sobrecarrega cada um como depositários das projeções e exigências afetivas do outro.

Da fusão à diferenciação

Renata está casada com Paulo há três anos. Assim como o marido, sempre acreditou que uma boa relação amorosa exige que os dois passem quase todo o tempo juntos, inclusive suas horas de lazer. E se submeter aos desejos do marido é uma constante. Até passou a torcer pelo mesmo time e vão sempre juntos assistir aos jogos de futebol. A situação se tornou insustentável quando ele decidiu aderir à torcida organizada e a convocou para assumirem a bandeira do time.

É insuportável! São reuniões intermináveis num bairro distante do nosso e há gritaria e bebedeira. Sem contar as viagens para jogos em outros estados que tomam todo o fim de semana. Falei pra ele que não estou mais a fim disso. Se lhe dá prazer, ele que continue indo, mas prefiro ficar em casa lendo um livro ou ir ao cinema. Ele se ofendeu e disse que estou traindo o nosso amor, que assim não teremos futuro juntos...

Uma das características fundamentais para uma boa relação amorosa é se livrar da ideia de fusão e preservar a distinção entre si e o outro. A pessoa amada é vista e aceita como tendo uma identidade inteiramente separada do parceiro, o que favorece a relação. Entretanto, é bastante comum não se perceber nem se respeitar a individualidade do outro, o que gera desentendimentos e sofrimento. O respeito à individualidade do parceiro, como o fato de cultivá-la, mesmo com o risco de separação ou perda, é crucial. A vida a dois se complica quando um dos parceiros tem tanto medo da solidão, é tão dependente, que se agarra ao outro como um náufrago.

Em tese, entendemos que cada um de nós merece privacidade, embora, na prática, essa questão seja sempre mais complicada. "A ênfase é na criação da intimidade, não na conservação da individualidade. Meus pacientes que abraçam esses atos de intimidade acabam sentindo que suas aspirações individuais, ou as de seus parceiros, já não são legítimas. O invencível *nós* suplanta o fraco *eu.*"[124]

A fusão é aceita com naturalidade

A ideia de fusão entre um casal é aceita com tanta naturalidade que abrange até a vida sexual, como no caso do orgasmo. Em 1970, na França, a grande maioria de homens e mulheres considerava desejável que, durante uma relação sexual, ambos alcançassem o orgasmo ao mesmo tempo. A boa notícia é que vinte anos mais tarde, mesmo considerando importante que as duas partes sintam prazer, já não parece mais indispensável às novas gerações, em particular às mulheres, que o orgasmo seja simultâneo. As expectativas quanto ao prazer se individualizaram.[125]

Sempre somos três

Na pesquisa para este livro descobri o psiquiatra social francês Jacques Salomé, já citado, que aborda a passagem da fusão com o parceiro amoroso para a diferenciação, ou seja, quando há a ruptura de crença de que os dois são uma só pessoa.[126] Ele considera que qualquer casal é sempre um pouco um casal a três. Somos sempre três quando vivemos a dois: você, eu e o relacionamento que compartilhamos. Você, na sua extremidade... e eu, na minha. Para passar do um para o três será necessário aceitar, em primeiro lugar, a passagem do um para o dois, tendo a ousadia de abandonar a fase idílica da fusão ou simbiose. Essas sequências da vida conjugal traduzem-se, muitas vezes, pela utilização das formas "a gente" e "nós" que englobam os cônjuges nesse espaço fechado da ilusão de serem um só. "Gostamos de Mozart"; "A gente é feliz por viver juntos"; "Queremos morar no interior"; "A gente está sempre de acordo no que diz respeito ao essencial..."

O autor pergunta se esses "a gente" e "nós" são verdadeiramente autênticos e cúmplices. E se os desejos diferenciados de cada um estão ameaçados de não serem ouvidos, nem satisfeitos, nem mesmo simplesmente respeitados como únicos. Há mistura de sentimentos e desejos, confusão de necessidades... Geralmente, os dois colaboram, cada qual à sua maneira, para esse sistema de indiferenciação.

Cada parceiro tende a se adaptar ao que supõe ser o desejo do outro. Adaptação mútua leva cada um a amplificar e reforçar as características ou traços que parecem convir ao outro ou ser valorizados por ele. Inversamente, cada qual terá tendência para atenuar, eliminar, até mesmo dissimular as manifestações ou aspectos percebidos como motivos para desagradar ao outro.

Os dois estão convencidos de que conhecem as possibilidades, desejos e necessidades do outro e de que é possível identificar-se com eles. Cada um faz ou vive no lugar do outro. Renuncia a satisfazer e, até mesmo, exprimir seus próprios prazeres ou demandas. Muito rapidamente, sem que percebam, as posições imobilizam-se, instalam-se, estruturam-se sob uma forma repetitiva e, muitas vezes, em mão única.

Salomé cita algumas frases ditas por casais em que não há diferenciação entre um e o outro. "Nós nos compreendemos imediatamente; não temos necessidade de falar"; "Apenas pelo seu aspecto, adivinho o que ele vai dizer..."; "A gente nunca tem problemas de comunicação como acontece com tantos casais; a gente não tem necessidade de falar um com o outro..."

Ele diz ser inútil exprimir desejos que supostamente serão adivinhados pelo outro. A longo prazo, tais desejos correm o grande risco de não serem satisfeitos e, um dia, se manifestarem sob a forma de censuras e acusações porque, justamente, permaneceram durante muito tempo confinados no implícito.

Eu sou uma pessoa, você é outra!

Salomé dá o exemplo de um paciente, executivo sincero, terno e dedicado em muitos aspectos à sua companheira. Só que ele não tem consciência de que passa o tempo todo dizendo o que ela deve fazer. Muito cedo na relação ele se comportou como quem sabia o que era bom para ela, para ele próprio e para a família.

— É preferível mesmo assim viver no interior já que a gente tem meios para isso: espero que você esteja de acordo! Vamos fazer a mudança no início do ano escolar porque o posto que me foi oferecido é mais interessante, não se preocupe... Irei na frente para abrir caminho e depois você virá ao meu encontro. Tentarei encontrar trabalho para você e um bom posto em um setor ao lado do meu. Você verá que não haverá problemas... Pensei em tudo. — E, assim, durante anos, "não haverá problemas" ou "pensei em tudo".

Dessa forma, resolveu efetivamente todos os problemas do casal... Sem obstáculos evidentes e com a colaboração aparentemente indefectível de sua mulher. Até o dia em que ele fez o seguinte anúncio:

— Fui escolhido para trabalhar na Coreia, como correspondente no projeto do TGV; partiremos em outubro, teremos... de prever... e você poderá...

Seguia-se uma longa lista de tarefas sobre as quais tinha responsabilidade e pretendia resolver "sem problemas" para o bem-estar da mulher e da família. Mas nesse dia ele descobriu, surpreso, uma mulher desconhecida que lhe deu a seguinte resposta:

— Talvez você pretenda mudar de novo; mas não é a minha intenção nem a das crianças. Fico em Orléans, sinto-me bem no meu trabalho e nesta cidade que começa a se tornar um pouco a minha cidade. As crianças estão criando uma estabilidade, fizeram relações importantes para elas. Comecei um curso de dança e tenho umas amigas de quem eu gosto...

— Então, você pretende se divorciar? — gritou ele, com certa moderação.

— Não propriamente me divorciar, mas somente dizer a você que, desta vez, não quero mudar. Estou saturada, tenho necessidade de respeitar meu próprio ritmo.

— Isso quer dizer, então, que você não me ama?

— Não é isso que estou falando. Estou tentando simplesmente confirmar que já não aceito que você diga o que tenho que fazer...

Estourou uma crise sem mudanças essenciais. Ele tolerava a decisão da mulher, mas procurava incessantemente desestabilizá-la em suas posições. Aproveitava todas as ocasiões para isso! Por meio de múltiplas pressões, chantagens ou ameaças, tentava conduzi-la de novo ao modo como se relacionavam anteriormente. Quanto a ela, agarrava-se ao seu projeto de vida e conservava a esperança de que ele "compreenderia", mudaria de opinião e acabaria por renunciar ao trabalho no exterior. Ela até chegou a afirmar: "Tinha a ingenuidade de acreditar que ele viesse a me escolher".

Essa crise durou vários anos até chegar a uma ruptura ao mesmo tempo, segundo Salomé, conflitante e libertadora para ambos. No entanto, mesmo após o divórcio, ele ainda telefonava para continuar a ditar, na secretária eletrônica, com todos os detalhes, qual seria o tipo de férias desejáveis ou não para ela... qual posto de trabalho deveria aceitar...

Para Salomé, esse período da vida de um casal no qual domina a utilização da fórmula "a gente" pode durar anos e, até mesmo, décadas. Em algum momento, pode haver a descoberta de que um dos parceiros não se sente satisfeito com a indiferenciação e fusão que o deixa confinado e limita sua vida. É doloroso quando um dos cônjuges começa a ganhar autonomia, a se mostrar como diferente. Será o início de uma nova etapa da vida conjugal: a do casal diferenciado.

A reação de quem deseja manter a fusão com o outro

Salomé cita o caso de uma mulher que descobriu lentamente, com amargura e depois de forma positiva, que tinha desejos e projetos bem pessoais. "Deixei você acreditar que eu gostava da montanha e do tênis, mas, sobretudo, eu gostava mesmo é de você; e foi por essa razão que eu o acompanhei em suas atividades. Atualmente, posso continuar a amar você, ao mesmo tempo que posso renunciar às escaladas e ao clube de tênis para me dedicar à aquarela e ir ao cinema, que são os meus lazeres preferidos." Tal posicionamento mais diferenciado implicará uma concentração maior da pessoa sobre si mesma.

Para passar da fase da fusão ou simbiose – que, muitas vezes, caracteriza os primeiros tempos da vida amorosa – para a fase da diferenciação, não basta tomar consciência ou estar vigilante, mas será necessário que cada um se defina de forma lúcida. Não será fácil correr o risco de se posicionar como portador de desejos, ideias, sentimentos e projetos diferentes dos apresentados pelo outro. Será difícil também correr o risco de desestabilizá-lo, deixá-lo inquieto e, por vezes, até mesmo dar-se conta de que ele está sofrendo.

"É possível que você esteja sofrendo com minha recusa em acompanhá-la à casa de sua mãe, e espero que você venha a entender o que está sendo atingido em você pela minha atitude, em vez de me atribuir a responsabilidade de seu sofrimento e considerar-me culpado por isso."

Ter a ousadia de dizer ao companheiro "Não sou responsável pelo que você sente. É seu o que você sente..." pode parecer, em um primeiro momento, como um sinal inaceitável ou intolerável de egoísmo e, até mesmo, insensibilidade.

Para Salomé, se aceitarmos considerar que um relacionamento tem duas extremidades e que é vital que cada um se responsabilize pela sua, vamos descobrir que somos nós que produzimos os sentimentos que, por vezes, nos fazem sofrer tanto. Além disso, é através deles que tentamos não só exercer uma pressão sobre o nosso companheiro, tentando fazê-lo se sentir culpado – desvalorizando-o ou por meio de chantagem afetiva –, mas também de nos desvalorizar e nos desqualificar.

* * *

Até algumas décadas atrás, as mulheres só saíam da casa dos pais quando se casavam. Para Giddens,[127] ao contrário da maioria dos homens, a maior parte das mulheres continua a identificar a sua inserção no mundo externo com o estabelecimento de ligações. Muitos estudiosos têm observado que, mesmo quando um indivíduo ainda está sozinho e apenas prevendo relacionamentos futuros, os homens em geral falam entre termos de "eu", enquanto as narrativas femininas sobre si tendem a ser expressas em termos de "nós". A "fala individualizada" aparente na citação acima é qualificada por um "nós" sub-reptício – alguém que vai ser "amado e cuidado" e transformará o "eu" em "nós".

O fim de um relacionamento

A dor da separação é comparada por alguns ao sofrimento diante da morte de uma pessoa querida. Romper uma relação é resultado de um processo lento, muitas vezes inconsciente. Um desgaste cotidiano, que vai liquidando o prazer de viver junto. Mas a percepção de que o casamento traz mais frustrações do que alegrias é uma conclusão difícil. Muitas vezes tenta-se rejeitar os motivos que levam à separação, movidos pelas expectativas depositadas na vida a dois.

Dificuldade em se separar

Apesar de a prática de se separar se tornar cada vez mais comum, poucos vivem a relação amorosa como algo temporário, enquanto for satisfatório para ambos. Concretizar uma separação não é nada fácil, na medida em que a vida a dois induz a uma relação de dependência emocional. É comum, então, negar os aspectos insatisfatórios e permanecer junto um tempo muito maior do que o desejado. Temendo a solidão, muitos suportam o insuportável para manter o vínculo, e não raro se tornam dois estranhos que ocupam o mesmo espaço físico.

Desde cedo somos levados a acreditar que a vida só tem graça se encontrarmos um grande amor. Se acontece, a expectativa é a de que vamos nos sentir completos para sempre. Isso é impossível, evidentemente, mas as pessoas se esforçam para acreditar e só desistem depois de fazer muitas concessões desnecessárias. Acabam se separando quando suportar as frustrações deixa de ser possível. "De um lado, a vida a dois não é nenhuma maratona em que se deva aguentar o maior tempo possível e, de outro, o importante é a qualidade dos vínculos, que devemos saber romper quando se degradam. A brevidade não é um crime, assim como a persistência nem sempre é uma virtude: certos encontros fugazes podem ser uma obra-prima da concisão, deixando marcas para sempre, e convívios de meio século podem se revelar, às vezes, torturas de tédio e renúncia."[128]

O fim do relacionamento para as mulheres

Para a historiadora e pesquisadora americana Shere Hite, separar-se de alguém não significa desistir de todos os sentimentos de amor que essa pessoa ainda desperta. Muitas mulheres costumam se ver diante da necessidade de fazer opções dilacerantes: ao mesmo tempo que querem abandonar um relacionamento infeliz, seus sentimentos conflitivos levam-nas a protelar a separação. Para quem ainda nutre algum amor pelo companheiro e tem com ele uma relação fronteiriça – ora ótima, ora péssima –, é sempre doloroso tomar uma decisão entre ficar ou partir.[129]

Uma mulher entrevistada por Hite disse: "Há dias em que não suporto mais um minuto, outros dias não consigo imaginar como seria viver sem ele, um homem a quem amo tanto". "É difícil resistir a esse sentimento, à lembrança desse sentimento ou até mesmo ao mero desejo de que ele ainda fosse real. Em geral, não há uma gota d'água que faça a mulher sentir que chegou o momento de se separar. O mais comum é que aconteça uma sucessão de incidentes desagradáveis, com a mulher sentindo-se eternamente em suspenso. Também é comum que os mesmos problemas se repitam."[130]

Não são só as mulheres que ficam paralisadas.

Max, 34 anos, se relaciona há quinze com sua mulher – dez anos de namoro e noivado e cinco de casamento. Tem um filho de 5 anos. Ele me fez o seguinte relato:

Há uns nove meses meu casamento vinha morno, mas nada que me fizesse pensar em separação. O sexo era muito mais ou menos e eu já não tinha muita vontade de fazer. Minha esposa era quem procurava mais, porém, se não procurasse, melhor ainda. Achei que isso era normal e estava fadado a envelhecer com esse padrão de relacionamento e intimidade. Ah! Outra coisa: eu me masturbava com frequência, porque era mais interessante e dinâmico do que o ato com minha esposa.

Preciso esclarecer que minha esposa é uma moça bonita, tem 36 anos. Eu também sou um cara boa-pinta, malho, corro, me cuido, sou servidor público, pós-graduado, enfim, interessante. Minha esposa é uma ótima pessoa. Compreensiva, ótima mãe, ótima dona de casa, mas profissionalmente não foi muito longe, e também não possui grandes ambições, sejam profissionais, sejam de qualquer outra coisa. Acho que isso me fez perder um pouco da admiração por ela.

No início do ano, de forma ocasional, acabei me envolvendo com uma mulher. Era pra ser só carnal, mas eu entrei com tudo na relação, e logo acabamos nos apaixonando loucamente. Há cerca de três meses ela terminou comigo, pois se disse muito envolvida e começou a sofrer com a relação, com minha ausência. Como ela é uma mulher independente, inteligente, bonita e autossuficiente, disse que não se prestaria mais a essa situação. Até porque eu lhe disse que meu casamento estava falido e sem graça e que iria me separar, mas não separei por falta de coragem, e isso a deixou muito frustrada e decepcionada comigo.

O que acontece é que, nesses últimos três meses longe dela, acabei entrando num sofrimento horrível, que nem eu mesmo esperava, e estou beirando a depressão. Comecei, então, a fazer terapia. Tô péssimo em casa, com amigos, parentes, no trabalho, estudo, atividade física, enfim, tudo péssimo. Durmo e acordo pensando na minha amante. Tá quase doentio. Tô à beira de me separar, e a terapeuta disse que a decisão está dentro de mim, mas alertou que se continuar com os meus pensamentos do jeito que estão vou me autodestruir. Só consigo sorrir quando imagino poder estar nos braços dela novamente. O que me prende é a velha questão de casamento, família, filhos... blá-blá-blá. Tenho medo, pois nem sei se minha amante voltaria pra mim, pois imagino que sofreu e talvez ainda sofra muito.

Tentando adiar a decisão definitiva de se separar, a pessoa é consumida pela dúvida e alimenta a esperança de ter avaliado mal o que ocorre no relacionamento. O medo de tomar uma atitude e se arrepender depois é grande. "As pessoas ainda querem tentar, dançam à beira do abismo e imolam a frágil felicidade nas mãos de um desconhecido que as deixam 'balançadas'."[131]

Como o medo de perder pode nos levar a perder tudo

O psicanalista americano Stephen Grosz ilustra em seu livro como o novo assusta, gera medo, insegurança e como pode paralisar as pessoas, impedindo-as de tomar uma atitude. O texto não trata da separação de um casal, mas dá para fazermos uma analogia.[132] Grosz relata o que aconteceu com algumas pessoas que estavam no World Trade Center quando houve o ataque terrorista em 11 de setembro em 2001. A seguir, uma síntese do capítulo.

Quando o primeiro avião bateu na torre norte, Marissa Panigrosso estava no 98º andar, da torre sul, conversando com duas colegas de trabalho. Ela sentiu a explosão tanto quanto a ouviu. Uma golfada de ar quente atingiu-lhe o rosto, como se a porta de um forno tivesse acabado de se abrir. Uma onda de ansiedade varreu o escritório. Marissa Panigrosso não parou para desligar o computador ou mesmo para pegar sua bolsa. Rumou para a saída de emergência mais próxima e saiu do prédio.

As duas mulheres com quem conversava – incluindo a colega que compartilhava sua baia – não saíram. "Lembro-me de que saí e ela simplesmente não veio atrás", contou Marissa numa entrevista a uma emissora de rádio. "Eu a vi ao telefone. E a outra mulher também. Ela estava na minha diagonal, falava ao telefone e não quis sair."

De fato, muitas pessoas no escritório ignoraram o alarme de incêndio e também o que viram acontecer na torre norte, a 40 metros de distância.

Algumas foram para uma reunião. Uma amiga de Marissa voltou depois de ter descido vários lances de escada. "Tenho de voltar para pegar as fotos do meu bebê", disse ela. E nunca saiu de lá. As duas mulheres que ficaram para trás falando ao telefone e aqueles que haviam ido para a reunião também perderam a vida.

No escritório de Marissa Panigrosso, como em muitos outros escritórios do World Trade Center, as pessoas não entraram em pânico nem correram para sair. "Isso me pareceu muito estranho", disse Marissa. "Eu perguntei à minha amiga: 'Por que está todo mundo aí parado?'." O que pareceu estranho a Marissa é, na verdade, a regra. Pesquisas mostraram que, quando um alarme de incêndio soa, as pessoas não agem imediatamente. Elas falam umas com as outras e tentam entender o que está acontecendo. Ficam paradas. Deixar o prédio deveria ser óbvio para todos os que já participaram de um treinamento de incêndio, mas, em vez disso, nós esperamos. Esperamos por mais indícios – cheiro de fumaça ou o conselho de alguém em quem confiamos. Mas há também evidências de que, mesmo com mais informação, ainda assim muitos de nós não daremos um passo.

Em 1985, 56 pessoas morreram quando um incêndio irrompeu nas arquibancadas do estádio de futebol Valley Parade, em Bradford, Inglaterra. Mais tarde, um exame atento de sequências televisionadas mostrou que os torcedores não reagiram de imediato e continuaram a assistir tanto ao incêndio quanto ao jogo, não se deslocando em direção às saídas. E pesquisas mostraram, repetidas vezes, que quando nos movemos seguimos velhos hábitos. Não confiamos em saídas de emergência. Quase sempre tentamos sair de um lugar pela mesma porta pela qual entramos. A reconstituição forense após um famoso incêndio em um restaurante no Beverly Hills Supper Club, em Kentucky, EUA, confirmou que muitas vítimas tentaram pagar antes de sair, por isso morreram numa fila.

"Após 25 anos como psicanalista, não posso dizer que isso me surpreende. Resistimos à mudança. Comprometermo-nos com uma pequena mudança, mesmo que ela seja inequivocamente do nosso interesse, é com frequência mais assustador do que ignorar uma situação perigosa. Somos veementemente fiéis à nossa visão de mundo, nossa história. Queremos saber em que nova história estamos entrando antes de sair da velha. Não queremos uma saída se não soubermos exatamente para onde ela vai nos levar, nem mesmo – ou talvez especialmente – numa emergência. Isso é assim, apresso-me a acrescentar, quer sejamos pacientes, quer sejamos psicanalistas. Hesitamos, em face da mudança, porque mudança é perda. Mas, se não aceitarmos mais *alguma* mudança, podemos perder tudo", diz Grosz.

O processo de separação

Muitas vezes o relacionamento entre duas pessoas que se amavam se torna insuportável. Para um, quem vive a seu lado mudou demais, transformou-se numa pessoa irreconhecível – adotou hábitos e visões do mundo que antes não tinha. Para o outro, a impressão é de que o parceiro parou no tempo e se acomodou. Provavelmente isso já acontece há tempos, mas não é fácil perceber com clareza o que está afetando a nossa vida em comum. No entanto,[133] há um tipo de mudança que não reconhecemos e não aceitamos no outro nem em nós mesmos: o não estar feliz na relação.

Quando um casal decide terminar o relacionamento e cada um seguir seu caminho, geralmente surgem sentimentos intensos e variados: descrença, negação, impotência, tristeza e raiva se revezam. Sentimo-nos frustrados, pois fizemos de tudo para salvar nossa relação e mesmo assim ela se desfez. Percebemos os limites das nossas capacidades. E sentimos a tristeza da despedida que se aproxima. Podemos ter a sensação de que o chão se abre sob nossos pés, ao mesmo tempo que todos os planos que tínhamos para o futuro de repente deixam de existir. Sentimentos de vazio e solidão também têm sua força. Não é só ao nosso parceiro que estamos dizendo adeus; é também um adeus a uma estrutura familiar que conhecíamos.[134]

"Aos motivos tradicionalmente apresentados para explicar o fracasso conjugal, como o desgaste causado pelo tempo e o cansaço dos corpos, deve-se acrescentar outro tóxico bem contemporâneo: o descomedimento das ambições. O casal naufraga como um barco com sobrecarga: quer manter seu status, continuar nos picos do ardor ao mesmo tempo que resolve as coisas do cotidiano. Pobre dele."[135]

A dor do abandono

Deixar de ser amado ou desejado afeta a autoestima, e as inseguranças pessoais reaparecem. Surgem um sentimento de desvalorização e a dúvida sobre possuir qualidades. A pessoa se sente vazia, com a sensação de que lhe arrancaram um pedaço.

Um bom exemplo é o caso de Michele, que atendi no consultório. Ela tem 36 anos e está casada há doze.

No domingo, meu marido me disse que estava apaixonado por outra mulher e que não queria continuar mentindo. Sairia de casa naquele dia mesmo. Senti uma dor profunda no peito e não consegui parar de chorar. A sensação era de que o mundo estava desmoronando, e senti um enorme desejo de morrer.

A dor desesperada que muitos manifestam durante e após a separação não se deve somente àquele momento específico. Cada experiência de perda não é única; somam-se a ela outras de mesma natureza em fases anteriores da vida e que são reeditadas de forma inconsciente. É insuportável a ideia de que o outro quis se separar pela nossa incapacidade de mantê-lo interessado. E para piorar tudo, na maioria das relações, homens e mulheres abrem mão da liberdade e da independência – incluindo aí amigos e interesses pessoais – e por isso se tornam mais frágeis em caso de ruptura. Elisabeth Badinter diz que "aquela ou aquele que fica é então devolvido à solidão total, ao isolamento e à rejeição, complemento sem objeto direto, resíduo inutilizável de um par. Solidão total, a partir do momento em que o indivíduo não existe em si mesmo e que também não existe a coletividade na qual ele continuaria a ter seu lugar. 'Nós' desaparecido, resta uma metade de alguma coisa, enferma, débil, não viável, como um recém-nascido que não tivesse ninguém para alimentá-lo e vesti-lo, entregue às garras do medo".[136]

Pascal Bruckner pergunta: "Como se espantar que certas separações enlouqueçam e provoquem reações extremas, e que certos divorciados pareçam boxeadores zonzos com as pancadas? Como exemplo disso um cidadão francês em 2009, depois de judicialmente condenado a dividir todos os seus bens com a ex-mulher, serrou ao meio todos os móveis, das televisões aos computadores e tapetes do apartamento. Na Alemanha, há um serviço telefônico que se propõe a romper no seu lugar, para evitar cenas de confronto".[137]

Clube de homens abandonados por uma mulher

Menos de um ano depois de ser abandonado pela namorada, em 2013, o músico argentino Roberto Lázaro criou o "Clube de homens abandonados por uma mulher".[138] Mil e setecentos homens que viveram experiências similares logo aderiram. Tudo começou quando Roberto postou uma música no YouTube para ser ouvida por homens que estivessem vivendo situação semelhante à sua, ou seja, passando por uma desilusão amorosa. A repercussão nas redes sociais foi grande, e homens o procuravam para saber "se se tratava de um clube de abandonados". O músico gostou da ideia e a transformou numa realidade. "A princípio, tive de suportar as gozações, mas eu tinha certeza do que fazia. Queria estender um laço entre os homens que estavam passando por isso para evitar situações de violência contra as mulheres que não os queriam mais. Para que o homem possa aceitar o abandono e reconstruir a vida." O "clube" promove reuniões itinerantes duas vezes por mês em diversos pontos da Argentina, mas Lázaro diz não usar técnicas de autoajuda nem funcionar como um terapeuta que diz aos homens o que eles têm de fazer. "Não somos como os Alcoólicos Anônimos, que abrem uma roda, contam suas experiências e começam a chorar enquanto os outros integrantes os ouvem. Evito isso porque é muito cruel. Nos juntamos para fazermos coisas como assistir a um jogo de futebol. Podem parecer insignificantes, mas são muito importantes para o momento que essa pessoa está atravessando", informa.

Ele não tem dúvida de que o clube ajuda muitos homens a compartilhar o seu abandono com outros. Em sua opinião, isso significa o rompimento de um "estereótipo machista", já que habitualmente os homens tendem a ocultar a sua desilusão por medo ou vergonha.

Uma diva abandonada

Maria Callas vivia o auge de sua carreira nos anos 1950, quando interpretou os principais papéis femininos do cardápio operístico. Era soprano e foi saudada como a maior cantora do século xx. Grega que nasceu por acaso em Nova York, em 1923, Maria Kekilía Sofía Kalogerópulu era filha de imigrantes. Voltou à Grécia em 1937 e se dedicou ao canto clássico, orientada pela soprano Elvira de Hidalgo. Linda, cantora extraordinária, vivendo no coração da elite europeia, Callas era uma diva, uma deusa da arte, objeto de desejo de homens poderosos.

Se ela era a mais bela e talentosa cantora de ópera do mundo, nos mesmos anos 1950 Aristóteles Onassis, também grego, tornara-se o homem mais rico do planeta. Sua origem humilde não o impediu de contrabandear tabaco turco até enriquecer. Após possuir a maior conta bancária, Onassis desejou as mulheres mais belas e famosas. Foi casado, por exemplo, com Athina Livanos, filha de Stavros Livanos, magnata do transporte marítimo.

Em 1959, aos 36 anos, Maria Callas conheceu Aristóteles e abandonou o marido por ele. O romance com ela fez o grego pedir o divórcio. Ela se entusiasmou e não aceitou mais compromissos profissionais para, assim, ficar perto do amado. A relação durou três anos.

Na passagem de ano de 1963 para 1964, poucos meses após a morte de John Kennedy, em Dallas, Maria Callas, aos 41 anos, contou ao namorado que estava grávida. Ela esperava uma reação de grande alegria por parte de Onassis, mas não foi o que aconteceu. Ele a convenceu a abortar, não queria se casar com ela. Maria sofreu vários meses, após terminar sua gravidez com hemorragia. Em uma das apresentações de *Norma*, dirigida por Franco Zeffirelli, em Paris, ela desmaiou em cena, e a apresentação foi cancelada. Em 1966, Onassis e Jackie Kennedy já haviam iniciado um caso. Ele viajava a Nova York alegando negócios, mas encontrava Jackie no apartamento dela, na Quinta Avenida.

Em 1968, Onassis anunciou, de surpresa, que a sua nova esposa se chamava Jacqueline Kennedy, a mais badalada viúva de que se tinha notícia. Maria, com profunda depressão, quase abandonou a carreira. Muitas são as versões sobre o que levou Onassis a preferir Jackie. Celebridade? Talvez. Mas também se comenta que ele tinha interesse em negócios nos EUA. Maria Callas morreu em Paris, em 1977, de infarto.

Separações que viram notícia

Angelina Jolie e Brad Pitt

É curioso. Os divórcios crescem em todo o mundo e são cada vez mais comuns no Ocidente. No Brasil, o aumento foi de mais de 160% na última década. Por que, então, o anúncio do divórcio de Angelina Jolie e Brad Pitt agitou tanto a mídia mundial e as redes sociais?

Desde cedo somos levados a acreditar que a vida só tem graça se encontrarmos um grande amor. As pessoas aprendem a sonhar e a buscar um dia viver tal encantamento. A idealização do par amoroso é tanta que Angelina Jolie e Brad Pitt eram chamados de Brangelina, a fusão de seus nomes. Afinal, como propõe o amor romântico, os dois devem se transformar num só e viver felizes para sempre. Exatamente como Cinderela e seu príncipe nos românticos contos de fadas.

No imaginário ocidental, a mulher romântica típica tem características bem específicas: se veste discretamente, de preferência com um vestido cor-de-rosa decorado com rendas. Tem a fala suave, é contida... A historiadora e cineasta canadense Bonnie Kreps diz: "Vamos encarar a verdade: uma mulher romântica bem-sucedida não é competente nem sensual. Sua competência deve ser falha e sua sexualidade deve ser apenas do tipo passivo".[139]

Mas o que tem Angelina Jolie a ver com uma mulher romântica? Seu currículo é cheio de ousadias – o irmão beijou sua boca no tapete vermelho do Oscar; ela circulava com um pingente que continha o sangue do seu então marido, o ator Billy Bob Thornton; Angelina nunca negou a bissexualidade e namorou a atriz Jenny Shimizu por dez anos. Nada disso segue o ideal romântico...

Então, por que o anúncio do divórcio do casal chocou tanta gente? Da mesma forma que a pessoa amada não é percebida com clareza, mas através de uma névoa que distorce o real, com os ídolos acontece o mesmo. E é também uma tentativa de manutenção do modelo. Afinal, numa visão mais simplista é sempre melhor a ingenuidade do que a realidade.

Renascer após a separação

Paulo, advogado, 45 anos, acabou de se separar após dezessete anos de casamento. Ao contrário do que imaginava, não está sofrendo.

Quando Eliane me comunicou que queria o divórcio, fiquei arrasado. Embora eu tivesse consciência de que nosso casamento deixasse muito a desejar, nunca pensei seriamente em separação. Se isso passasse pela minha cabeça, eu tratava logo de afastar a ideia; não podia me imaginar sem toda a estrutura familiar que tanto prezo. Ter que me mudar, montar apartamento, ficar longe dos filhos... Acreditava que para mim seria impossível suportar a solidão. Até as cobranças constantes da minha mulher, apesar de me deixarem exasperado, tentei minimizar. Mas, como foi ela quem tomou a decisão, não teve outro jeito a não ser ficar solteiro novamente. Fiquei muito surpreso comigo e com a vida. Já faz seis meses que estou sozinho e achando tudo muito melhor!

Os sentimentos depois de uma separação se misturam. O hábito muitas vezes se confunde com saudade e até com amor. Entretanto, apesar de a maioria sofrer com a separação, há quem sinta alívio. A aquisição de uma nova identidade, totalmente desvinculada da do ex-parceiro, abre possibilidades de descobertas de si próprio e do mundo. Alguns ingredientes são importantes para que isso ocorra: atividade profissional prazerosa, vida social interessante, amigos de verdade, liberdade sexual para novas experiências e, principalmente, autonomia, ou seja, não se submeter à ideia de que estar sem um par amoroso é sinônimo de solidão ou desamparo.

Shere Hite concluiu na sua pesquisa que as afirmações de quase todas as mulheres são notáveis pela sensação de alívio e bem-estar experimentada logo depois de decidirem se divorciar, apesar da possibilidade eventual de perturbação e culpa antes e no momento da decisão. Quase todas dizem que acharam que, não importa o quanto tinham tentado fazer o casamento dar certo, seus maridos continuaram inacessíveis psicologicamente, frequentemente assumindo ares de superioridade; a maioria das mulheres afirma que, durante o casamento, por alguma razão se sentiam arrancadas da vida, não mais ligada a ela; muitas mulheres temem o divórcio devido a questões econômicas, mas se divorciam assim mesmo e a grande maioria também diz que voltou rapidamente à vida depois do divórcio.[140]

* * *

Há alguns anos tive a oportunidade de conversar longamente sobre o amor com um dos pensadores mais libertários do país, o psicoterapeuta e escritor Roberto Freire (1927-2008). A seguir, parte da nossa conversa.

Como você acha que vai ser o amor no futuro?

Escrevi um longo capítulo no meu livro *Tesudos de todo o mundo, uni-vos!* sobre o amor somático ou o amor na era da utopia, a qual acredito já ter sido vencida, graças ao anarquismo espontâneo das pessoas e à ação política, todas as formas de autoritarismo nas relações humanas. Mas, para sintetizar a resposta, cito esta frase da declaração do meu amor anarquista, no livro *Ame e dê vexame*: “Porque eu te amo, tu não precisas de mim. Porque tu me amas, eu não preciso de ti. No amor, jamais nos deixamos completar. Somos deliciosamente desnecessários”.

As mulheres estão se libertando do desejo de viver um conto de fadas no amor?
As novas mulheres, e os novos homens também, percebem hoje que as utopias devem ser trazidas para mais perto de nós e para o presente, para o aqui e o agora. Descobriram ser o real bem mais belo e fascinante que as fantasias, porque o real depende apenas de nós mesmos, de nossa criatividade e da liberdade conquistada.

Por que sofre tanto o amor?
O prazer e a dor são dois indicativos do funcionamento normal do instinto da irritabilidade animal. São eles que orientam e guiam nossas opções de vida. Por isso, o amor dói quando não está sendo bem vivido e é o maior prazer possível quando amamos criativamente e livremente de modo simultâneo. Perder um grande amor é extremamente doloroso. Mas é extremamente difícil fazer avaliações sobre o amor enquanto ele está durando. Parece que alguma coisa estranha nos oblitera a clara compreensão das sensações amorosas – como o ciúme, o sentimento de posse, as fantasias, a desconfiança. Por isso, afirmei certa vez que do amor só se pode fazer necropsia, nunca biópsia. Quando o amor acaba a gente pode, então, entender e explicar todo o processo que causou a sua morte. A dor na perda de um amor só pode ser amenizada quando conseguimos imaginar a experiência contrária: vamos acabando em nós quando o parceiro ainda nos ama. Permanecer numa relação sem amor é mais grave que um sacrifício inútil. Trata-se da crueldade deliberada para com o parceiro e contra si mesmo.

É fundamental uma relação amorosa estável?
Não. Porque a relação estável depende de muita segurança e evita o risco, como a criatividade e a liberdade. Tudo o que existe e é vivo tem começo, meio e fim, não podendo ser determinado por nós sem autoritarismo. Cada amor tem seu tempo e independe de nossa vontade.

* * *

De uns tempos para cá vem diminuindo muito a disposição das pessoas para sacrifícios. A maioria busca desenvolver ao máximo suas possibilidades e sua individualidade, evitando manter relações insatisfatórias. Afinal, há muito a ser vivido. O movimento de emancipação feminina e a liberação sexual dos anos 1960 trouxeram mudanças profundas na expectativa de permanência de uma relação conjugal. Surgiram muitas opções de lazer, para desenvolver interesses vários, para conhecer outras pessoas e outros lugares. Sem falar numa maior permissividade social para novas experimentações, antes nunca ousadas.

Ao contrário da época em que, excetuando os casos de intenso sofrimento, ninguém se separava, hoje a duração dos casamentos é cada vez menor. Para Pascal Bruckner, o medo de perder a independência prevalece sobre o pudor de antigamente. É o que procuram as sociedades modernas: pôr a lei a serviço das paixões, em vez de enquadrar as paixões na lei. Acompanhar cada mudança nos costumes, mesmo que seja necessário reformular as instituições para melhor adaptá-las.[141] "Cavalgar o tigre mesmo correndo o risco de ser derrubado, canalizar, pela concordância, o rio impetuoso das emoções que os antepassados represavam com proibições. É uma louca ambição, cujos efeitos se fazem sentir."[142] É inegável que aumenta o número dos que buscam relacionamentos amorosos distantes dos padrões tradicionais.

III
Outros caminhos do amor

Ninguém duvida que, desde a década de 1960, com o surgimento de métodos contraceptivos eficazes, as mudanças foram muitas no que diz respeito a amor, casamento e sexo. Valores aceitos durante milênios como verdades absolutas estão sendo questionados, pois não oferecem mais respostas satisfatórias. Por serem tão profundas, essas mudanças só vão ser percebidas com clareza quando todo esse processo estiver concluído. E pode ser que demore algumas décadas ainda. Entretanto, não significa que qualquer pessoa não possa usufruir desde já das vantagens de viver fora de modelos impostos.

Só é necessário coragem para experimentar o novo, o que muita gente não ousa por medo. Fica mais fácil se agarrar aos padrões de comportamento conhecidos, apesar de todas as frustrações. Esther Perel aponta que "para a maioria das pessoas, a menção a relações sexualmente abertas faz acender o sinal vermelho. Poucos assuntos ligados ao compromisso do amor evocam uma reação tão visceral. E se ela se apaixonar por ele? E se ele nunca mais voltar? A ideia de amar uma pessoa e fazer sexo impunemente com outra assusta. Tememos que a transgressão de um limite acarrete a violação potencial de todos os limites. Contra essa 'decadência', a única barricada é formar um casal. Isso nos protege de nossos impulsos. É nossa melhor defesa contra a animalidade desenfreada".[143]

Mas, afinal, que mudanças tão profundas são essas? A mulher ser capaz de dividir o poder econômico com o homem e ter filhos se quiser e quando quiser é a transformação radical que comanda todas as outras subsequentes. Porém, a modificação da maneira de pensar não atinge a todas as pessoas ao mesmo tempo, e é por isso que encontramos anseios e comportamentos tão diversos num mesmo grupo social.

Ainda existem pessoas insistindo em acreditar em equívocos que limitam a própria vida. Como são muitos, posso citar alguns que me ocorrem de imediato, e você pode pensar em outros além destes:

- Só é possível a realização afetiva no casamento.
- Ninguém pode ser feliz sem um par amoroso.
- Não é possível amar mais de uma pessoa ao mesmo tempo.
- Quem ama não sente desejo por mais ninguém.
- O amor materno é da natureza da mulher, e toda mulher deseja ter um filho.
- O pai não tem condições de criar um filho tão bem quanto a mãe.
- A iniciativa da proposta sexual cabe naturalmente ao homem.
- O amor romântico é o único amor verdadeiro.
- No sexo, o homem é por natureza ativo e a mulher, passiva.
- No casamento é importante ceder sempre para viver bem.

Essa lista pode se estender por muitas páginas. Isso tudo, e muito mais, nos foi ensinado desde cedo. Quem acredita nisso sofre, abre mão das próprias singularidades e nunca se arrisca a novas experiências. Mas, felizmente, cada vez é maior o número de pessoas que duvidam dessas afirmações.

O desejo crescente, que se observa em homens e mulheres, de não participar de relações amorosas tradicionais é provavelmente consequência da diminuição do ideal de fusão com uma única pessoa, característica do amor romântico.

Vida a dois fora da curva

Todos andam sempre numa mesma linha reta, você não quer sair dessa?
É um dia tão, tão perfeito. É um dia tão perfeito.
"Strawberry swing", Coldplay[144]

Encontros esporádicos

George era uma garota de 19 anos, com pai escocês e mãe francesa, que mais uma vez foi passar as férias numa cidade pesqueira da Escócia, onde seu pai tinha uma fazenda. Aproximou-se, então, do pescador

Gavin. Eles se apaixonaram e viveram uma história de amor nada convencional. George e a família moravam em Paris; ela foi criada num ambiente sofisticado, aspirava estudar na Sorbonne e tornar-se uma intelectual francesa. Gavin não era mais do que um pescador, dono de um grande barco.

O primeiro encontro entre eles se deu numa festa escocesa, com música e dança. Depois que cruzaram olhares, acabaram escapando, na moto de Gavin, até uma encosta agreste onde ela o convidou para nadarem. George se despiu e entrou no mar, e logo depois ele fez o mesmo. Praticamente não se tocaram. Mas, passados alguns meses, quando Gavin já era noivo de outra moça da sua cidade, George voltou à Escócia, e eles tiveram uma tórrida primeira relação sexual.

Ela voltou a Paris e, meses depois, foi surpreendida pela visita de Gavin. Passaram três dias maravilhosos, com muito sexo e alguns passeios por Paris, que ele não conhecia. Na despedida, Gavin lhe fez uma declaração de amor: terminaria o noivado, porque desejava ficar com ela, ser seu marido. George repeliu a ideia. "Talvez no início corra tudo bem, mas depois seremos infelizes", argumentou a jovem, deixando clara a diferença cultural entre os dois. "Vou aprender poesia e estudar", contra-argumentou Gavin. "Eu não quero ser esposa de um pescador na Escócia", rebateu George. "Amo você, mas não quero deixar de ser pescador", disse ele, encerrando o diálogo.

Afastaram-se. Gavin saiu profundamente magoado. George atingiu o seu objetivo: tornou-se uma intelectual, feminista militante. Também se casou e teve um filho, depois se divorciou. Voltou a se casar, dessa vez com um intelectual, mas esse novo relacionamento também terminou em divórcio.

Dez anos depois, em viagem a Londres, ela reencontrou Gavin, por acaso, numa manifestação política de pescadores. Ele estava casado e era pai de três filhos. Acabaram em um hotel. "Podemos nos ver de vez em quando...", ela propôs após o sexo intenso. Ele admitiu o quanto a amava: "O seu amor me transformou... Por que não estamos juntos?". "Foi a voz da razão que falou, não a falta de amor", admitiu ela. Meses mais tarde, ele ligou da Escócia, e ela propôs se encontrarem nas Ilhas Virgens, no Caribe. Ele não tinha como bancar a aventura. Ela assumiu os custos e eles desfrutaram de uma lua de mel.

Os anos se passaram com os dois se encontrando em vários momentos. O último encontro entre George e Gavin foi no Canadá, onde ela era professora numa universidade. Gavin foi passar uns dias com ela. Ele já era um homem de meia-idade. Na despedida, avisou que iria se internar para exames num hospital. George chorou copiosamente, como que pressentindo o que iria acontecer. Afinal, o amor deles era intenso e profundo.

Pouco depois ela soube da morte de Gavin e foi ao velório. Ao final, a viúva entregou-lhe uma carta escrita havia muitos anos por ele e nunca enviada. Dizia: "Antes de você aparecer na minha vida, eu acreditava que cada dia seria igual ao anterior, e assim eu ia continuar até morrer. Só sei que desejo estar em seus braços de tempos em tempos, se você também quiser. O pensamento de você existir em algum lugar, e às vezes pensar em mim, me ajuda a viver".

* * *

Esse é o resumo de *A pele do desejo*, filme do cineasta britânico Andrew Birkin, que, em 1992, adaptou para o cinema o romance francês *Les vaisseaux du coeur*, de Benoîte Groult. A atriz Greta Scacchi interpreta a franco-escocesa George McEwan e o ator Vincent D'Onofrio encarna o pescador escocês Gavin MacCall. O filme mostra com sensibilidade como o amor pode ser vivido de forma intensa e profunda, mesmo em encontros esporádicos, durante vários anos. Mas não é só na literatura que podemos observar essa possibilidade.

Uma vez por mês

Brenda, 29 anos, estava separada havia um ano e tinha uma filha de 3. Num sábado, uma amiga a convidou para sair com ela e o namorado, que levaria um amigo para conhecê-la. Saíram os quatro, procurando um bar ou restaurante, mas acabaram na casa do namorado da amiga.

Minha amiga se trancou no quarto com o namorado. No início, eu e Fábio ficamos na sala conversando, mas logo depois fomos para outro quarto. Transamos e conversamos a noite toda. Às seis da manhã, saímos do apartamento e fomos procurar algum lugar para comer. A noite foi maravilhosa. Tive a sensação de que o conhecia havia muitos anos. Na despedida, não trocamos telefone ou e-mail, nem nosso sobrenome. Um mês depois ele me procurou. Começamos a sair. Soube então que ele era casado, mas nunca me importei com isso. Nossos encontros eram tão incríveis! A gente se via uma vez por mês e não nos falávamos nos intervalos. Ele ia para a minha casa e dormia lá. Da mesma forma que aconteceu quando nos conhecemos, transávamos e conversávamos a noite inteira. Eu o amava muito e me sentia profundamente amada por ele. Quando ele ia embora, eu estava plena, satisfeita, como se algo tivesse sido acrescentado à minha vida. Ia para a praia encontrar os amigos e combinar os programas da noite. Namorava e transava livremente com outras pessoas. É como se Fábio ficasse guardado de uma forma muito gostosa dentro de mim. Essa relação durou seis anos e me ensinou que o amor pode ser vivido de diversas formas diferentes.

Namoro nada convencional

Carol é professora universitária. Separada há muitos anos do primeiro marido, ela me contou como é seu namoro com Fred, que muito surpreende os amigos. Ambos moram no Rio de Janeiro, mas só se encontram de quinze em quinze dias, e é raro se falarem nesse intervalo.

Quando vocês começaram o relacionamento?

Conheci o Fred em 2008, exatamente na entrada dos meus 50 anos. Ele tinha 53. Estamos juntos há nove anos. Eu vinha de três casamentos, de tentativas variadas de convivência: um casamento sem filhos, um casamento com filhos e um casamento em casas separadas. Eu tinha muita certeza de que não desejava casar de novo, pois as investidas anteriores já tinham me passado o atestado de "incompetência" para viver junto.

Por quê?

Sempre achei dificílimo manter o amor na relação cotidiana. Os desgastes das banalidades do dia a dia me distraíam completamente das coisas boas do relacionamento, e, quando dava por mim, as relações estavam acomodadas e, o que mais incomodava – a mim e ao parceiro –, sem tesão.

Mas o amor continuava?

Sim. Só que virava uma relação fraterna; de muito amor, mas de amor fraterno. Mesmo morando em casas separadas – relação que foi até mais duradoura e agitada –, percebi que eu trazia pra relação os mesmos vícios dos casamentos anteriores, sobretudo a patrulha e o certificado de propriedade. E era justamente essa sensação de posse que amornava a forma com que eu me relacionava. Por muitos anos me culpei por essa dificuldade, mas hoje acho mesmo que cada um escolhe como quer viver uma relação amorosa. Pra mim, viver grudado nunca funcionou. Sempre me considerei uma claustrofóbica afetiva, e viver sozinha não me perturba. Achei até que dificilmente encontraria alguém que me aceitasse desse jeito. Afinal, como disse pro Fred no primeiro dia de namoro, "Não preciso de homem pra nada, só pra trepar". Mais tarde, soube que essa frase o arrebatou... [risos].

E Fred?
Ele vinha de uma relação de mais de vinte anos. Logo que nos conhecemos, pensei que ele nem iria olhar pra mim, uma vez que é tão comum, depois de anos de casamento, a pessoa se sentir alforriada e só querer ciscar por um tempo. Confesso que, quando olhei pra ele, até pensei que ciscar estava valendo [risadas], mas ele tinha um grande respeito pela minha função de liderança (no grupo de atividade em que nos encontramos) e não queria mexer com aquilo de forma leviana. Fora isso, me confidenciou depois, tinha muito medo de eu querer grudar, já que vinha sendo "atacado" pelas mulheres que se davam conta de que aquele moreno enxuto, bem-humorado e estabelecido na vida estava solteiro! Somente quando ele foi transferido para Brasília (cerca de três meses depois de nossa primeira aproximação) é que ele realmente chegou junto. A possibilidade de sumir no Planalto Central, caso eu fosse casadoira como tantas, deve ter dado mais segurança para a investida dele.

Como foi o início do namoro?
Começamos um namoro sem pretensões, com a maturidade ensinada pelas relações anteriores, com pavor de misturar as personalidades, com listas individuais de prioridades, com muita clareza do que *não* queríamos dessa vez e, sobretudo, com muita vontade de sermos livres nesse amor.

Desde sempre nos comprometemos a nos respeitar e, na medida do possível, deixar a história fluir e não mudar nada. Nunca houve "o próximo passo". O futuro é hoje.

E depois de nove anos de namoro?

Interessante que algumas pessoas confundem e acham que evitamos uma relação mais profunda, quando é justamente o contrário. A liberdade de sermos quem somos nos aproxima demais. Tenho certeza de que posso contar com ele para o que eu precisar e a qualquer hora, e vice-versa. Somos muito companheiros e nos amamos muito. Mas cada um cuida de si.

Resolvo meus problemas cotidianos sem precisar que ele participe da escolha do azulejo na reforma do banheiro, da conta de luz a vencer, do planejamento do cardápio da semana. Eu me arrumo para encontrá-lo. Nós nos planejamos para o encontro, escolhemos os programas, os filmes que vamos ver, os lugares que vamos visitar. Sempre foi assim, e, conforme falei antes, não queremos mudar nada.

Como surgiu esse relacionamento tão diferente da maioria?

Como ele estava em Brasília, nos encontrávamos de quinze em quinze dias, o que era ótimo, pois, no fim de semana em que não nos encontrávamos, eu podia continuar fazendo as coisas de que gostava e que não incluem o outro: meu trabalho (que amo!), os encontros com amigos que não têm a ver com ele, um domingo de leitura e estudo, uma caminhada solitária pela Lagoa etc.

Eu nunca imaginei que fosse encontrar alguém que me deixasse "solta" naquela altura da vida. Rapidamente, entendi que Fred era o meu "parquinho de diversões" quinzenal. Tudo sempre foi muito leve, divertido, pois nos damos bem e temos temperamentos semelhantes. Depois dos 50, não há mais como a gente se juntar para o desprazer, né? Descobrimos que adoramos viajar e somos excelentes companheiros de viagem. Então, vivemos com o pé no mundo sempre que podemos.

Vocês se consideram um casal perfeito?

Não somos um casal perfeito e, de vez em quando, eu diria que raramente, algo engastalha. Daí nos separamos, mesmo quando é o fim de semana de nos encontrarmos, e vamos pensar cada um pra um lado, para não ficar remoendo o que pode ser apenas uma neura, uma insegurança, um mau humor de um, algo que, às vezes, temos que desenvolver e que não é justo que seja jogado para o outro. Nunca tivemos uma briga feia; talvez porque nunca nos permitimos chegar a isso.

O que fez vocês decidirem, apesar de morarem na mesma cidade, se encontrarem somente de quinze em quinze dias?
Passados uns três anos desse namoro, ele veio transferido de volta para o Rio.

Daí, crise no casal: como passar a se ver toda semana?!? Ficamos um pouco preocupados de essa proximidade mudar as coisas entre a gente, pois estávamos muito acostumados com os encontros quinzenais. Foi então que Fred propôs: "E não dá pra gente continuar se vendo de quinze em quinze dias?".

Nossa!!! Aquilo foi espetacular! Realmente, não tinha sentido mudar tudo só porque ele ia voltar para o Rio. Então nos mantemos até hoje com esse jeito de levar a vida a dois, mesmo morando a vinte minutos de distância um do outro. Morei um ano no exterior e combinamos de nos ver a cada dois meses. Trocamos o hiato de duas semanas por dois meses [risos]. Funcionou muito bem também.

Vocês se falam nesse intervalo?
No início, ele tinha uma necessidade curiosa de me ligar, sempre às 23h. Eu achava graça. Ah! Jamais nos ligamos sem, antes, mandar um torpedo pra saber se o outro pode falar. É muito chato ligar sem saber se estamos interrompendo algo, né? Então, sempre tivemos o código do torpedo. E eu sempre ri quando chegava aquele torpedo pontualmente às 23h. Um dia ele resolveu achar que aquilo era, veladamente, uma forma de controle. E avisou que não ia mais ligar todo dia às 23h. Achei graça do mesmo jeito. O movimento foi todo dele; eu nem saí do lugar [risos].

E a partir daí?
Então, passamos a apenas nos telefonar ou mandar torpedos quando dá saudade mesmo. Não temos a menor obrigação de nada. Fred abomina aquela pergunta "o que você fez hoje?", e eu o entendo. Um não tem que saber, burocrática e obrigatoriamente, do dia do outro. Às vezes, passamos horas no telefone! Ambos falamos muito. Mas não há uma frequência. A saudade é que determina mesmo. E é uma delícia quando, no meio do dia, aparece um torpedo apaixonado ou apimentado. Enquanto eu estava no exterior, essa vontade de comunicação era bem maior. Natural, penso. Mas preferimos manter o contato por torpedo e mensagens de áudio, como fazíamos no Brasil. Skype ou FaceTime foi só para momentos muito especiais mesmo.

O que você sente quando não é o fim de semana de se encontrarem? Você fica preocupada com o que ele pode estar fazendo, se está saindo ou transando com outra mulher?
Eu prefiro me concentrar nas minhas coisas, sabe? Faz tempo que entendi que não há controle sobre o outro. O que tiver que rolar vai rolar, eu estando na cola ou não. E vice-versa! Então, não ficamos rastreando um ao outro. Temos uma coisa bem definida: se pergunta é porque quer ouvir a resposta. Sinceramente? Prefiro nem perguntar [gargalhadas].

Bate insegurança? Ciúmes?
Não. A distância/proximidade não é determinante pra nada. Tenho as minhas inseguranças, mas não sinto que são potencializadas por eu não estar "controlando". Ciúme eu teria se o percebesse num movimento para outra pessoa. Como não estou vendo, não tenho.

Você fica com vontade de entrar em contato e se controla? Ou essa vontade não existe?
Quando fico com vontade de entrar em contato, mando torpedo; se ele puder falar, ligo. Não nos proibimos de nos procurar, não. Mas a vida é tão cheia de coisas pra fazer... Então, cada um se ocupa de suas coisas.

Claro que às vezes há coisas que acontecem no decorrer do dia que ficamos com vontade de compartilhar ou de pedir opinião naquela hora. Daí, entramos em contato. Mas, de vez em quando, penso: "Nossa, faz uns dois ou três dias que não falo com Fred". Normal.

Muitos dizem que em um relacionamento assim se corre mais riscos de perder o outro. Você acredita nisso?
Não. Justamente porque não é a convivência que determina a estabilidade da relação. Penso até que estamos juntos há tanto tempo porque não nos "possuímos", não nos cobramos, porque sabemos dar espaço para o outro viver suas coisas. Queremos algo parecido.

Em algum momento você pensou em modificar isso e passar a ter um relacionamento tradicional com ele?
Sim, quando morei nos EUA e ele ficou no Brasil, fiquei pensando de que maneira ele poderia ir, no caso de eu querer morar lá definitivamente.

Sendo um projeto meu, teria que ajudá-lo a encontrar seu caminho num país estrangeiro. Daí, achei que poderíamos morar juntos por um tempo. Só que seria um risco enorme pra relação; seria mudar o que combinamos de não mudar. Felizmente, essa mudança de país também estava só no plano das ideias [risos].

Vocês se sentem livres pra transar com outras pessoas? Combinaram alguma coisa sobre isso?
Nunca houve um patrulhamento nesse sentido. Nunca senti necessidade de combinar, mas deixei claro que não quero saber, a não ser que seja algo que interfira na nossa relação, uma paixão, por exemplo. Se acontecer, vou morrer de ciúme, mas está no rol das coisas que não podemos controlar.

Quais são as vantagens de um relacionamento dessa forma?
A maior vantagem é eu não me perder de mim, continuar tendo noção do que é meu e o que é do outro, pois já tive uma tendência a me embolar. Nesses nove anos juntos, poucas vezes perdemos essa percepção de nossa individualidade. Quando aconteceu, conversamos e corrigimos a rota. Como ele diz, "o difícil é justamente não mudar nada". Amo o Fred pelo que ele é, e não por uma promessa de segurança. A outra grande vantagem é que, nesse hiato, morremos de saudades um do outro e ficamos ansiosos pra chegar o dia do encontro. Sabe lá o que é isso depois de tanto tempo de relacionamento? Nossa convivência é uma delícia. Somos felizes e sabemos.

E as desvantagens?
Sinceramente? Desconheço.

Amar duas pessoas ao mesmo tempo

Clarice, 34 anos, trabalha na secretaria de uma universidade:

Estou casada com um médico há cinco anos. Não temos filhos, mas nossa vida doméstica, amorosa e sexual é muito boa. Trabalho numa universidade e lá conheci um professor que me seduziu. Começamos a ter um caso. Transformou-se numa ótima relação paralela. Continuo amando meu marido, adoro fazer sexo com ele, mas também amo meu namorado e sinto saudades dele nos fins de semana, quando não nos vemos. Nossos encontros são sempre à tarde, durante os intervalos das aulas. Amo a ambos com igual intensidade, mas não tenho como alterar essa situação estranha. Será que não amo meu marido?

* * *

Mara, 25 anos, logo que chegou, aflita, ao meu consultório:

Estou apaixonada por dois homens. Um é separado, tem três filhos, é vinte anos mais velho que eu, bem experiente. Outro é da minha idade, solteiro, com os mesmos anseios e a mesma linguagem. Não consigo escolher entre os dois; eles me completam de forma intensa. Sexualmente, o mais velho é ousado, tem mais técnica, mas não muita sensibilidade; parece uma máquina de fazer sexo, superpotente e ativo. O mais moço é muito romântico, às vezes fica ansioso e não consegue ereção, mas me diz e escreve coisas lindas e tem me seduzido na cama de forma gradual e surpreendente. Não sei o que fazer. Estou aflita, gosto dos dois, mas sei que tenho que me decidir...

* * *

Vitória me fez este relato por e-mail:

Tenho 40 anos, sou bem casada e feliz. Mas há alguns meses aconteceu um fato que está mudando a minha vida. Encontrei num shopping meu primeiro namorado, que não via há dezenove anos. Perdi a virgindade com ele, antes que fosse estudar no exterior. Fomos tomar um café, e o passado saltou à nossa frente. Estamos nos relacionando desde então. Eu o amo, mas também amo muito meu marido. Ele quer ficar comigo, mas eu não quero acabar meu casamento. Também não consigo imaginar como meu marido vai reagir quando souber dele. Pensei em reunir os dois e contar que amo a ambos, mas acho que não é uma ideia razoável. Serei louca em amar dois homens com a mesma intensidade?

* * *

Em algum momento, a maioria das pessoas vive a experiência de amor simultâneo a mais de uma pessoa. Além de parentes e amigos, amamos pessoas com quem desejamos um relacionamento afetivo-sexual. Nesses momentos, somos pressionados pela opção obrigatória diante das muralhas culturais, morais e religiosas que se erguem. Mas essa opção vem acompanhada de conflitos e dúvidas. Vários estudos mostram que não existe nenhum tipo de evidência biológica ou antropológica na qual a monogamia é "natural" ou "normal" no comportamento dos seres humanos. Pelo contrário, encontramos evidências suficientes que demonstram que as pessoas tendem a ter múltiplos parceiros sexuais.

Noely Moraes diz que "buscar comodidade e segurança na vida amorosa como valor absoluto implica colocar-se à margem da vida, protegido por uma couraça. O resultado é a estagnação do fluxo vital e um empobrecimento de vivências. A pessoa assim defendida se torna superficial e um tanto pueril, quando não se torna também invejosa das pessoas que ousam dizer sim à vida, atacando-as com um moralismo rançoso".[145]

Conflito e sofrimento

Gustavo tem 47 anos e dois filhos. Procurou terapia para tentar resolver a questão que o aflige.

Estamos casados há doze anos e sempre foi muito bom. Amo bastante a minha mulher, e nossa vida sexual é intensa. Sou dentista e vou a congressos em todo o país. Num desses conheci uma colega e nos apaixonamos. Transamos muito e nos tornamos amantes regulares. O tempo foi passando e, após dois anos de relação paralela, minha mulher descobriu. Não admitiu de jeito nenhum. Pediu a separação imediata. Foi um abismo para mim. Como eu já disse: amo a minha esposa e ela também me ama, e o sexo é maravilhoso. A saída foi abandonar a minha amante, a mulher por quem me apaixonei. Foi duro, e a saudade foi muito sofrida. Para piorar, minha esposa perdeu a confiança e passou a me controlar o tempo todo. Reclama que estou sempre com o pensamento distante e que não a convido mais para jantar fora ou ir ao cinema. A coisa ficou tão ruim para mim que resolvi contar o que sentia pela outra para a minha esposa. Disse a ela que não tinha dúvida de que eu seria um pai e um marido bem melhor se pudesse continuar a relação com minha amante, apenas passando uma ou duas horas com ela na parte da ma-

nhã, como havíamos feito durante os últimos dois anos. Resolvi negociar com minha esposa, admitindo que ela também tivesse uma relação paralela, um namorado. Ela não aceitou de jeito nenhum. Arrumou as malas para partir com as crianças. Decidi novamente abrir mão da minha namorada. Todos nós estamos sofrendo muito: eu, minha esposa e minha namorada.

É comum desmerecer um dos polos ao se deparar com a possibilidade de amar duas pessoas ao mesmo tempo. Ou o estado amoroso nascente será considerado capricho, infantilidade, mero desejo sexual, loucura; ou o estado amoroso anterior será questionado: não era amor de verdade, o parceiro não supria as necessidades, e assim por diante. Noely Moares acredita que o conflito se instala porque sentimentos ignoram as contradições e as exigências de exclusividade do tipo "se amo uma pessoa, não posso amar outra". Quando o sentimento insiste em se instalar e permanecer, pode surgir a dúvida do que se sente pela pessoa com quem se mantinha o pacto de exclusividade.[146]

Para a autora, em nossa cultura, o desejo de exclusividade é muito forte. Vem da experiência com a mãe, para quem somos o centro. Quando nos apaixonamos, recriamos esse modelo. "Os relacionamentos tiveram grandes mudanças ao longo das últimas décadas, especialmente devido à emancipação feminina. Mas ainda existe um pensamento extremamente conservador quando se trata de fidelidade e monogamia. Talvez porque fugir disso afaste algo de que as pessoas precisam muito: a aprovação social."[147]

Da relação aberta ao ciúme

Sou casada há catorze anos, e desde a época de namoro temos um relacionamento aberto. Eu sempre fui monogâmica e o meu marido teve algumas transas fora. Há seis meses ele se envolveu sexualmente com uma moça, e o que era caso transformou-se em uma história de amor. Eu me dou bem com ela, saímos os três juntos a passeio e ela nos visita em casa. Atualmente, estou em conflito: apesar de sempre ter defendido o amor livre, sinto algo como ciúmes quando vejo o meu marido acariciando a outra ou quando ele aparece todo satisfeito depois de eles fazerem amor. Eu não tenho medo de perdê-lo, mas algo dentro de mim se rebela contra os meus princípios libertários... Por que sinto esse tipo de desconforto?

Pelo relato anterior, parece que tudo corria bem enquanto as relações extraconjugais não envolviam amor. Mas, a partir do momento em que o marido se envolveu com outra mulher, a esposa foi tomada pelo ciúme. Ele parece deixar claro que está amando as duas. Naturalmente, ninguém aceita que o(a) parceiro(a) ame duas pessoas de uma hora para outra; isso é resultado de um longo processo de desenvolvimento pessoal que, por enquanto, não é nada fácil.

É necessária toda uma revisão de conceitos, de condicionamentos culturais e emocionais, para ver as coisas a partir de outro paradigma. O escritor Moacyr Scliar afirmou: "É possível amar duas pessoas ou muito mais. Não estou falando em diferentes tipos de amor – amor aos filhos, amor aos pais –, estou falando no relacionamento habitual. Aquilo que buscamos, que nos atrai, pode estar em muitas pessoas. E cada uma delas será objeto do nosso amor".[148]

Mas, afinal, por que se tem tanto medo de amar mais de uma pessoa ao mesmo tempo? A força da tradição e da cultura opressiva em relação ao sexo recebeu do psicoterapeuta e escritor José Angelo Gaiarsa uma avaliação interessante. Ele dizia que nossa possibilidade amorosa é tão limitada que apenas uma relação já nos torna totalmente agradecidos e extasiados, que abrimos mão de qualquer outro "prêmio lotérico do amor".[149]

E essa limitação afetiva se desenvolveu a partir da crença de que somente através da relação amorosa estável com uma única pessoa é que vamos nos sentir completos e livres da sensação de desamparo. Não é à toa que exigimos que o outro seja tudo para nós e nos esforçamos para ser tudo para ele. Mesmo à custa do empobrecimento da nossa própria vida.

Amor a três

Na nossa cultura, como vimos, amar alguém pressupõe total exclusividade. Quase todos acreditam que o "natural" é formar um par que seja estável e duradouro. "A lógica e a linguagem sugerem que os casais, sejam eles heterossexuais, homossexuais ou até mesmo bissexuais, surgem na narrativa do amor e do desejo – como os animais na Arca de Noé – dois a dois."[150] Mas nem sempre é assim.

Henry e June

Um triângulo amoroso, reunindo dois dos maiores escritores eróticos da humanidade, parece ser uma criação literária, mas não é. Eles realmente se encontraram e foram amantes, conforme registra o filme de Philip Kaufman, *Henry e June*. Henry Miller é o célebre autor que publicou, dos anos 1940 em diante, obras retratando as relações sexuais numa perspectiva humanista, como nunca antes ocorrera. *Trópico de Câncer* e *Trópico de Capricórnio* são duas de suas inesquecíveis obras. O segundo nome que compõe o título do filme, a June, era uma bela americana, amante de Henry. A terceira ponta do triângulo amoroso não foi nada menos do que Anaïs Nin, a francesa que escreveu *Delta de Vênus*, entre outros clássicos eróticos.

O que o filme narra é esse encontro em Paris, próximo a Clichy, local de residência do norte-americano Henry Miller, quando ele perambulava pela capital francesa sem um franco no bolso. Anaïs Nin achava que o escritor Henry Miller e o personagem proxeneta de seu romance *Trópico de Câncer* eram a mesma pessoa. Depois de seu encontro amoroso, em 8 de março de 1932, ela parecia desapontada. "Você esperava mais brutalidade?", perguntou Henry. Anaïs estava fascinada com o gênio de Henry e a tentação por sua bela namorada. E June? Ah! June era norte-americana, interpretada por Uma Thurman no filme. Uma mulher encantadora, levada a Paris por Henry e que acaba por conhecer Anaïs. Elas se abraçaram e se beijaram apaixonadamente.

Anaïs era casada com Hugh Guiler e tinha muita liberdade para fazer o que fez: encontrar um casal e experimentar uma relação amorosa com ambos. Ela escrevia um diário desde os 12 anos e incluiu nele a aventura erótica que foi o encontro com Henry e June. No filme, a força sensual está mais nas palavras do que nas cenas. June viaja aos EUA e quando retorna diz coisas como: "Não sei para quem voltei" ou "Sou a mulher errada para você, Henry... Sou a mulher errada para você, Anaïs...". Mas ela encantava a ambos. Anaïs disse: "É de June ou de Henry que sinto mais ciúme?". Seu marido, Hugh, absorveu bem o triângulo e foi o quarto elemento. "Minha primeira infidelidade a Henry foi com meu próprio marido", escreveu Anaïs, quando registrou o prazer que Hugh lhe proporcionava após os *ménages à trois*.

A atração especial de Anaïs por Henry e June era o fato de eles formarem um casal. O casal possui muito glamour, afinal, cada um deles conquistou para si o outro. A intimidade do casal fascinava a escritora. Mas é interessante observar que Hugh, marido de Anaïs, sentia mais ciúmes de June, como registra a escritora em seu diário: "Desde o início eles se odiaram... Hugh diz que ela tem um pescoço masculino, voz de homem e mãos másculas...".

A relação entre eles não durou muito, mas rendeu uma bela história de amor a três e um filme igualmente belo. Anaïs faleceu em 1977, vivendo ainda com Hugh, em Los Angeles. Henry Miller viveu até 1980, também nessa cidade.

Prática que ganha espaço

Na época em que Henry, June e Anaïs viveram, a ousadia do amor a três era restrita a poucas pessoas, geralmente artistas. Atualmente, essa prática amorosa ganha espaço. Helena, 29 anos, Joana, 22, e Miguel, 27, formam um trio que namoram há três meses. No nosso encontro, no qual conversamos por três horas sobre esse momento da vida deles, fiquei com a impressão de que os três estão bem felizes juntos. A seguir, a nossa conversa.

Como foi o início do namoro de vocês?

Helena: Quando conheci a Joana, nos comunicamos no primeiro olhar. Saímos algumas vezes depois desse encontro e foi ótimo. Um mês depois, reencontrei Miguel, um colega da época de faculdade. Nunca tínhamos ficado antes, e foi delicioso descobrir que tínhamos química. Até que chegou o dia em que me vi em um desfile de Carnaval em que os dois também estavam. Eu estava gostando dos dois e ficava me perguntando como conciliar essas duas histórias. Eu não saberia escolher um dos dois. Eu estava com a Joana quando vi o Miguel se aproximando. Ele comemorava uma conquista e eu fui até ele. Dei um beijo nele.

Joana: Nessa hora eu pensei: "Tudo bem, é Carnaval..." [risos].

Miguel: Eu vi as duas juntas, achei bonito.

Que problemas vocês enfrentam?

Helena: O problema principal pra mim é a relação com a minha mãe, que não aceita bem, acha que é promiscuidade, que é uma coisa ruim... Eu contei pra ela porque é um relacionamento tão incrível que estou vivendo... Acho que fui ingênua em pensar que ela ia achar só estranho...

Ela não está sabendo lidar com isso. Não quer falar sobre o assunto. Eu digo: "Mãe, a gente tem que falar, a senhora tá entendendo que estou namorando a Joana e o Miguel? É bom. Eu estou feliz, estou amando...". Deu tilt na cabeça dela, ela não entende isso. Mas vai entender em algum momento. Espero...

Como ela reagiu?

Helena: Ela mora em outro estado. Acho que me precipitei em contar por telefone, mas é que estava tão bom pra mim que eu falei numa conversa normal. Ela não entendeu muito. Primeiro, ficou muito focada na questão da Joana... com o fato de eu ter ficado com uma menina. Ela perguntou: "Você não quer ter filhos? Como é que está namorando uma menina?". Eu respondi: "Tá, mãe, eu até posso querer ter filhos, mas não tô pensando nisso agora...". Aí, a conversa foi assim, ela achando que era uma coisa muito promíscua... Acho que realmente pelo fetiche de ser um homem e duas mulheres as pessoas logo pensam no sexo. Ela me disse: "Nem conta pro seu pai!". Não vou contar mesmo, por enquanto pelo menos.

Miguel: Eu fui falar com a minha mãe também, com a mesma inocência que a Helena. Achei que ela ia estranhar, mas teria curiosidade. Não teve. Teve essa postura de não querer falar sobre o assunto e achar que eu nunca amei de verdade... e é o contrário. Eu estava na inocência que ela ia aceitar melhor. Resolvi não contar pro meu pai. Meus irmãos com certeza vão gostar, o mais novo vai se amarrar e o do meio vai aceitar de boa...

Seu pai ainda não sabe?

Miguel: Meus pais depois vieram me visitar aqui no Rio, e minha mãe tinha contado pro meu pai. E ele, por nunca ter falado de sexo comigo em toda a vida, nunca ter falado de mulher, achei que não se importaria, que eu poderia fazer o que quisesse... Acho que um pouco influenciado por minha mãe e um pouco pelo social, do tipo "o que as pessoas vão pensar", ele falou que não gostava, não, que não achava certo. Aí, senti a necessidade de argumentar. Eles queriam fugir do assunto, mas eu não. Falei: "Todo mundo que está envolvido gosta, então vocês têm que levar em consideração isso". Eles começaram a procurar problemas, falaram na questão do filho. Eu disse: "Mãe, primeiro, ninguém está pensando em ter filhos, mas se tivermos vontade... Eu posso ter um filho com cada uma

delas, com apenas uma delas ou a gente pode adotar uma criança". Falei: "Vocês não viram no *Fantástico* e no *Amor & Sexo* pessoas que são muito felizes assim?". Acho que eles só absorveram a parte mais tosca. Minha mãe disse: "Só lembro da mulher que namorava dois caras e achei que eram dois idiotas porque aceitavam um negócio desses". Talvez a matéria não tenha dado uma visão boa do amor a três, do amor ideal pra eles. Não vi a matéria que eles estavam falando...
Helena: E o que é ideal também, né?
Miguel: Acho que foi uma coisa que não despertou respeito nela. Meu pai disse uma coisa muito idiota. Que, se nós casássemos e depois nos separássemos, eu teria que dividir tudo com as duas. Achei graça também.
Helena: "Elas vão te depenar." [Todos riem.]
Miguel: Fui rebatendo os argumentos deles, falei sobre a história do amor romântico, como são as frustrações, como são os meus amigos, aqueles que traem, e os que não traem e são mais infelizes ainda, porque ficam cobrando coisas absurdas do outro... Eu não tenho nenhum esquema de vigilância, acho completamente tosco isso. Controle e amor pra mim são coisas opostas.

E você, Joana?
Joana: Eu vou falar dos meus pais também. Há dois anos, antes de vir morar no Rio, tive uma conversa com eles para falar de meu envolvimento com mulheres; eles não sabiam. Meu pai saiu quebrando a casa, minha mãe falou que era um pesadelo...

Você sentiu necessidade de contar a eles?
Joana: É que eu, meu pai e minha mãe... a gente sempre conversou muito. Eles me iniciaram no pensar diferente, só que eles travaram.

Você foi criada numa cidade pequena?
Joana: Sim. Cem mil habitantes. Mas agora meus pais aceitam.

O amor a três?
Joana: Não. A relação com as mulheres. Não falei pro meu pai ainda do nosso trio. Mas conversei com a minha mãe quando ela veio passear aqui no Rio. Como é tudo muito novo pra ela, e eu estou distante, acho que

ela quer conversar e se aproximar. Ela até falou uma coisa muito bonita pra mim: "Estou aprendendo muito com você, quebrando muitos paradigmas". Tenho conversado bastante com ela sobre como são os relacionamentos monogâmicos... Meu pai travou lá no negócio de eu me relacionar com mulher, e minha mãe acha melhor não falar mais nada pra ele.
Helena: Minha mãe fala a mesma coisa, não contar pro meu pai, e eu tenho vontade de contar, porque é uma coisa maravilhosa que está acontecendo na minha vida.

E como os amigos têm reagido?
Helena: Ah, os amigos são de boa, eles fazem as perguntas mais engraçadas. A primeira pergunta é se temos grupo no WhatsApp.
Miguel: Eu gosto de saber que a gente tá empurrando alguma coisa pra frente, trazendo uma novidade...
Helena: Eu gosto das perguntas sinceras que as pessoas fazem: "Mas não tem ciúme?", "Não tem disputa?".

Então, vamos lá. E o ciúme?
Helena: A gente conversou outro dia sobre abrir ou não. Ter relações fora do trio. Eu não tenho ciúme nenhum dentro do trio, até porque estou envolvida tanto com ela como com ele.

Você transam os três juntos?
Helena: Sim, transamos.
Miguel: No dia em que demos o primeiro beijo triplo, fomos para a casa da Helena. O sexo foi maravilhoso.

E não há ciúme nenhum?
Helena: Não. Lembro de uma coisa que li no seu blog e me marcou. Se eu estou me sentindo amada e desejada, por que vou sentir ciúme de outra pessoa? Mas acho que eu poderia sentir ciúmes se eles transassem com outra pessoa fora do trio. Eu não gostaria de sentir.

E você, Miguel?
Miguel: Acho que nunca senti ciúme na vida. O que me machucou na vida amorosa foi a recusa de alguém, que depois de um tempo não quis

mais ficar comigo. Mas, aqui no nosso trio, fui eu que falei sobre ter um relacionamento aberto. Eu nunca encontrei uma pessoa que me fizesse pensar: "Quero essa pessoa só para mim" ou "Ela é tudo o que eu quero". Eu sinto prazer em vê-las juntas, inclusive sem mim.
Helena: Aquece o coração.

Como?
Helena: Quando eu o vejo com a Joana, ele a vê comigo ou ela nos vê juntos.
Miguel: Sexualmente é bom, mas também afetivamente.
Helena: Quando o conheci, eu já estava com ela e não sabia se ele ia gostar dela e ela dele do mesmo jeito que eu gostava dos dois. Uma pergunta que fazem muito é: "De quem você gosta mais?". As pessoas não entendem que é diferente.

Agora só falta a Joana falar sobre o ciúme...
Joana: Eu não sinto ciúme nenhum, mas fico pensando se sentiria se os visse com outra pessoa. Mas penso que não, a minha filosofia de vida é essa... por que você vai reprimir um desejo?

Caberia mais uma pessoa nesse trio?
Helena: Não sinto vontade nesse momento, mas caberia, eu acho.

Qual a diferença entre uma relação a dois e a três?
Miguel: Uma coisa que estou tentando mudar é a idealização. Eu amava muito e projetava o que eu queria nas minhas namoradas. Não podia cobrar delas toda a expectativa que eu criava, isso as assustava. Eu gostava muito de poesia e escrevia para elas. Agora faz tempo que não escrevo mais...
Helena: Você escreveu pra nós...
Miguel: Pois é, eu escrevia muito e acho que eu punha um peso nelas que não devia pôr... Eu quero que vocês duas se sintam amadas, porque vocês são incríveis, são personagens dessa minha aventura. Então, o que eu digo para as pessoas é: "Aventure-se, não tenha medo de morrer de amor, ninguém morre e, se morrer, vai ser uma das mortes mais nobres que é possível ter...".

O que vocês diriam?

Joana: Eu diria que amor não é sofrer, a gente sofre por muita coisa, mas não é por amor. A gente também sofre por se privar de alguma coisa. Se você se sente infeliz em algum momento, tem que buscar outras possibilidades. Tem que sentir melhor o amor e se permitir. Tem que ser muito sincero. Tem que haver transparência.

Helena: É isso que as pessoas não enxergam. Acham que é libertinagem... É exatamente o oposto, respeito máximo, transparência...

Joana: Não aquilo de "Você me traiu, que horrível você é...". Isso não existe. Isso não é amor.

Miguel: Com minhas parceiras anteriores eu não falava do meu desejo por outras pessoas, nunca abria isso. Ficava entalado na minha garganta, mas eu queria ser sincero e livre com elas. E talvez essa seja a minha frustração com a relação monogâmica, de eu não querer passar por isso novamente. Eu já fui traído e fui infiel também, estive com outras pessoas... Foi sempre horrível, com aquilo escondido. Não sei mentir, a pessoa me pergunta e eu falo que não, e a pessoa pergunta de novo e eu falo que sim. [Todos riem.]

Como cada um se sente vivendo essa experiência?

Helena: Eu me sinto mais leve... Existe a minha relação com o Miguel, a minha relação com a Joana, a relação deles dois, separados de mim, nós três e, o mais forte de tudo, a minha relação comigo mesma. Estou muito mais forte, mais leve, feliz mesmo. Dá vontade de dizer para as pessoas: "Cara, experimenta...".

Miguel: ... que você vai se beneficiar muito com isso... Eu também estou me sentindo muito mais confiante, forte, completo.

Joana: Eu sinto isso também, por não ter que me moldar.

Vocês pensaram alguma vez que viveriam uma relação a três?

Miguel: Meu interesse não é militar pela relação a três, mas com certeza refletir e desconstruir os preconceitos. Essas ideias começaram comigo muito cedo, quando me ensinaram a não gostar de homossexuais, porque bicha é isso, bicha é aquilo... Mas, quando eu tinha 16 anos e estava na escola, um amigo me disse que era bissexual e me emprestou um livro que era ou *Manual do libertino* ou *da libertinagem*, não lembro... Sei que fiquei maravilhado com aquilo. Primeiro porque era muito bem-feito, tinha colagens e uma frase: "Foda-se o seu conceito restrito de amor". Aí, eu pensei: minha vida começa aqui, amar é isso aqui.

O que vocês deixariam de mensagem para os leitores?
Helena: Acho que as pessoas deveriam experimentar, ou pelo menos ir além de apenas ter desejo sexual, e experimentar o amor mesmo. Eu acho que é medo... As pessoas se travam, têm medo de experimentar e ver que é bom.
Miguel: Eu diria: "Evoluam. Juntos. Tenham amor pelos seus amigos, de verdade, amem sua família, amem estranhos, amem os livros...". Eu conversei com as meninas assim. Pra mim, o tesão da vida é a aventura, correr perigo, eu não abro mão de nada por medo de sofrer. E se o relacionamento acabar, tenha certeza de ter deixado algo de bom para seu(s) parceiro(s). Tenha certeza de guardar algo bom também.
Joana: Acho que as pessoas deveriam se permitir viver novas experiências, tentando pensar diferente, deixando de lado as "regras" sociais que foram enraizadas sem nenhum fundamento, que fazem a gente se privar de viver coisas boas. Nenhuma forma de amor pode fazer mal a ninguém. Temos que começar a pensar e viver diferente para podermos parar de nos privar de nossos desejos e vontades e viver mais felizes. Qualquer forma de relacionamento não deve ser ruim. Pra isso precisamos ser honestos conosco e com os outros. O diálogo e a compreensão são fundamentais.

* * *

Nina, professora de Inglês, 32 anos, me relatou sua história:

Eu e Fábio vivíamos juntos havia dois anos quando Flávio apareceu. Tínhamos todos menos de 30 anos, mas eles já se conheciam desde a infância. Logo gostei de Flávio, de seu modo engraçado de comentar os assuntos. Ele tinha voltado de uma temporada de alguns anos em Londres estudando e ficou um tempo em nossa casa, enquanto se ajeitava.

Tudo caminhava muito normalmente até que um dia entrei em casa quando caía uma chuva forte, com relâmpagos e trovões, e imagino que não me notaram chegar. Estavam transando no sofá da sala. Vi o meu amado

Fábio sendo penetrado por seu melhor amigo. Estranho que deveria ter ficado furiosa e feito um escândalo, mas não. Fiquei olhando, até que eles me viram. Sentaram os dois imediatamente, ainda em ereção. E ficamos os três em silêncio...

Alguém já me havia alertado que Fábio era bissexual, mas desconsiderei. Perguntei se eles desejavam que eu saísse. Fábio se ergueu, nu como estava, e me abraçou. Flávio veio logo depois e também passou os braços em torno de nós dois. O calor do abraço dele me fez bem, e eu disse: "Vamos para a cama!". Foi como uma conclusão. E fomos mesmo.

Eu nunca tinha feito sexo a três, mas adorei. Mais tarde, quando ficamos eu e Fábio a sós, conversamos. Ele abriu o jogo. O longo caso que os dois tiveram, mas também a conclusão a que chegaram de que não eram um casal gay. Na noite seguinte, Fábio ligou para o meu trabalho e disse que iria dormir fora. "Com Flávio?", perguntei. "Não", ele disse, "quem vai dormir com o Flávio é você...". Foi perfeito.

Fiquei com o amado de meu marido naquela noite, e nas seguintes passamos a nos revezar entre o triângulo e os dias de casal. Minha vida mudou para muito melhor, em termos de prazer e de amor. Passei, como Gabriela, a ter dois maridos, só que ambos vivos. Flávio arrumou uma casa e alternávamos os lugares de amor. Foi bom. Durou até ele voltar para Londres no ano passado. Estamos pensando em ir visitá-lo. Nós o amamos!!!

As várias faces do amor

"O amor tem tantas faces quantas tem uma pessoa. Não somos seres com uma única dimensão, nossa identidade não é um produto unificado e acabado. Temos necessidades variadas e contraditórias que, às vezes, expressam-se em diferentes envolvimentos com diferentes pessoas, sem se esgotar numa única forma. Há relacionamentos amorosos baseados no compromisso e em projetos comuns (casamento), outros com ênfase no aspecto erótico, outros em afinidades intelectuais ou outras, alguns sobrevivem às distâncias e ao tempo, outros exigem proximidade, e assim por diante", diz Noely Moraes.[151]

Alegrias e desafios de uma tríade

Leonie Linssen e Stephan Wik abordam em seu livro a relação amorosa entre três pessoas. A seguir, sintetizo alguns trechos.[152] Eles acreditam que um dos maiores problemas dos casais, a dualidade, se resolve pela tríade. Por isso é possível acreditar que um relacionamento em que três pessoas se amam intimamente pode ser muito gratificante.

No relacionamento monogâmico, o nível de intimidade pode levar a tipos de interação certo/errado, será/não será, ter/não ter. Mesmo com as melhores intenções pode ser difícil não cair nesses padrões, que muitas vezes levam à rigidez e a falhas na comunicação, pois defendemos posições fixas. A tríade oferece uma dinâmica completamente diferente. Por exemplo, durante uma interação interpessoal difícil, um terceiro parceiro pode atuar como observador amoroso.

O terceiro, como testemunha, pode ajudar os parceiros que estão interagindo a tomar consciência de suas ações e reações. Essa autoconsciência pode produzir interações mais flexíveis, abertas e receptivas. Não procurar mais ter intimidade com apenas uma pessoa pode nos ajudar a relaxar e a simplesmente nos deixar amar. Podemos nos sentir mais reconhecidos e valorizados, e a nossa própria energia vital pode fluir mais livremente e beneficiar a todos os que estão envolvidos conosco.

Uma das vantagens da tríade, segundo os autores, é que muitos se sentem mais independentes e livres do que quando formam um casal. Isso acontece tanto no nível prático quanto num nível mais sutil. Na prática, se uma pessoa quer passar algum tempo sozinha ou com amigos, ela pode relaxar, pois sabe que os outros dois parceiros dispõem de mais tempo para ficarem juntos.

Amor a três em notícias de jornal

Suécia

"Casal de três" alimenta debate sobre nova família[153]

Linda, Erik e Hampus se conheceram numa relação profissional. Os três trabalham numa empresa de táxis em Estocolmo, Suécia. Apaixonaram-se e se tornaram amantes, mas logo descobriram que se amavam profundamente e desejavam viver juntos. Seria simples, se Linda e Erik já não formassem um casal antes de conhecerem Hampus e não vivessem com seus quatro filhos. Hampus também tinha uma filha, uma menina de 3 anos de seu recém-acabado casamento. Mas o amor do trio superou as iniciais dificuldades, e Hampus mudou-se para a casa do ex-casal. Agora eram oito pessoas sob o mesmo teto.

"A família formada por um homem, sua esposa e seus filhos ainda é o conceito predominante. Mas, hoje em dia, as pessoas estão mais abertas ao fato de que existem outras formas de viver", diz Linda, que criou um blog para contar como é a relação a três. A acomodação doméstica exigiu uma mesa maior e mais cadeiras, a divisão revista dos afazeres domésticos, a máquina de lavar apropriada, por exemplo, mas por aí tudo se resolveu.

Eles são uma novidade, mesmo na Suécia, e foram procurados pela mídia. O canal de televisão TV4 os entrevistou sobre o polêmico novo formato de família: "Somos uma família de oito pessoas: mamãe, papai, papai e cinco filhos. Vivemos em um relacionamento de três adultos, no qual os três se amam", declarou Linda.

A Suécia foi o primeiro país do mundo a legalizar a homossexualidade em 1944, mas a noção de poliamor e de poligamia ainda enfrenta barreiras. O caso de Linda, Erik e Hampus gerou vários artigos na mídia impressa do país. "O que parece incomodar mais as pessoas é o fato de ser uma relação entre uma mulher e dois homens, e não o contrário. É como se pensassem 'ela não se contenta com um só'. Mas é um equívoco. Não sou eu que tenho dois maridos. Somos nós três que temos dois cônjuges", destacou Linda em entrevista ao jornal *Aftonbladet*.

As relações com familiares e amigos variaram de tom. Os pais de Erik romperam com o filho. "É difícil dizer por que eles fizeram isso. Acho que sentem vergonha", declarou em entrevista. Linda perdeu a melhor amiga. "Mas, no geral, a reação das pessoas tem sido melhor do que esperávamos", disse ela.

Hampus informa que a pergunta mais frequente é sobre como as crianças reagem. "Conversamos com cada uma delas. Contamos que viveríamos juntos, e elas reagiram com naturalidade", disse Linda. Hampus comenta a ausência de preconceitos das crianças: "Elas são abertas a diferentes formas de viver. Levamos as crianças a uma aula de esportes, e um coleguinha delas disse: 'Vocês têm dois pais? Bacana!'".

Os três têm responsabilidade para com as crianças. Na escola, o diretor deu permissão especial para que Hampus possa se envolver no desenvolvimento delas, como participar das reuniões com professores.

"Em certos aspectos, pode ser difícil para uma criança viver em uma situação como essa. Pode sofrer com comentários maldosos de coleguinhas, por exemplo", disse a psiquiatra Klara Hellner Gumpert, especialista em psiquiatria infantil do prestigiado Instituto Karolinska, da Suécia, à BBC Brasil. "Por outro lado, vejo frequentemente no consultório crianças com problemas causados por pais ausentes, violentos ou que abusam do álcool. Pais convencionais podem prejudicar os filhos de muitas maneiras. Será que é mais difícil para uma criança viver em uma família com uma mãe e dois pais?"

Restam agora os problemas legais criados por uma sociedade feita para funcionar com dois cônjuges. Linda e Erik, casados legalmente, têm direito de herdar os bens um do outro, mas não teriam acesso aos bens de Hampus, que não poderia ser herdeiro de Erik e Linda. A solução será um testamento, garantindo os direitos de herança entre os três.

"Da forma como as coisas são hoje, olham para nós e pensam que estamos fazendo algo ilegal", observa Linda. "Mas, se a lei dissesse que nossa forma de viver é válida, muitos olhariam mais naturalmente para outros tipos de união."

Estados Unidos

O primeiro casamento gay triplo do mundo[154]

Aconteceu em agosto de 2013, em Massachusetts, nos EUA. A histórica façanha reuniu três mulheres, sendo que duas delas já formavam um casal: Doll e Brynn viviam juntas desde 2009 e acessaram o site OkCupid para encontrar uma terceira companheira. Kitten, 27 anos, veio viver com elas. É a mais jovem e engravidou após passar pelo tratamento de fertilização *in vitro*, usando um doador de esperma anônimo. "Nós fomos corajosas o suficiente para ir contra o que a sociedade chama de normal. Espero que a nossa filha se sinta livre para fazer a mesma coisa se quiser", contou Brynn ao jornal *Daily Mail*.

O chamado "*throuple*" espera, além da filha, ter mais três filhos. O plano é que Kitten seja responsável pela gravidez por meio da fertilização *in vitro*, possivelmente usando os óvulos de suas esposas. As três norte-americanas estão legalmente unidas. Enquanto Brynn e Kitten são legalmente casadas, Doll está "prometida" para as duas, segundo um documento preparado por um advogado especialista em casamentos gays.

Brasil

Relação triangular entre duas mulheres e um homem recebe registro de união estável[155]

Duas mulheres e um homem, formadores de um triângulo amoroso, que vivia junto em Tupã, São Paulo, há três anos, solicitou e recebeu o direito a uma união estável no cartório da cidade. A tabeliã Cláudia do Nascimento Domingues fez o registro da escritura que foi publicada no Diário Oficial em 2012. "A declaração é uma forma de garantir os direitos de família entre eles. Como eles não são casados, mas vivem juntos, existe, portanto, uma união estável, em que são estabelecidas regras para estrutura familiar", destaca Cláudia.

Os nomes das pessoas que formam o trio não foram divulgados. Mas o presidente da Ordem dos Advogados de Marília, Tayon Berlanga, explicou o documento: "Ele dá direito ao trio no que diz respeito à divisão de bens em caso de separação e morte. No entanto, não garante os mesmos direitos que uma família tem de, por exemplo, receber pensão por morte ou conseguir um financiamento no banco para a compra da casa própria, ser dependente em planos de saúde e desconto de dependente na declaração do imposto de renda".

Relações livres

Eu e Clara namoramos há cinco anos e moramos juntas há um. Desde então, emocionalmente, nós duas nos consideramos casadas. Um dia isso provavelmente será oficializado – mas, pra mim, é o que menos importa. Eu tenho 28 anos e ela, 31. Desde que nos conhecemos conversamos sobre a vontade de ter um relacionamento mais livre. Somos bissexuais e, antes de nos conhecer, só havíamos vivido relacionamentos monogâmicos.

Como já tínhamos essa vontade de viver um amor com mais liberdade, sempre conversamos muito sobre o assunto. Na prática, ficávamos com outras pessoas em festas e individualmente. Por exemplo: eu ficava com um cara, transava, mas ela não ficava sabendo, e vice-versa. A coisa foi evoluindo, nós fomos amadurecendo e, aos poucos, fomos vendo que algumas regras não faziam sentido na hora da prática.

Eu sempre me preocupei com a possibilidade de ela se envolver com alguém. A Clara é muito emoção, e eu tenho o lado racional que coloca tudo, teoricamente, em equilíbrio. Mas no que a gente sempre concordou é que queremos passar vinte, trinta, quarenta anos juntas. E é uma utopia pensar que ao longo desse tempo não sentiremos atração por outras pessoas ou até viveremos outras paixões. Eu a amo muito e não quero que ela deixe de viver essas coisas tão legais; e ela pensa o mesmo. Afinal, que saco só beijar e transar com uma pessoa a vida toda, né? E pior: que saco ter que mentir pra quem você ama se quiser fazer isso.

No fim de 2016, a Clara veio me contar que estava conversando com uma menina com a qual ela já tinha flertado havia uns sete anos. A coisa foi recíproca. Clara sugeriu que a gente se conhecesse e, quem sabe, tivéssemos algo legal nós três. Eu achei ótimo! Conheci a menina e gostei muito dela, mas falei para o meu amor: "Antes de mim, isso é uma coisa de vocês duas, que está incubada há muito tempo. Vai lá, faz o que você quer fazer e, se vocês acharem que vai ser legal se eu estiver junto, eu vou adorar".

E foi assim, elas saíram num domingo enquanto eu fiquei em casa vendo seriado (não queria sair e dar uma de vingativa, queria vivenciar isso). No dia seguinte, ela chegou cedo e perguntei detalhes. Foi tudo ótimo. Não senti ciúmes. Isso tudo tem mais ou menos um mês, e há umas duas semanas uma pessoa veio me procurar. O nome dela é Priscila e temos uma história bonita. A gente se conhece há nove anos, sempre fomos um pouco apaixonadas uma pela outra, mas nunca tivemos nada sério por motivos diversos. Hoje ela mora em outro país e me mandou uma mensagem dizendo que estava no Brasil, pra gente se encontrar. Contei pra Clara. Ela reagiu bem e nos encontramos.

Como quando a Priscila vem para o Brasil ela fica na casa dos pais, a Clara sugeriu de ela ir para a casa da menina com quem está ficando, e assim a Priscila e eu ficaríamos sozinhas na nossa casa. Regina, você tem ideia do que é isso? O meu amor foi encontrar a ficante dela e liberou a casa pra eu ficar com a minha! A gente é bem caseira e acha muito chato essa história de ter que ficar dependendo de motel.

Enfim, o cenário atual é: a Clara está ficando com uma menina e eu estou ficando com outra. Estamos nos amando muito mais, transando muito mais (o tesão entre nós aumentou), somos as melhores amigas do mundo, não mentimos uma pra outra, mas sempre compartilhamos o que nos incomoda. É claro que tivemos discussões no meio do caminho, tivemos que alinhar várias coisas, mas chegamos a um modelo que consideramos o ideal para o nosso relacionamento.

Ah! Nesse processo eu li os dois volumes de O livro do amor! *Eles me ajudaram a colocar em prática o que já queria. Muito obrigada! Estamos muito felizes! Nos amamos muito e acreditamos que a vida é uma só, então, por que não viver o que você sente?*

Beijos! E continue ajudando outras pessoas a se tocarem de que infelicidade e caretice são coisas muito próximas!

Recebi a mensagem acima de uma leitora. Coloquei o texto na íntegra, só substituindo os nomes verdadeiros para manter o anonimato das pessoas envolvidas.

* * *

Relações livres: uma introdução é o livro do Coletivo Rli-E[156] e produto do movimento que gerou o Relações Livres do Brasil, iniciado em 2006, no Rio Grande do Sul. Os autores vivem relações livres há muitos anos, e aqui sintetizo a publicação deles.

Na orelha do livro há perguntas provocativas: "Já pensou namorar mais de uma pessoa ao mesmo tempo? Contar para seu parceiro ou parceira que acaba de conhecer uma pessoa maravilhosa... e avisar que vai sair com ela, sem que isso seja uma afronta ou ameaça? Por que não? Podemos nos relacionar sexual e afetivamente com mais de uma pessoa simultaneamente. Os autores e autoras deste livro vivem essa realidade. E contam como as relações funcionam".

O que eles pensam sobre relações livres

Em princípio, é plena a autonomia sexual e afetiva. Não é necessária a permissão dos parceiros para novas relações. E importante: não há hierarquia entre os relacionamentos principais e secundários. A aproximação se dá por afinidades e propósitos, mais com uns, menos com outros. Espontaneamente. Como nas amizades, há compartilhamentos independentes. É possível viver de várias formas: sozinho, ter múltiplos namoros, amizades coloridas, fazer parte de comunidades afetivas abertas, fazer sexo casual.

As relações livres propõem uma liberdade maior do que outras formas não monogâmicas, que combinam sua liberdade levando em consideração a monogamia. Há uma autonomia plena para se relacionar afetiva e sexualmente com outras pessoas. Esse é o ponto de partida. O mote é amar e permanecer livre. Livre para o flerte, a "ficada" de uma noite, as paixões, o sexo casual, experiências maravilhosas. Sem excluir as relações amorosas, de longa duração. Cada relação permite uma experiência, todas enriquecedoras da condição humana.

Como vivem os Rli

Eles podem morar sozinhos ou com uma pessoa e ter outras relações. Ou com a família numa comunidade afetiva. Ou nem casa ter. O que os define é sua autonomia afetiva e sexual. A possibilidade real de ter mais de uma companhia, se quiser. E não o número de parceiros, com quem mora, se tem filhos ou conta conjunta no banco. Percebem que relações diferentes assumem importâncias também diferentes, conforme a fase que vivem.

Construção da autonomia

A autonomia emocional é o fundamento necessário para alguém ser Rli. Muitas vezes eles são acusados de "consumidores" compulsivos de relações, incapazes de estar sozinhos. Mas os autores alegam que é o contrário. Quem se dispõe a ter relações múltiplas fatalmente passará muitos dias longe de seu companheiro ou companheira, pois a pessoa dedicará parte de seu tempo a outras relações afetivas e sexuais. Conseguir estar só, sem dependência do outro, significa também foco em projetos pessoais, fazer um círculo de amizades que não desmorone se a relação acabar, ser boa companhia para si mesmo. Romper com a ideia de "não sou nada sem você".

Não à monogamia como padrão inquestionável

Sair do armário é preciso. O esforço de divulgação vai no sentido de que, no futuro, mais pessoas possam ser Rli com maior facilidade. Os autores dizem que, no contexto sociopolítico em que escreveram o livro, infelizmente a luta é por evitar mais retrocessos. "Mas nosso horizonte a longo prazo é que chegue a época em que haja tal liberdade que ninguém mais precise ser Rli. Nossa vontade é colaborar para que a monogamia deixe de ser padrão inquestionável."

Ciúme

Muitos aceitam o ciúme, desde que não seja considerado "exagerado", e o valorizam como se fosse prova de afeto. Os Rli encaram o ciúme como algo a superar. "Fazemos o seguinte raciocínio: não nos permitimos sair batendo nas pessoas quando estamos irritados. Do mesmo modo, não nos permitimos sair controlando a pessoa que amamos quando estamos enciumados." O processo de aprender a dominar o ciúme é mais longo para uns, mais breve para outros. "Porém, temos casos práticos suficientes para indicar que ele pode ser diminuído e, até mesmo, transformado."

Sentimento de posse

Os autores consideram sentimento de posse e ciúme coisas diferentes. O sentimento de posse é baseado na justificativa racional do ciúme. Ser possessivo é dizer, por exemplo, o que a outra pessoa pode ou não pode fazer, aonde ou com quem deve ir. É o não reconhecimento da autonomia do outro. "Na prática, superar de verdade a ideia do 'Eu sou tua; você é meu' é um grande desafio. Isso contradiz os valores românticos mais básicos, que nos bombardeiam a todo momento."

Monogamia x relações livres

Os Rli consideram que na monogamia as possibilidades de ter um novo parceiro são: trair ou trocar (além da morte). Já nas relações livres, o que motiva o fim de uma relação é a perda de qualidade dessa relação. Não é preciso abandonar um relacionamento bacana só porque apareceu outro incrível. "Na monogamia, é frequente ter de escolher entre duas experiências diversas: um amor e uma paixão, que pode, ou não, ser passageira. Há risco de sermos abandonados por uma pessoa que nos ame de verdade só porque ela quer muito viver uma experiência nova e empolgante. Vivendo relações livres, esses dois riscos estão eliminados."

Compersão – uma emoção não monogâmica

Compersão é algo que pode acontecer não só em relações livres, mas em quaisquer outras relações nas quais se procura superar a possessividade. É o sentimento oposto ao ciúme. "É quando a gente fica feliz em saber que a pessoa que a gente ama está curtindo se relacionar com outra – seja algo casual, seja uma relação amorosa profunda." Não é fácil compreender isso. Mas os autores dizem: "Ficamos felizes pelo bem da outra pessoa, certo? Pois bem, a compersão com quem nos relacionamos afetiva e sexualmente funciona da mesma forma. Quando começa a desmoronar a falsa percepção de que a outra pessoa nos pertence, torna-se possível vivenciar esse sentimento. [...] Compersão não é um destino nem uma necessidade. É uma perspectiva boa no horizonte. Um sentimento agradável que pode ocorrer. Não garante nada. Mas é sempre um bom indício no caminho rumo a relações cada vez mais livres".

Fim de uma relação

As relações livres, como todas as coisas que vivemos, têm começo, meio e fim. "É lógico que sempre sentiremos muito quando uma pessoa querida sair de nossa vida, seja por qual motivo for. Ter mais de um relacionamento não nos torna imunes a esse sentimento. Mas, quando temos duas ou mais relações, o desespero pode ser menor. Sentimos tristeza, mas não aquela sensação de 'meu mundo caiu'."

Para os autores, a monogamia nos faz desenvolver uma dependência do outro focada na aposta que aquela é "a" pessoa. "Geralmente, o amor romântico pressupõe um nível de anulação da identidade pessoal muito alto em benefício da identidade de casal. Quando a relação acaba, a gente já nem lembra direito quem é. Às vezes, nem sabe por onde andam as velhas amizades. Não se perde só a relação, perde-se também uma parte da identidade. Já relações livres pressupõem cultivo da autonomia em vez de buscar a fusão do casal."

* * *

Esta é primeira frase que lemos no site Rede Relações Livres (Rli): "Uma rede social no mundo real com o desafio de desatar o nó da monogamia. Vivemos a multiplicidade sexual e afetiva e pensamos nisso como um direito humano".[157]

Poliamor

Não consigo me relacionar somente com uma mulher. Tenho certeza de que posso amar e ter um ótimo sexo com várias mulheres. Até agora consegui ser sincero com as que me envolvo, mas me sinto um ET. Todas imaginam que em algum momento o relacionamento irá evoluir para uma relação monogâmica. Não quero ceder à tentação de mentir, como vejo amigos fazendo, mas é difícil. Será que é tão difícil perceber que é possível viver bem fora dos modelos? (Pedro, 37 anos)

* * *

Sou solteiro. Numa viagem a outra cidade, conheci Marisa, uma mulher quinze anos mais velha que eu. Não vi nisso nenhum problema, mesmo porque o sexo com ela foi o melhor da minha vida. Apesar de ter sentido algum mistério no ar, pensei em pedir transferência para morarmos juntos. Só que descobri tudo. Marisa tem dois maridos! Cada um deles mora três ou quatro dias por semana na casa dela. Eles sabem dessa situação e não se importam. Ela me disse que continua me amando e não vê motivo para terminarmos nossa relação. Não consigo acreditar no que está acontecendo! (André, 32 anos)

* * *

Sou mulher, independente, com dois casamentos na bagagem. Cansei do formato. Vou ter relações múltiplas. Estou ciente dos problemas de ordem preconceituosa que vou enfrentar. Acho que os da família – pai, mãe e irmãos – serão os piores, mas tenho uma filha que vai ter uma mãe com vários namorados simultâneos. Ela vai ter que se acostumar. (Lia, 43 anos)

* * *

Comecei a namorar uma mulher que mora com a irmã. Um dia em que ela não estava, comecei a conversar com a irmã e acabamos transando. Ela disse me amar, como a irmã. Dias depois soube que ambas sabiam do amor em comum e fiquei envaidecido. Mas por pouco tempo, porque surgiram outros amores delas. Soube que são poliamoristas. Amam e são amadas por vários homens. Preciso me acostumar com isso ou cair fora, mas acho que amo as duas. (Vitor, 45 anos)

* * *

Esses depoimentos foram ouvidos no meu consultório ou recebidos por e-mail. Ao ler esses relatos, muitos se chocam. Mas, quando analisamos o passado do amor, constatamos que os comportamentos amorosos e sexuais, e as expectativas em relação à própria vida a dois, são bem diferentes em cada período da História. Apesar de todos os ensinamentos que recebemos desde que nascemos – família, escola, amigos, religião – que nos estimulam a investir nossa energia sexual em uma única pessoa, a prática é bem diferente.

O que é o poliamor

O poliamor, ou seja, muitos amores, como modo de vida defende a possibilidade de estar envolvido em relações íntimas e profundas com várias pessoas ao mesmo tempo, no mesmo nível de importância. No poliamor uma pessoa pode amar seu parceiro fixo e amar também as pessoas com quem tem relacionamentos extraconjugais ou até mesmo ter relacionamentos amorosos múltiplos em que há sentimento de amor recíproco entre todas as partes envolvidas.

O que é ser poliamorista

Linssen e Wik explicam sutilezas de uma vida baseada no poliamor que sintetizo a seguir.[158] Os autores consideram que ser poliamorista é uma questão totalmente distinta da opção de viver um estilo de vida poliamoroso. Alguém que se considera poliamorista, por exemplo, mas escolhe viver uma relação monogâmica, não deixa de ser poliamoroso; essa pessoa simplesmente opta por não expressar essa faceta do seu ser. Cada vez mais, pessoas poliamorosas estão decidindo explorar abertamente o mundo dos relacionamentos múltiplos.

Para algumas, isso significa negociar um novo acordo dentro de uma relação monogâmica existente para permitir que cada parceiro mantenha outros relacionamentos íntimos, continuando a conservar sua relação "primária" no centro de sua vida. Outras pessoas resolvem ter múltiplos parceiros e podem viver sozinhas, com alguns ou mesmo com todos os seus parceiros.

Há muitas variações de práticas poliamorosas, e muitas pessoas acham que suas expressões pessoais de poliamor mudam ao longo do tempo. Um cenário bastante comum é aquele em que um casal pode querer explorar relacionamentos com várias outras pessoas durante um período de tempo e depois firmar-se com um ou dois desses parceiros "secundários". Não existe um modelo fixo para o poliamor.

O que as pessoas têm dificuldade de entender

Os autores acreditam que uma das ideias mais difíceis de entender é a de que ser poliamoroso não significa fazer sexo com todos. Com frequência, o que ocorre é exatamente o oposto – afinal, poliamor é uma questão de amor, e relacionamentos amorosos normalmente precisam de tempo para se desenvolver e florescer. Em outras palavras, se uma pessoa diz que é poliamorosa, seria imprudente fazer qualquer suposição sobre a forma como ela vive sua vida, e, sobretudo, isso não diz nada sobre como ela pode querer interagir com outras pessoas (ou conosco!). Como muitas pessoas poliamorosas dizem: "Só porque sou poli, isso não significa que quero fazer sexo com você".

Quantos são os poliamoristas?

Linssen e Wik dizem não saber quantas pessoas se consideram poliamorosas, mas suas estimativas podem chegar a 30% da população adulta. Para expressar a dificuldade em obter um número preciso, eles alegam que se pode considerar um debate comum que as pessoas às vezes fazem sobre poliamor e traição. Segundo eles, há quem afirme que a traição está tão generalizada porque muitas pessoas são poliamorosas, mas não percebem ou não reconhecem esse fato.

Por outro lado, outros dizem que as pessoas que traem têm um comportamento que se opõe diametralmente a tudo que as pessoas poliamorosas valorizam (como a honestidade). "Sem dúvida, está aumentando exponencialmente o número de artigos, programas de TV, seminários, conferências e eventos sobre poliamor. É indiscutível que o conceito de poliamor está ajudando um número cada vez maior de pessoas a compreender seus sentimentos de amor por mais de uma pessoa."[159]

Relacionamentos secretos x relacionamentos abertos

Para os autores, as bases dos relacionamentos abertos contrastam com as bases dos relacionamentos secretos. "Em um relacionamento aberto, os parceiros não têm segredos. Eles sabem a respeito dos parceiros complementares um do outro, dos amigos especiais ou das pessoas por quem estão apaixonados, e conversam honestamente entre si. Além disso, eles abrem espaço para experiências que um ou outro pode ter. Respeito, franqueza, honestidade e aceitação são valores importantes de um relacionamento assim. Na verdade, quase sempre um relacionamento aberto sustentável só pode existir quando tem esses valores como fundamento."[160]

Em outros países

A seguir algumas matérias que mostram pesquisas e estudos em outros países.

Cinco mitos sobre poliamor desmentidos[161]

A permissão do(a) parceiro(a) para sair de um relacionamento fechado em busca de amor ou sexo atinge 5% dos norte-americanos, segundo pesquisas. Os limites variam desde casais que negociam uma única experiência de swing até a formação de laços estáveis com três, quatro ou cinco parceiros. Essa segunda versão pode ser considerada como poliamor, relacionamentos com múltiplos parceiros e o consentimento de todos os envolvidos.

Poliamoristas já intrigam os psicólogos. A primeira Conferência Anual Acadêmica de Poliamor (International Academic Polyamory Conference) aconteceu em Berkeley, na Califórnia, em 2013. Embora ainda tenhamos muito ainda a aprender, os resultados iniciais estão desmitificando algumas coisas sobre como o amor entre várias pessoas funciona.

Mito 1: Poliamoristas estão insatisfeitos

Quando uma pessoa casada procura por companhia ou sexo, é natural assumir que há algo faltando em seu relacionamento. Mas isso não parece ser o caso de poliamoristas. Melissa Mitchell, uma estudante de Psicologia na Universidade da Geórgia, conduziu uma pesquisa na Simon Frasier University, no Canadá, com 1.093 poliamoristas. Foi pedido aos participantes que listassem o parceiro primário e o secundário, e se calculou a média de nove anos com os primários e dois anos e meio com o secundário.

Mitchell e seus colegas perguntaram aos participantes quão satisfeitos e realizados eles se sentiam em seus relacionamentos. Eles descobriram que as pessoas estavam mais satisfeitas, se sentiam mais próximas e mais apoiadas por seus parceiros primários, sugerindo que o desejo pelo seu parceiro secundário tinha pouco a ver com a insatisfação na relação. E a satisfação com um parceiro "de fora" não incomodava o parceiro primário. "Relações de poliamor são relativamente independentes umas das outras", disse Mitchell na reunião anual da Sociedade de Psicologia Individual e Social de Nova Orleans, EUA.

Mito 2: Poliamoristas ainda estão em um relacionamento

"Eu diria que 30% ou mais dos poliamoristas pensam que um dos parceiros é o primário", disse Bjarne Holmes, psicólogo da Champlain College, em Vermont, à *Live Science*. "Grande parte das pessoas não acredita nessa ideia de primário e secundário. O que eu encontrei mais foram configurações de dois homens e uma mulher vivendo juntos", completou.

Mito 3: Poliamor é um jeito de evitar compromisso

Entrar em uma relação poliamorista e pensar que vai ser uma área livre de compromisso é um grande erro. Em primeiro lugar, muitas relações poliamoristas são sérias e estáveis. Holmes entrevistou pessoas casadas legalmente por quarenta anos que viveram vinte com um parceiro secundário.

Os parceiros poligâmicos bem-sucedidos se comunicam incansavelmente, informou Holmes. "É o único jeito de assegurar que as necessidades de todos estejam sendo atendidas e que ninguém está tendo ciúmes ou se sentindo de fora em uma relação que envolve muitas pessoas."

Mito 4: Poliamor é cansativo

"É verdade que muitas relações poliamoristas demandam tempo", disse Elizabeth Sheff, uma consultora jurídica e antiga professora da Georgia State University, que escreve sobre famílias poliamoristas à *Live Science*. "Mesmo que você esteja disposto, dar a quatro relações o tanto de carinho e manutenção que elas precisam pode preencher todo o seu tempo. Mas as pessoas que buscam o poliamor parecem amar isso."

Mito 5: Poliamor é ruim para as crianças

Algumas pesquisas recentes sugerem que poliamor não tem um impacto negativo em crianças. Sheff entrevistou mais de cem membros de famílias poliamoristas, incluindo duas dúzias de crianças de 5 a 17 anos de idade. Pais listam algumas desvantagens do estilo de vida poliamoroso para seus filhos, especialmente o estigma do mundo externo e o perigo de a criança se afeiçoar a um parceiro que mais tarde pode sair da relação. Os resultados são otimistas, Sheff disse, porque a ausência de trauma difundido às crianças de famílias poliamorosas sugere que o poliamor não é, por definição, negativo para crianças.

Eu cresci em uma família poliamorista[162]

Este depoimento de Benedict Smith é um documento precioso sobre nossa época:

Quando criança, eu morava junto com minha mãe, meu pai e um grupo de adultos que transavam entre si. Poucos ícones culturais têm tanto peso como a família nuclear "tradicional". Você sabe: dois pais heterossexuais, dois filhos, um cachorro, uma cerca branca. Não me interpretem mal, não há nada errado nisso, só que eu não fui educado assim.

Seus pais eram poliamoristas. A palavra "poliamor" é de origem latina e grega e se refere à não monogamia com a aprovação das partes envolvidas. Ele era criança e conhecia os parceiros da mãe e do pai. Sua mãe tinha quatro parceiros, entre eles, seu pai. Eram todos adultos que obedeciam a um acordo de não exclusividade que durou décadas. "Explicaram-me isso pela primeira vez quando eu tinha uns 8 anos. Meu irmão de 4 anos perguntou por que James, o parceiro da minha mãe, passava tanto tempo com a gente. 'Porque eu o amo. É por isso', respondeu minha mãe, com naturalidade." O irmão de Benedict respondeu que também o amava muito.

"Realmente nunca foi complicado. Quando olho para trás, é o que acho mais notável em nossa situação: foi incrivelmente normal." Ele lembra a primeira vez que James, amante de sua mãe, o repreendeu. Benedict tinha 8 anos e ia atravessar a rua sem olhar os carros e foi puxado por ele. Após a irritação inicial de criança, ele percebeu que isso significava outro adulto impedindo que ele fizesse bobagem no trânsito. Uma coisa boa.

Benedict tinha apenas um melhor amigo, e ele foi o único que conheceu os seus pais e os aceitou bem. Mas alguém rastreou na web e chegou ao site Live Journal de sua mãe. Espalhou-se a informação de que a família era poli. A maioria das pessoas tentou entendê-los, mas nem todas. Uma família que desprezava o estilo de vida proibiu seus filhos de brincar com Benedict e seus irmãos.

Isso conduziu a uma chamada do serviço social com acusação de abuso infantil. "Tudo isso afetou minha personalidade e educação para melhor. Posso falar com adultos de todos os tipos e diferentes origens, sejam os parceiros de meus pais, seja quem for. Esse caldeirão ampliou minha visão do mundo e ajudou a me tornar quem sou hoje." Bons pais são bons pais, acredita Benedict, seja um, sejam dois, três, quatro. Felizmente, ele avalia que os seus eram ótimos.

A não monogamia me mostrou o que realmente significa estar com alguém[163]

O depoimento de Kate Iselin ao jornal inglês *The Guardian* é um bom retrato de como as novas relações são vistas no mundo contemporâneo. Inicialmente, ela observa que os "novos princípios" acabam com a intervenção entre os casais. "Quem sou eu pra determinar que meu parceiro não sinta mais atração por outra, beije alguém numa festa ou a leve para cama? E quem é ele para pedir a mesma coisa de mim?"

Kate ironiza o tema como um assunto doméstico lembrando que poliamor e relacionamentos abertos são assuntos pesados para um jantar social. Segundo ela, as pessoas se lembrariam dos casais fazendo swing nos anos 1970 ou dos clubes escuros com cheiro de látex e o sexo liberado. Ela mesma se via assim. "Na maior parte da minha vida eu era a mais monógama possível. Eu descobri que o ciúme iria frequentemente aparecer se meu parceiro ou paquera fosse visto no mesmo lugar e com alguém que tivesse chances de flertar."

Mas, aos 20 anos, Kate conheceu um homem que, apesar de interessado nela, não escondia participar de um bem-sucedido relacionamento aberto. Monogamia não era a sua opção. "Minha escolha era clara: eu podia tentar namorar alguém que já tinha um parceiro ou arriscar a perdê-lo de vez." Ela arriscou, inicialmente com medo de se tornar uma "namorada backup" (alguém para preencher a falta de outra pessoa). "Mas em nenhum momento eu me senti abandonada ou com inveja; na verdade, eu descobri que a não monogamia seria melhor do que qualquer tipo de relacionamento que eu experimentara."

O seu novo par amoroso tinha um parceiro que ela conheceu e com quem se deu bem. "Enquanto eles passavam fins de semana românticos, viajando ou tendo jantares juntos, eu era livre para sair com outras pessoas. E eu saí."

Kate começou a racionalizar sobre a monogamia. "Conhecer alguém e decidir que queremos ficar com ele e apenas ele para o resto da vida parecia irreal no melhor dos casos, e assustador nos piores." E analisa alguns desafios únicos da monogamia: "É possível manter uma amizade com o parceiro do seu parceiro depois que eles terminaram? É ético dormir com o parceiro do parceiro do seu parceiro? Isso pode ser complexo!". Numa sociedade em que as mulheres têm seu valor ligado a quantas pessoas se relacionaram, ser sexual e romanticamente envolvida com duas ou mais pessoas, ao mesmo tempo, é um ato radical.

Fora do mundo ocidental

Os Na e os relacionamentos múltiplos

Os Na, conhecidos em chinês como "Mosou", vivem às margens do belo lago Lugu, no sopé do Himalaia. Eles constituem uma sociedade matrilinear, em que a mãe é o centro da família. Os Na adotam um sistema de "casamento de visita" em que os homens saem de casa para visitar a casa da(s) parceira(s). Tradicionalmente, tanto homens como mulheres podem ter múltiplos parceiros.

O interessante é que não existe no idioma Na uma palavra para "ciúme". Os relacionamentos se baseiam no afeto mútuo, e, quando um dos parceiros (ou ambos) perde o interesse, o relacionamento termina amigavelmente. Um estudioso americano que visitou recentemente os Na comentou que eles "inegavelmente preservam uma cultura mais afetuosa do que a nossa. O suicídio é raro e não se ouve falar em assassinatos".

"Vale a pena refletir sobre o fato de que uma sociedade em que mulheres e homens são livres para ter múltiplos parceiros, sem sentir vergonha ou reprovação, abriga uma população mais generosa e afável."[164]

Diferença entre poliamor e relação livre

Perguntei ao Coletivo Rli-E qual a diferença entre poliamor e relação livre. A seguir a resposta, que também consta do livro que publicaram, *Relações livres: uma introdução*. Relações livres são diferentes de poliamorosas especialmente em dois pontos. Primeiro, no sentido da autonomia pessoal. No poliamor, essa autonomia pode ocorrer ou não. E, quando ocorre, pode ser parcial ou total. Já na relação livre, a plena autonomia sexual e afetiva é ponto de partida, pressuposto.

Outra diferença é que pessoas que vivem relações livres não predeterminam relações primárias e secundárias. Isso não significa que não haverá, em certo momento, relações mais e menos importantes, mas não há promessa de "você será a mais importante".

Por fim, há também a questão da identidade de grupo. Talvez alguém simpatize com o movimento Rli enquanto leva uma vida prática com elementos que se aproximam mais do poliamor. E há poliamoristas que vivem com tal autonomia sexual e afetiva que poderiam se dizer Rli, mas se sentem bem fazendo parte de grupos poliamorosos.

Busca amorosa por meio de aplicativos

Digamos que eu estava em um momento difícil. Tinha chegado de Belo Horizonte para morar com meu namorado paulista cheia daqueles sonhos românticos de seguir o coração... Claro que levei aquele pé na bunda e só depois eu percebi como fiquei cega para os sinais de fuga que ele estava me dando: "O problema é comigo, não estou pronto...". Meu mundo caiu...

Me virei como pude em Sampa, entrei em um MBA e fazia bicos como tradutora enquanto continuava me envolvendo com caras complicados. Minha autoestima estava no chão, abaixo de zero. Mas a gota d'água para me arriscar no Happn foi quando minha única amiga, salvadora dos meus fins de semana de solidão, me contou muito animadinha que estava namorando com um cara que ela conheceu na internet. Hã? Como assim? Se a Marta que é toda certinha entrou nessa, eu tinha que ver como era esse trem, uai! Naquela altura a fama dos aplicativos era péssima, ainda hoje não é das melhores, né?

Entrei por três meses no Happn, nada aconteceu, fechei e fui de férias para o Carnaval na Bahia, vivi algumas aventuras que melhoraram minha autoestima, mas nada do amor da minha vida chegar, e a casa dos 40 batendo à porta. Ai, ai, queria tanto ter filhos, família, casa cheia...

De volta à cidade de pedra, mais três meses no Happn e no Tinder, 400 matches/crushes e muita gente interessante dessa vez! Ou era eu que estava me sentindo mais interessante? Dez conversas significativas, algo para fazer nas noites frias em casa, três encontros ao vivo com caras legais, bons de papos, até que Pedro entrou na área...

Na primeira conversa, logo de cara eu avisei: "Sou exigente". Ele não se abalou e respondeu: "Merece". E emendou uma conversa loooonga que me encantou; em minutos minha armadura ruiu e eu me peguei emocionada. Desde a primeira conversa até engatarmos um namoro, tudo aconteceu muito rápido. Pedro é meu marido hoje e é definitivamente o homem da minha vida. Ele é uma pessoa rara – carinhoso, atencioso, bem-humorado e otimista. Sempre enxergou meu melhor lado e me coloca para cima mesmo quando eu faço o contrário.

Depois de conhecê-lo, tive alta da minha análise [risos]. Claro que temos nossos desentendimentos, mas Pedro cuida deles com atenção, ele adora uma boa DR, enquanto eu fujo delas. Cuida de mim, da nossa família e da nossa casa. Ainda me surpreende e mima para a relação não cair na rotina. Me acha maravilhosa mesmo eu sendo oito anos mais velha que ele. Tivemos um filho lindo quando eu estava com 41 anos. Hoje eu me considero uma mulher realizada, não porque tenho marido [risos], mas porque tenho uma relação madura e gostosa e uma família repleta de amor.

Eu gosto de contar a nossa história, pois ela foge dos estereótipos que a gente ouve por aí.

Minha carreira como jornalista em São Paulo decolou, e Pedro é meu maior incentivador. Estamos amadurecendo e crescendo a cada dia como casal e família. Enfim, posso me considerar uma Tinderella moderna, né?

Esse é o relato que Mariana, 43 anos, me fez no encontro que tivemos em São Paulo, onde vive com o marido, Pedro, e o filho, Guilherme.

Como era a busca amorosa

A forma como as pessoas se conhecem visando a uma relação amorosa tem história. No século XIX, o amor passou a ser uma possibilidade no casamento. O jovem via a moça na igreja e pedia permissão ao pai dela para visitá-la em casa. Os encontros eram na sala, com a família toda observando. No início do século XX, como vimos, o automóvel e o telefone permitiram uma grande mudança no amor: o encontro marcado. Nunca tinha havido nada parecido. Nas últimas décadas do século, os casais se conheciam nas baladas ou eram apresentados por amigos.

A era dos aplicativos

Atualmente, vivemos a era dos aplicativos: um sistema aberto com conexão permanente entre as pessoas e com total mobilidade, independentemente de tempo e espaço. O sistema GPS presente nos aplicativos de encontros permite localizar e encontrar pessoas que estejam próximas. A busca amorosa por meio de aplicativos para celular está ganhando cada vez mais espaço. Nos Estados Unidos, eles são responsáveis por 35% dos casamentos.

O uso dos aplicativos é simples. Entra-se neles pela Apple Store ou pelo Google, permitindo seu *login* na conta do Facebook. Os que estiverem no aplicativo e forem amigos de seus contatos na rede e do sexo e orientação sexual que você deseja serão imediatamente inscritos em sua lista. Diante dos perfis você escolherá o que lhe agrada. Após o seu clique, caso a outra pessoa também se interesse e também clique, aparecerá um aviso de "match" para os dois usuários, que poderão iniciar um contato.

A hiperexposição que a web trouxe para o mundo das relações amorosas transformou radicalmente os encontros iniciais. A conquista escondida, os olhares e recados disfarçados tornaram-se anacrônicos. Os sites e redes sociais informam todas as intimidades como se expostas numa vitrine virtual. Essa é a paisagem ideal para a dominação dos aplicativos que deixam claras todas as necessidades, interesses e combinações possíveis. A racionalidade toma a frente da cena e antes do primeiro encontro já se pode obter (por meio do Facebook ou Google), por exemplo, muitas informações sobre o outro. Logo se sabe do que o outro gosta ou não.

A busca amorosa de mulheres a partir dos 35 anos

Para entender melhor essa nova forma de conhecer alguém, conversei com Lígia Baruch de Figueiredo, doutora em Psicologia pela PUC-SP, autora do livro *Tinderellas: o amor na era digital.*[165]

Você defendeu uma tese de doutorado e publicou um livro sobre os aplicativos de busca amorosa. O que você pode nos contar de interessante?
Muitas coisas, Regina... Em primeiro lugar, descobri que os aplicativos são extremamente populares, a maior parte dos solteiros residentes nos grandes centros urbanos e portadores de um smartphone já entrou alguma vez em um desses aplicativos, mas os apps de busca amorosa ainda carregam um estigma enorme, mesmo para o público mais jovem, que os considera apenas uma brincadeira para "azaração".

Sim, muitas pessoas se referem a esses aplicativos como mecanismos que facilitam o encontro sexual. Mas não é só isso...
Pode ser isso também, mas não só. Eu propus nessa pesquisa que iniciei em 2012 a existência de três estilos de uso bem distintos entre si. O estilo curioso, o estilo recreativo e o estilo racional.

Você poderia explicar um pouco sobre esses diferentes estilos de uso?
É importante observar que eu pesquisei mulheres urbanas a partir dos 35 anos e as chamei carinhosamente de Tinderellas na minha tese, mas fiz também uma revisão das pesquisas internacionais sobre o assunto e posso dizer que há muito ainda a ser estudado sobre esse tema. Encontro via internet é uma realidade recente, os primeiros experimentos com o uso de computadores na função de cupido datam da década de 1960 nos meios universitários norte-americanos, mas, somente na década de 1990, com a popularização dos computadores domésticos e a chegada da internet no Brasil, tornaram-se conhecidos por aqui. A linha do tempo do cupido na rede é chats-sites-apps. Hoje, os aplicativos com sistema de geolocalização (GPS), a exemplo do Tinder e do Happn, dominam o mercado amoroso e desbancaram os sites, seus antecessores, pela praticidade de uso.

Interessante... mas voltando aos estilos...
O assunto vai longe... mas vamos aos estilos. O estilo **curioso** é exploratório, por isso mesmo é o estilo inicial escolhido por muitas mulheres. Quando nesse estilo elas não fixam objetivos claros, sabem principalmente do que não gostam e o que não querem numa parceria.

Experimentam muitos aplicativos, conversam com muitas pessoas diferentes, mas falam pouco de si. Podem ser mais ativas, no sentido de "puxar conversas", ou mais passivas, numa preferência maior pela observação, sem iniciativas de contato. O estilo **curioso** funciona como uma boa estratégia de preservação da intimidade, quando ainda se está na dúvida sobre o uso do aplicativo.

Nesse estilo **curioso** há maior recuo na autoapresentação e autorrevelação, que faz muito sentido quando a pessoa encontra-se numa postura mais esquiva, como no final de um relacionamento difícil, por exemplo. Quando há o receio de sofrer de novo, pode-se ficar muito tempo só no estilo de uso **curioso**, como sinalizado por uma Tinderella entrevistada na pesquisa. Ela dizia assim: "[...] se chegasse alguém perto de mim que falasse alguma coisa de que eu não gostasse, eu não queria nem ouvir o resto".

No entanto, quando essas Tinderellas recebiam feedbacks positivos de suas fotos, algumas delas se abriam para novas experiências e em todos os casos se encontraram presencialmente com pessoas que conheceram via aplicativos. Esses encontros presenciais resultaram, por sua vez, em boas conversas, amizades, namoros, até noivados... Tanto que fui convidada para o casamento de uma dessas Tinderellas.

Então, eles funcionam... Mas, Lígia, qual é a sua opinião sobre essa questão que está tão em voga a respeito dos relacionamentos líquidos, e de como a internet favorece essa fragilização dos vínculos amorosos? Qual o papel desses aplicativos nisso?

Essas ideias do sociólogo Zygmunt Bauman ficaram muito populares, mas, a meu ver, trazem uma visão antiquada dos relacionamentos, trazem uma nostalgia dos tempos antigos, como se antes fosse melhor. Não vejo dessa forma... Para as mulheres heterossexuais e para o público LGBTT de forma geral, os avanços são enormes. Hoje, muitas mulheres podem sair de casamentos abusivos, divorciar-se e encontrar companhia em qualquer idade e de acordo com seus critérios de seleção. Outras tantas podem ter um cardápio de opções, vivenciando isso sem depender de seu grupo social para apresentações... Uma vasta experiência relacional e sexual, do mesmo tamanho que antes, só era permitida aos homens. Para o público LGBTT nunca foi tão fácil encontrar parceria.

Sim, hoje há muito mais liberdade de escolha...

Liberdade e satisfação. Muitas vezes se confunde duração com satisfação. Hoje, graças à cultura do divórcio, valoriza-se mais a satisfação do que a duração das relações. Eu acho essa mudança muito positiva. Claro que escutei muitas histórias de decepções amorosas também, mas me parece que, via aplicativos, a velocidade com que tudo acontece, e a possibilidade sempre presente de iniciar um novo contato, faz com que tudo passe com menos dor e menos drama. Por que sentir saudade do tempo em que se morria de amor, não é mesmo?

É exatamente o que penso... [risos]

Por outro lado, na maioria dos casos que resultam em um relacionamento sério, as pessoas ainda evitam revelar como se deu o primeiro contato, muito ainda pelo preconceito em relação aos encontros iniciados on-line, mas, depois que se inicia, a relação segue de modo parecido com qualquer outro relacionamento iniciado off-line.

E os outros estilos que você citou no início?

Eu falei do estilo **curioso**, agora vou falar do segundo estilo, que tem muito a ver com essa revolução na intimidade de que estamos falando. O segundo estilo identificado, o **recreativo**, alude à imagem de jogar, brincar, mais próxima à ideia de leveza e diversão. Conhecer pessoas para se divertir, viver emoções e novidades é a tônica desse estilo de uso.

No estilo **recreativo**, a Tinderella já dominou o funcionamento do aplicativo e não sente medo de encontros. Está com a vida preenchida de amizades, de trabalho ou de viagens, por isso não aparenta ansiedade na busca amorosa. Esse estilo de uso está mais de acordo com o padrão "culturalmente" caracterizado como masculino, pois a vivência de encontros puramente sexuais é admitida juntamente com encontros para fins de namoro e amizade, tudo depende do momento de vida e da vontade na "hora".

No estilo **recreativo**, há chances de maior empoderamento feminino, por meio do agenciamento do próprio desejo, e também de maior autoconhecimento por meio de um padrão sexual "maximalista": com muitos encontros e muitas experiências.

Há também maior presença de conversas com pessoas de diferentes idades e níveis socioeconômicos. Esse estilo de uso **recreativo** possibilita uma ampliação da rede de contatos. Uma Tinderella recreativa me disse assim: "[...] entrei porque era um catálogo, era divertido, e eu saí com vários caras na sequência, foram dois meses que eu saía quase toda semana com um diferente".

Mas essa postura exige certa dose de ousadia, não é?

Exatamente, Regina. As Tinderellas **recreativas** são as mais ousadas e revolucionárias e elas costumam tirar melhor proveito dos aplicativos. Quando suficientemente seguras, Tinderellas **recreativas** conseguem revelar-se paulatinamente, aprofundando o contato somente à medida que o outro dá sinais claros de estar fazendo o mesmo. Os relacionamentos geralmente fluem, pois têm menos ansiedade quanto ao abandono, já que o que desejam é, principalmente, diversão.

Nessa minha pesquisa, levantei a hipótese de que o estilo **recreativo** exige certa dose de segurança pessoal para ser adotado com resultados positivos para a autoestima da Tinderella. Enquanto as mais autoconfiantes sentem-se poderosas e exercem seus direitos à liberdade de escolha, as menos confiantes apresentam dilemas de gênero. Por exemplo, uma delas me disse: "Por que raios na semana passada eu fui sair com um cara de 26 anos?! [Risos.] Gente, eu tenho 36 anos, um cara de 26 que nem se formou ainda, pelo amor de Deus!".

Fale mais sobre essa questão do dilema nas mulheres.

O dilema surge quando a presença de comportamentos mais sexualmente ativos esbarra na crença tradicional de que "isso não leva a lugar nenhum", trazendo atrelado o medo de que esse comportamento interfira em seu propósito de encontrar uma relação para compromisso.

O dilema prazer *versus* propósito mostra como ainda vivemos numa sociedade tradicionalista. O comportamento de algumas mulheres já mudou, mas o sentimento em relação ao comportamento ainda não. As Tinderellas menos confiantes sentem-se fracas e fáceis quando exercem seus direitos à experimentação, pois ainda são reféns dessas normas antiquadas.

Então, você acredita, Lígia, que os aplicativos são espaços para as mulheres contemporâneas mais ousadas?

Por incrível que pareça, não. Nos aplicativos encontra-se de tudo, não dá para criar estereótipos. Por exemplo, o terceiro e último estilo encontrado, o **racional**, é bem tradicional. Nele, a Tinderella tem um objetivo claro: encontrar um bom namorado com o intuito de casar e formar família. O aspecto que mais chama a atenção nesse estilo é a presença de uma racionalidade que se assemelha muito a de uma entrevista profissional, mesclada ao antigo ideal romântico.

A utilização de palavras dos meios corporativos confirma essa impressão. Uma delas falava assim: "Pelo Tinder e pelo WhatsApp a gente tinha conversado por três horas, e eu tinha sido aprovada, passei para a próxima fase, entrevista presencial, exatamente igual...". Percebe o tipo de linguagem quase empresarial, corporativa?

Quer dizer que a Tinderella racional é a mais romântica e tradicional?
Exatamente! No estilo **racional**, que é também o mais romântico, a conexão de almas típica do ideário romântico surge em versão mais assertiva e tecnológica, e a ordem de gênero é sustentada justamente por essas crenças românticas. Eu costumo dizer: "O cupido sabe muito bem onde deve mirar sua flecha". [Risos.] Com isso a crença popular que diz que "o amor é cego à razão" cai por terra. Eu acredito que pessoas mais ansiosas, ou em momentos de vida específicos, como mulheres acima dos 35 anos que desejam ter filhos, tendem a preferir o estilo **racional**, pois esse vai direto ao ponto.

Mas essas mulheres tinham consciência de que estilo elas estavam usando ao utilizar os aplicativos?
Não, não tinham essa percepção. Eu identifiquei esses estilos nelas, lembrando que muitas migravam de estilo a depender do momento de vida em que estavam. Por exemplo, quando em férias em outro estado, claro que o foco maior era encontrar diversão, então o estilo era o **recreativo**.

Sim, sem dúvida, facilita muito as coisas! E elas ainda têm o controle nas mãos, podem pesquisar sobre os candidatos antes de sair...
Isso mesmo, Regina. Observei a crença na tecnologia e na racionalidade para uma melhor seleção de parceiro. "Informação é poder", e o Facebook e o Google funcionam como recursos de checagem de informação.

A partir desses procedimentos de confirmação de dados acontece o processo de eliminação ou de continuidade do contato com os possíveis candidatos. Essa segurança é muito importante para as mulheres nestes tempos de atenção à cultura do estupro. Hoje, todos nós podemos ser detetives e usar a tecnologia a nosso favor. Aquela ideia "dos perigos da rede", muito divulgada pela mídia na década de 1990, precisa ser atualizada.

Precisamos mesmo arejar esses conceitos ou preconceitos. E o que mais você encontrou de mudança nas relações contemporâneas?

Além dos três estilos de uso identificados – **curioso**, **recreativo** e **racional** –, também observei algumas mudanças trazidas pelos aplicativos às relações românticas contemporâneas. Entre elas está a maior exposição, quantidade e velocidade dos encontros.

A partir da pesquisa, pude concluir que os aplicativos trazem um aspecto mais amplificador do que transformador às relações amorosas. O ideário romântico continua presente com algumas atualizações, entre elas ressalta-se a presença da "cultura terapêutica", observada por meio da crença do conhecer-se para desenvolver-se, do priorizar-se, de um linguajar terapêutico e da ideia menos romântica de relacionamento como negociação, investimento e construção.

Você acredita que os aplicativos refletem os comportamentos tipificados de gênero da nossa sociedade ou facilitam a emergência de comportamentos femininos mais revolucionários?

Os aplicativos de busca amorosa de maneira geral refletem os comportamentos tipificados de gênero da nossa sociedade, MAS também facilitam a emergência de comportamentos sexuais femininos mais ativos e revolucionários, principalmente no estilo de uso **recreativo**.

Eu acredito que os aplicativos são meios que podem facilitar o agenciamento do próprio desejo por parte de algumas mulheres, pois buscar uma parceria, mesmo sem a certeza do encontro, pode favorecer a sensação de controle sobre a própria vida amorosa e sexual. A sensação de controle e agenciamento da própria vida amorosa pode minimizar o risco de possíveis frustrações.

Acredito também que essa cultura contemporânea moldada pelas mídias digitais, mais individualista, racionalista e voltada para o prazer, impacta as buscas amorosas e sexuais, principalmente de homossexuais e mulheres heterossexuais, pois passam a preponderar critérios de escolha mais pessoais que dependem menos do entorno social para acontecer.

Então, antes vistos como perigosos, os aplicativos agora podem ser considerados como uma "nova balada de encontro"?
Exatamente! Uma "balada" mais prática e segura do que as festas convencionais, uma balada na qual as primeiras interações acontecem sem a presença de bebidas alcoólicas, no conforto de casa ou em qualquer outro lugar em que se esteja, e ainda com a possibilidade de checar informações via Facebook antes de dar prosseguimento à interação face a face.

Muito interessante! E como você gostaria de concluir a nossa entrevista?
Gostaria de concluir dizendo que este é um momento histórico no qual tecnologia, amor e sexo, questões de gênero e consumo se misturam, trazendo novas maneiras de se relacionar. E é justamente a busca, e não necessariamente o encontro, o aspecto mais inovador trazido pelos aplicativos de encontros à vida das Tinderellas contemporâneas. A meu ver, elas são verdadeiras heroínas da nossa história romântica hipermoderna!

Aplicativos gays

Este é o relato de Gustavo, 35 anos, jornalista:

É a coisa mais comum. Chego do trabalho e, se estou com tesão, ligo o aplicativo. Se estou querendo algo mais imediato, o Grindr é a escolha da noite. Dou aquela olhada geral. Vejo uma sequência de torsos, abdomes, rostos quase nunca. Sob cada foto de perfil, uma descrição. As palavras mais usadas: dotado, sarado, macho, ativão, "fora do meio" (meio gay, no caso).

Enquanto preparo o jantar, tomo banho, troco de roupa, vou conversando com esses perfis. O objetivo de todo mundo ali no aplicativo é bem claro. "Real" é a palavra mais usada. "Real" é o termo para sexo imediato e sem compromisso. O aplicativo é inteligente, usa a tecnologia de geolocalização, ou seja, você sabe a quantos metros/quilômetros de distância o seu possível "parceiro" está. Não difere muito dos aplicativos para pedir comida em casa. O cardápio é variado com direito à entrega do produto em casa.

A conversa é bem direta: "O que curte? Passivo ou ativo?"; "A fim de real agora?"; "Mora onde?"; "Manda foto"; "Manda mais foto?"; "Tem local?" (em outras palavras, pode receber em casa?); "Bora?". Fiz até uma transcrição mais completa do que realmente acontece. Na prática, o diálogo é todo abreviado. Só quem usa vai entender. Mas nada que alguns minutos no aplicativo para entender o dialeto usado ali não resolvam. Ah, detalhe: não necessariamente se pergunta o nome ou se troca número de telefone.

Fechado o acordo, um se descola até a casa do outro. O objetivo é claro: sexo. E sem surpresas. Tudo que você gosta e que você está disposto a fazer já foi debatido no aplicativo. Sempre existe aquela tensão antes de a porta de casa abrir. Afinal, aquelas fotos trocadas pelo aplicativo podem não ser tão fidedignas ou recentes. Um homem entende o que provoca o desejo de outro homem, por isso sabe selecionar bem as fotos.

O momento de a porta abrir é a hora em que se confrontam expectativa e realidade. Equação resolvida em frações de segundo. Aquele sarado pode não estar mais tão sarado. Aquele 1,80 metro pode ser um 1,75 bem esticado. O machão das fotos pode denunciar uma delicadeza indisfarçável. Mas esse é o risco. Nada no acordo fechado no mundo virtual impede de uma das partes dizer sem rodeios: "Não vai rolar". Já fiz isso e já fizeram comigo. C'est la vie.

O que vem depois desse primeiro contato olho a olho varia. Pode ser algo imediato. Beijo, abraço e sexo em todas as suas modalidades possíveis. Mas pode ser só caminho aberto para um papo que, geralmente, termina com pelo menos uma troca de carícias. Na maioria das vezes, fica mesmo nesse primeiro encontro. Afinal, consciente do meu corpo e dos meus gostos, não estou mais disposto a perder meu tempo escasso e precioso com alguém que ofereça sexo de qualidade mediana. Quero de bom para ótimo. Se não for assim, quero seguir na busca pelo prazer.

É tudo, portanto, uma maravilha? A resposta é um sonoro não. Percebo que a facilidade com que se conseguem encontros pelo aplicativo deixou as pessoas muito exigentes, pouquíssimo tolerantes a defeitos. Se o cara cresceu uma barriguinha, se ele não respondeu às suas mensagens, se ele foi viajar uma semana, se ficou resfriado... qualquer coisa é motivo para pular para o próximo. Afinal, o aplicativo funciona 24 horas por dia, e sempre vai ter alguém ali aparentemente melhor que o anterior. Ouço muitas reclamações de amigos. Afinal, tá todo mundo nessa lógica do aplicativo. E não só de gays no Brasil. É um descontentamento mundial. "Ninguém quer namorar!" é a frase mais comum. Em São Paulo, a desculpa é que as pessoas são voltadas para o trabalho. No Rio, a culpa é da cultura superficial praiana. Em Nova York, é porque é uma cidade em que ninguém se fixa por muito tempo. O mesmo álibi serve para grandes cidades cosmopolitas.

Eu já racionalizei essa situação. Concluí que todos querem namorar, mas não aceitam qualquer um. Querem alguém que se encaixe exatamente no modelo desejado e que corresponda aos anseios. Pra que preciso tolerar uma característica alheia que me desagrada? Para mim, os aplicativos de sexo mudaram o jeito de se relacionar. Surgiram outras nomenclaturas. Antes, existia basicamente ficante, peguete, namorado. Agora, está mais complexo. Nem vou tentar descrever. Vai desde "aquele cara que me chupou rapidinho lá em casa" ao casamento.

O Grindr é usado pelos gays em larga escala desde pelo menos 2010. De lá pra cá, a relação das pessoas com o aplicativo mudou. Naqueles já longínquos anos, a coisa era mais superficial mesmo. Muitas vezes, nem se perguntava o nome. Nem conversa existia. Era só sexo mesmo. Uma coisa meio de submundo. Eram só "caras do aplicativo". Você não teria "esses caras" em suas redes sociais. Existia uma hierarquia entre os "caras".

No topo da lista, caras que você conheceu através de amigos, no trabalho ou em algum ambiente real. Aquele que você conheceu na balada também tinha mais mérito do que o "cara do aplicativo". Hoje, acho que isso acabou. Eu, por exemplo, tenho um caso de mais de dois anos (com direito a muito sexo, intimidade, orgias e carinho) com um cara que conheci no aplicativo, mas que tenho a impressão que nunca vai virar namoro. Na lógica antiga, eu diria que nunca vai virar nada sério. Mas hoje vejo como uma relação séria, só que não chega a configurar namoro. Eu sei exatamente o que sinto, mas teria dificuldade de rotular se alguém me perguntasse.

O tempo passou, acho que as pessoas amadureceram. Hoje, pelo menos pra mim, o aplicativo virou mais uma rede social – claro que voltada mais para sexo. Mas eu me recuso a encontrar alguém que não me envie o número do telefone e não me mostre uma de suas redes sociais "clássicas" (Facebook ou Instagram). Quero ter a certeza de que estou falando com uma pessoa real e que as fotos correspondem à realidade.

Houve aí um avanço interessante. Da periferia, o aplicativo de sexo está cada vez mais perto do mainstream. *Afinal, vamos pensar. O aplicativo é baseado em geolocalização, ou seja, apresenta pessoas que estão ao seu redor. Em outras palavras, estão ali seus vizinhos – pessoas que compartilham o mesmo mercado, a mesma academia, os mesmos espaços públicos, provavelmente tem um nível cultural e econômico semelhantes ao seu. Por que então fazer essa diferenciação entre "caras do aplicativos" e o resto da humanidade?*

O legal é que o uso do aplicativo está tão banalizado que você pode chegar a abrir para "ver o que está rolando", sem necessariamente querer nada para aquele momento. Quando alguém abre o perfil no Facebook existe um intuito maior? Ou é só um item na rotina? Muitas vezes, no Grindr também é assim. Virou uma rede social. Então, a pessoa com quem você teve um sexo sem compromisso pode acabar entrando no seu círculo de conhecidos/amigos e você nem mais lembra como conheceu. O importante é que você conhece e ponto-final.

Fica cada vez mais claro que o aplicativo não tem culpa pelo que os mais conservadores chamariam de "promiscuidade" e os mais escrachados tachariam de "putaria". A tecnologia só permite a realização de vontades que sempre existiram na cabeça dos homens. Acabou a necessidade de um lugar de encontro: uma balada, um banheiro, uma sauna. Do conforto do lar, você exerce a sua vida afetivo-sexual. O aplicativo implodiu a represa que retinha os desejos. Agora, a corredeira está incontrolável. E hoje se tem a facilidade de fragmentar as relações. Você está a fim de fazer uma loucura, realizar a sua fantasia mais secreta, pode encontrar alguém só pra isso. Pode ter um ficante fixo com quem você até compartilha parte da sua vida pessoal. Ou alguém para dar uma aliviada. Alguém para dormir abraçadinho. Pode até ter um cara que você chama só quando está a fim de fazer uma suruba.

Ah, a suruba. Eu esqueci dela. Nesse aplicativo lotado de homens com tesão seria ingênuo pensar que os usuários só querem um único parceiro por vez. Dá para montar facilmente uma "festinha" (ninguém usa a palavra suruba ou orgia). E todo mundo já chega para a "festinha" sabendo o que esperar, quem gosta do quê, e quais os limites do sexo grupal. Há quem queira festa com drogas, apelos fetichistas, mas pode querer também só juntar três ou quatro homens e fazer uma grande brincadeira adulta.

Eu, por exemplo, já tive um namoro iniciado após um desses encontros meramente sexuais. Mas, naquela época, era meio tabu. Jamais contamos para os amigos como tínhamos nos conhecido. Isso mudou. Hoje, não é vergonha nenhuma dizer que conheceu namorado lá. O aplicativo virou um catalisador, um meio para unir homens que querem a mesma coisa. A rotina que descrevi de sexo delivery via celular não difere da dos meus amigos. Está todo mundo nessa. É a realidade. O novo pretinho básico.

Encontros gays em viagens

Este é o relato de Bruno, 28 anos, arquiteto:

Sempre adorei viajar, descobrir novas realidades, ter novas sensações, experimentar novos sabores e provar novas pessoas. Como viajo muito, já fiz a maioria dos roteiros mais batidos. Resultado: dificilmente encontro companhia para ir comigo aos destinos menos usuais que tanto gosto de fazer. Sem muitos problemas, sou independente, gosto de sair do meu cotidiano e mergulhar em novos ambientes. Viajar sozinho sempre, mas ficar sozinho nunca.

Quando estou de férias, não costumo ir para balada. Então, como fazer para conhecer pessoas? A resposta: Tinder. É o jeito de conciliar tudo. Faço turismo, conheço museus, monumentos, palácios e – depois – conheço as pessoas locais. Tenho uma visão da cidade que nenhum guia vai me dar. Sou gay e, através dos "matches" do Tinder, conheço sempre a realidade dos gays da cidade onde estou. No aplicativo, a escolha é basicamente pela foto da pessoa. Quando há um match, já se sabe que há ali uma sintonia (nem que seja meramente estética). Olha que maravilha o que a tecnologia promove. Você chega à cidade e tem um guia que você acha atraente e ainda tem a chance de rolar algo mais! Você conhece o lugar ao lado de alguém legal. Claro, porque antes de encontrar você vai conversar bastante.

É superdivertido e prático. Durante o dia, você faz os programas de turista, enquanto seu "amigo" trabalha, estuda. Fim de tarde chega e você encontra a pessoa. Você pode até estar cansado de fazer turismo. Mas, com o "guia local", a cidade ganha novas cores, uma nova perspectiva. Geralmente, faço algo mais tranquilo: um passeio a pé, um jantar, um drinque... tudo acompanhado de histórias, depoimentos e vivências de uma pessoa que mora naquela mesma cidade que conheci de dia. É uma experiência muito enriquecedora. Ah, geralmente tem uns beijos e um sexo no fim da noite. Quer coisa melhor?

Já perdi as contas. Estou solteiro há três anos, já fiz pelo menos seis viagens para o exterior. Em todas, todas, conheci alguém local e legal via Tinder, e com a maioria deles mantenho contato até hoje. Acabei ficando e fazendo sexo com todos, mas foi algo além, mais do que uma foda internacional. O fato de ser brasileiro é um diferencial, um atrativo inicial. Mas, depois que os caras percebem que sou além de "um brasileiro", a coisa flui para outro caminho. Posso oferecer o que "um brasileiro" oferece, mas tenho uma bagagem cultural básica capaz de me tornar uma pessoa minimamente atraente e amigável com quem se possa passar dois, três, quatro, cinco dias. Em viagens, a gente não tem medo de se expor. Se gostou do "novo amigo", você fala na cara. Diz que está apaixonado, que namoraria, que o sexo é incrível. No Rio, onde moro, sou muito mais contido. Se gostei da pessoa, vou sentir o terreno, tento perceber se há reciprocidade. Do contrário, não abro meu coração.

O aplicativo se tornou um instrumento fundamental em qualquer viagem. É um novo jeito de explorar o mundo. Comprar um chip de celular local é uma das prioridades quando se chega. Um explorador do mundo no século XXI precisa, portanto, de: passaporte, cartão de crédito, cuecas limpas, um bom livro, camisinha e um celular conectado à internet. Kit à mão, portas em automático e vambora ser feliz.

Os principais aplicativos gays

A chegada dos aplicativos para encontros com sistema de geolocalização foi uma descoberta do mundo gay. Havia uma necessidade de facilitar os encontros casuais com discrição em um mundo cada vez mais complexo e veloz e ainda carregado de preconceitos. Em 2009, Joel Simkhai, um israelense, criou o Grindr, primeiro aplicativo de sucesso entre o público gay. Hoje, existe uma variedade de aplicativos direcionados a gays, bissexuais e simpatizantes e também ao público heterossexual que aderiu com entusiasmo à descoberta.

Entre os apps gays mais procurados estão o Grindr e o Scruff. São úteis para sexo rápido, mas também para amizade, namoro ou casamento. O Grindr atualmente está em 192 países, totalizando 5 milhões de usuários móveis. Todos os dias, 10 mil pessoas criam perfis no site. O Brasil possui 157 mil usuários do Grindr. São Paulo e Rio de Janeiro são as cidades que mais usam o aplicativo no país.

Em entrevista à revista brasileira *G Magazine*, Joel explicou que "a palavra Grindr significa "moedor". Cada sujeito pode moer e se deixar moer no mercado dos desejos como quiser, como acontece com os vários grãos de café. Cada um pode misturar os grãos e obter o café que quiser. Só que, no lugar de café, as pessoas se tornam moedoras de afetos, de amor e sexo".[166]

Outra experiência interessante em aplicativos que deu certo foi criada por Johnny Skandros Scruff, que assumiu o seu sobrenome. Inicialmente, ele se identificou com os chamados "ursos", os gordinhos e peludos, mas evoluiu formatando um usuário que é o "rapaz Scruff", que pode ser urso, militar, jogador, bombeiro, estudante; um rapaz do tipo "eu, você, qualquer um de nós".

O Scruff, diferentemente do Grindr, possibilita que o usuário realize um check-in em alguma localização através do Facebook ou Twitter. O Scruff trabalha com a imagem do gay de sucesso, exposto na vitrine virtual para um relacionamento rápido, fugaz, mas intenso. O usuário expõe seus atributos, buscando seduzir e conquistar aquele que visualiza.

Uma postura sexual superlativa é observada em sites e apps dedicados ao público homossexual masculino como o Grindr, Scruff e outros. Nos perfis desses sites e apps são exibidos corpos aos pedaços: abdomes, peitorais, braços, glúteos e pênis. Os corpos não são expostos em sua integralidade. Em geral, as faces são dissimuladas, quando não simplesmente recortadas. Isso acontece provavelmente em função de uma complexa rede de relações entre o "armário" e a sociabilidade contemporânea.

Em diversos perfis, as características "discreto", "postura de homem", "másculo" aparecem como ideais de busca que sugerem um desejo que permanece do lado de dentro do armário. Tal exagero das características masculinas, seja nas fotos de músculos e pênis, seja na busca pelas posturas másculas, indica quais são os aspectos que valorizam os homens gays no mercado amoroso/sexual. Ao manter o rosto dentro do armário, sua identidade fica resguardada, evitando-se os constrangimentos de assumir-se gay para familiares e para colegas de trabalho.

Essa lógica de exibir-se corporalmente sem se revelar mostra um processo de adequação à norma heterossexual, muito mais valorizada socialmente e aceita do que uma postura afeminada. Como se a sociedade sussurrasse: "Seja o que quiser, mas não na minha frente". Ser homem tem seus privilégios, e os gays sabem disso. Assumir-se gay em uma sociedade ainda tradicional como a brasileira exige muita coragem.

No artigo "Grindr e Scruff: amor e sexo na cibercultura" são analisados os usos de Grindr e Scruff.[167] A análise é feita por meio dos conceitos de *visibilidade, espetacularização do eu* e *hiperconsumo* em torno da cultura digital, na qual é valorizada a superexposição dos corpos em busca de prazeres imediatos e voláteis. O artigo conclui que os usuários desses aplicativos têm em comum a busca constante de parceiros, a ânsia por experiências afetivas e sexuais e o fato de encontrarem, no mero ato de exibir-se on-line, uma sensação de excitação que muitas vezes basta por si mesma.

Apelo romântico

Outra observação curiosa foi a presença de um apelo romântico que parece deslocado em um local onde o sexo casual impera. Esse paradoxo faz sentido, e certo romantismo é justificado, segundo os autores, porque as mitologias do coração não foram esgotadas pelo sexo. A fantasia amorosa – "encontrar o homem da sua vida" – pode estar presente, mesmo que sirva, apenas, como discurso para vender um produto. O ideal romântico habita o imaginário coletivo, e é possível alcançá-lo até mesmo numa relação que se inicia pelo sexo fácil.

Nova ética sexual

Há uma nova ética sexual emergente, mais lúdica e recreativa e que pode ser compreendida como a forma pela qual as relações sexuais e o erotismo ganharam um espaço central na vida das pessoas, sem necessariamente resultarem em compromisso. O mundo gay muito contribuiu para essa flexibilização da cena erótica.

Está em andamento uma ampliação da cultura do *dating* (escolha-namoro-sexo) que hoje inclui a possibilidade do *hook up*. A definição de *hooking up*, segundo o sociólogo americano Michael Kimmel, é deliberadamente vaga, pois pode significar uma série de tipos de encontros sem compromissos, com ou sem sexo, mas que geralmente ocorre uma única vez, entre pessoas estranhas ou conhecidas. O termo deixa de fora os "amigos coloridos" e os conhecidos que se encontram apenas para sexo, porém com frequência maior do que uma ou duas vezes.

O *hook up* favorece a ampliação de repertório sexual para as pessoas que desse modo podem experimentar uma variedade de combinações possíveis entre amor e sexo. Na cultura do *hook up* há predomínio do sexo sem vínculo, que pode levar a um relacionamento estável ou não, mas que enfatiza a vivência de uma sexualidade mais intensa, prazerosa e desvinculada de compromissos.

A sociedade contemporânea moldada pelas mídias digitais flexibiliza os modelos de relacionamento para além da heterossexualidade reprodutiva tradicional. Para os gays, o fato de não ter um parceiro fixo sempre facilitou a *heterossexualidade presumida* e respondia à necessidade de ser discreto em meios como o trabalho e a família. Nesse cenário, a cultura do *hook up* tornou-se um caminho viável. Hoje, já existem provas suficientes de que a cultura do *hook up* é praticada muito além das sexualidades homoeróticas. Essa nova prática erótica emerge em meio a transformações econômicas, tecnológicas, sociais e comunicacionais e são amplamente facilitadas pelos sites e aplicativos de busca de parceiros, aponta Kimmel.[168]

Essa nova realidade traz mudanças significativas nas buscas amorosas e sexuais, em especial para homossexuais e mulheres heterossexuais, pois passam a preponderar critérios de escolha mais racionais e pessoais e que dependem menos do aval social para acontecerem.[169]

Sem dúvida, as transformações sociais e tecnológicas vividas na contemporaneidade vêm impactando as relações de intimidade. Não podemos deixar de enfatizar que essas transições no campo da sexualidade e do erotismo aconteceram em decorrência de múltiplos fatores, dentre eles estão as lutas feministas e o crescimento do movimento LGBTT. Atualmente, as bandeiras feminista e gay são empunhadas por cada vez mais pessoas que pensam "fora da caixa" e que acreditam em um mundo com mais inclusão, mais diversidade e menos preconceito.

Amor depois dos 70

Tenho 73 anos e meu marido, 76. Estamos casados há 51 anos, nos damos bem e sempre tivemos uma vida tranquila. Talvez tranquila até demais, percebo hoje. Ano passado, reencontrei um vizinho e amigo de adolescência que não via desde jovem. Ele tem a minha idade. Combinamos de tomar um café para pôr a conversa em dia. Não sentimos a hora passar. Quando olhei o relógio, vi que já estávamos ali, na cafeteria, havia quatro horas! Entre outras coisas, soube que ele ainda está no primeiro casamento, tem quatro filhos e cinco netos. Depois desse encontro, um tsunami aconteceu em nossas vidas. Estamos apaixonados! Eu já tinha me esquecido de como sexo é bom! Tenho passado as tardes com ele, pelo menos duas vezes por semana. É claro que meu marido nem a mulher dele sabem, mas não me sinto nem um pouco culpada. Não sei quanto tempo temos de vida, mas acho que eu e meu marido não estamos mais na idade de discutir a relação [risos].

* * *

Pascal Bruckner acredita que "a vontade de envelhecer a dois não é menos legítima do que a de arder nos espasmos dos sentidos e nas convulsões do coração. Podemos querer a liberdade e o casulo, gozar do calor do lar e da vertigem de pequenos interlúdios; podemos, enfim, temer a solidão mais do que o tédio e tentar, de um jeito ou de outro, permanecer no casamento".[70]

Muitas pessoas que eram jovens e se casaram antes da liberação dos anos 1960 carregaram pela vida uma moral sexual rígida e repressora. Foram criadas com uma visão do sexo bem diferente da que se tem hoje, e havia pouco espaço para o prazer. Naquela época, o homem, quando arranjava trabalho, procurava uma "boa moça" para se casar. Só seria escolhida a que se esforçasse para corresponder às expectativas dele e, principalmente, deixasse claro que desejo sexual não fazia parte da sua vida. Ela deveria cuidar da casa e dos filhos, cumprir seu dever conjugal, mesmo sem desejo algum, para agradar e servir ao marido.

O sexo era feito no escuro, às vezes debaixo das cobertas, e era comum as mulheres nunca permitirem que seus maridos as vissem nuas. E, sendo assim, o orgasmo feminino nem era cogitado. O homem, por sua vez, tinha obrigação de sustentar e proteger a família. Mas, do ponto de vista sexual, era desastroso o desempenho da maioria. Casavam sem experiência alguma ou, no máximo, com uma ou outra relação anterior com prostitutas como bagagem. Acrescentam-se a isso a total desinformação da época e também a dificuldade em conciliar sexo, considerado impuro, com a pureza que eles esperavam da futura mãe de seus filhos.

Entretanto, quem está com mais de 70 anos e conseguiu se livrar dos antigos preconceitos, passando a aceitar o sexo como importante e natural, esbarra agora em outro obstáculo. É a crença tão difundida socialmente de que na velhice as pessoas são assexuadas, como se sexo e juventude fossem sinônimos. Assim, o homem estaria condenado à impotência e a mulher, depois da menopausa, não se interessaria mais pelo assunto. Mas nada disso é verdade. Apesar de toda a transformação fisiológica que ocorre com o envelhecimento, não existe limite para o exercício da sexualidade, e, sem dúvida, homens e mulheres podem ter muito prazer sexual até o fim da vida.

Divórcio grisalho

Este é o relato de Rui, 45 anos, advogado:

Meu pai se separou da segunda esposa, com a qual se casou após a morte de mamãe, e veio morar comigo. Tive que aceitá-lo, claro. Mas é estranho... um homem de 74 anos se separando com o argumento de que deseja "curtir" novas facetas da vida. Deixou casa e pensão para a ex-mulher, mas ficou sem moradia e está na minha casa. No começo, me incomodou. Perguntei se ele não se achava velho para isso. Ele riu e se mostrou mais bem-disposto do que nunca. Acho que tenho muito o que aprender com ele.

Em alusão aos cabelos grisalhos, o divórcio depois dos 50 anos nos EUA é conhecido como *grey divorce*. Lá existe a Academia Americana de Advogados Matrimoniais (AAML), e eles fazem pesquisas sobre sua clientela. "Conseguir se divorciar após os 50 parece ser uma das novas tendências", diz o advogado Alton Abramowitz, responsável pela pesquisa. As novas condições de saúde e disposição suscitam mudanças na terceira idade, e um novo olhar sobre as relações parece natural. O detalhe interessante é que, em 25% dos casos de divórcio grisalho, a iniciativa partiu das mulheres.[171]

Hoje, a autorrealização das potencialidades individuais colocou a vida conjugal em novos termos. O aumento da longevidade, a crescente independência econômica das mulheres e a melhora da saúde, proporcionada por vários tipos de tratamento e medicações, como o Viagra para os homens e a terapia de reposição hormonal para as mulheres, foram decisivos. Observa-se a cultura da reformulação de vida. Muitos procuram terapias para se entender melhor, ioga, aulas de teatro e canto. Pessoas idosas sabem que podem ter muitos anos pela frente e não querem se acomodar.

Geralmente, são de classe média ou alta, com a vida feita, gozando de boa saúde, que resolvem aproveitar a existência ao máximo, descobrindo uma pós-adolescência desenfreada numa idade em que seus pais já estavam acomodados ou doentes e jamais pensariam em romper um casamento.

"O que pode ser mais bonito do que causar um curto-circuito nas sequências temporais clássicas e mostrar a língua ao destino, dando-se, pelo menos por alguns anos, um suplemento de êxtase, de sensações, de encontros? [...] Mas o juízo não vem mais com a idade: o demônio da meia-idade ataca até as vésperas da morte. E foi isso o que mudou: estamos menos saciados de prazer do que nunca, tudo é possível a qualquer momento", observa Bruckner.[172]

Reencontro

A brasileira Vera Valdez foi a modelo preferida da Chanel nos anos 1960. Entre os vários fotógrafos que a retrataram estava o francês Frank Horvat, um dos maiores do século XX. Eles se apaixonaram e viveram uma relação que só foi interrompida porque Vera precisou voltar ao Brasil para apoiar a família, perseguida pela ditadura militar. Décadas depois, em 2014, aos 78 anos, ela o reencontrou em Paris. Ele estava com 86. "A paixão bateu forte", resumiu ela.[173]

Após 72 anos juntas, mulheres se casam nos Estados Unidos

Duas adolescentes se conheceram em Yale, cidade do estado de Iowa, nos EUA. Vivian Boyack e Alice Dubes começaram uma relação e se mudaram para Davenport, onde Vivian dava aulas e Alice trabalhava como contadora. Viveram juntas os 72 anos seguintes, quando em 2009 foi legalizado o casamento homossexual em Iowa. "Nunca é tarde demais para um novo capítulo na vida", disse Alice. Vivian concordou e, finalmente, se casaram.[174]

Idosos criam "repúblicas" para viver entre amigos

Na Espanha há oito projetos construídos para se passar a última etapa da vida com pessoas queridas. Víctor Gómez e Cruz Roldán, dois amigos que se conheceram numa excursão antes dos 50 anos, imaginaram o futuro: por que não envelhecer juntos, eles e suas famílias? A ideia deu origem à Convivir, uma república autogerida na cidade espanhola de Cuenca. "Mas era mais do que isso, era um grupo de estilo de vida", relembra Roldán, hoje com 79 anos. Atualmente, são 87 sócios e o lema é "Dar vida à idade". "Mas não ficamos sentados o dia todo em uma cadeira entre desconhecidos", explicou um dos amigos. Compartilham tarefas, mantêm-se ativos, mas conservam sua independência.[175]

Só é possível viver com leveza quando sabemos que logo a vida vai acabar

Na pesquisa para este livro me deparei com um excelente artigo do psicanalista Contardo Calligaris, na *Folha de S.Paulo*, com o título acima. Selecionei dois trechos importantes para uma reflexão sobre a velhice.[176]

"Uma frase de Julian Ajuriaguerra (grande neuropsiquiatra e psicanalista) circulava como um provérbio, no hospital Sainte-Anne: '*On vieillit comme on a vécu*' (a gente envelhece como viveu) – ao envelhecermos, seremos nós mesmos, só que velhos. [...] Acho que deve ser possível envelhecer até ser idoso 'pegando leve'. Explico. Há um clichê que pergunta sempre como podemos viver sabendo que logo iremos morrer.

"A velhice avançada poderia ser o momento em que a gente descobre que talvez esse clichê possa e deva ser subvertido, com a sabedoria que a grande velhice traz: saber que vamos morrer não impede de viver – ao contrário, só é possível viver com leveza quando sabemos que logo a vida vai acabar. Essa é a sabedoria do idoso."

Fim do gênero

A explosão do termo "gênero" na segunda metade do século XX é uma revolução não só nos relacionamentos amorosos, como também na definição das categorias sexuais e no confronto ideológico homem *versus* mulher. Em 1955, o sexólogo norte-americano John Money passou a utilizar o termo "*gender*", que logo foi assumido pelas feministas. Constitui-se na semente da luta milenar pelos direitos das mulheres. "O sexo não necessariamente corresponde ao gênero. Está tudo aí. A distinção deve permitir a rejeição das normas impostas por uma sociedade em nome de uma "essência" e de uma "natureza", inclusive as normas que estabelecem uma diferença clara entre homens e mulheres", informa o premiado ensaísta argelino Jean-Claude Guillebaud.[177]

As portas se abrem para o movimento feminista

Além da importância como revolução na teoria e instrumento de militância, gênero se refere à forma como os seres humanos lidam com seus corpos e como esse modo de lidar altera os relacionamentos e os destinos comuns. A psicologia foi fundamental no princípio desse entendimento. Pesquisas determinaram que, ao contrário do que se acreditava, as capacidades mentais de homens e mulheres eram praticamente iguais. O próximo passo vem com os estudos de Adler, psicanalista austríaco, parceiro de Freud, que, em 1927, concluiu que as divisões de gênero na vida adulta não eram prefixadas no princípio da vida. As portas se abriram para o Movimento Feminista e logo depois para os demais esforços pela igualdade humana. A revolução sexual dos anos 1960 sem dúvida utiliza toda essa munição crítica em seu desenvolvimento.

O imperativo do desejo

A primeira questão que se levanta quando o assunto é gênero sempre é a sexualidade, o sexo em todas as suas variáveis. É interessante saber como os gregos, pais de nossa civilização ocidental, lidavam com isso. Tudo está centrado na palavra *dualidade*. Ela não existia para eles. O desejo imperava, como refletiu Foucault em 1985: "Para o seu modo de pensar, o que permitia desejar um homem ou uma mulher era o simples apetite que a natureza lhe havia despertado por seres humanos belos, fosse de que sexo fossem".[178]

A dimensão do prazer, que Foucault acentua como superior aos termos criados para designá-lo, é apenas uma, e talvez não a principal, mudança que a noção de gênero trouxe à história humana. "Examinadas pelos historiadores, as relações entre homens e mulheres socialmente determinadas, assim como as definições de masculino e feminino e as atribuições de papéis sexuais – enfim, tudo o que envolve a questão de gênero –, ganham uma nova dimensão. É como passar do microscópio ao telescópio."[179]

Heterossexualidade como norma – controle social

Esse "telescópio" deixou claro que a definição de heterossexualidade como uma norma, como algo natural, era (e é ainda) uma forma de controle social, político e cultural que busca encobrir e impor categorias. Uma das pensadoras mais determinantes do século XX e fundamental para a questão do feminismo, Simone de Beauvoir, esclarece: "Nenhum destino biológico, psíquico, econômico define a figura assumida pela fêmea humana no âmago da sociedade; é o conjunto da civilização que elabora esse produto intermediário entre o macho e o castrado que é qualificado de feminino".[180]

A questão de gênero só cresce como elemento para teorias e discussões filosóficas e jornalísticas em todo o mundo. Judith Butler, filósofa americana, jogou mais lenha na fogueira com uma obra na qual desconstrói os conceitos de sexualidade e identidade. A filósofa francesa Catherine Malabou, que mantém um debate sobre dominação com Butler, diz: "É impossível determinar de antemão como um corpo responderá às regras que o controlam".[181] Apesar da impossibilidade de determinar as respostas do corpo, o espectro do gênero ampliou-se bastante nas duas últimas décadas, e a lista que engloba as suas variáveis é vasta. Há bastante sutileza envolvendo as diferentes manifestações. Na verdade, qualquer informação que se dê sobre as nomenclaturas das variáveis da sexualidade estão sujeitas a alterações constantes. Todos sofrem opressão e lutam em busca de uma identidade pessoal e socialmente aceita.

Cisgênero x transgênero

Cisgênero é a pessoa que se identifica com o sexo que nasceu. Transgênero – transexual e travesti – é a pessoa que se identifica com o gênero oposto. Intersexual é a pessoa que nasce com os dois sexos e vai se identificar com apenas um. Drag queens e drag kings são expressões de gênero usadas no feminino (queens) ou no masculino (kings). Não binário é o gênero fluido: não é exatamente homem ou mulher, pode ter uma fluidez dos gêneros ou assumir outras identidades.

Pronome pessoal neutro

Há alguns países no Ocidente – Suécia, Finlândia e Noruega à frente – em que a igualdade entre masculino e feminino já foi assumida, incorporando um pronome pessoal neutro ("hen"). A nova palavra não revela o gênero da pessoa, objeto ou animal, seja porque é desconhecido, seja porque a informação é irrelevante para a sentença. "Essa é uma maneira de tratar seres humanos como seres humanos, e não como pessoas definidas pelo sexo", diz Marie Tomic, autora do livro *Ge Ditt Barn 100 Möjligheter Istället För 2* [Dê ao seu filho cem oportunidades em vez de duas]. O verbete Mx., variação neutra para Mr. ou Ms. (senhor ou senhora, respectivamente), foi adotado pelo *Dicionário Oxford*, de língua inglesa, que diz que Mx. pode ser "usado antes do sobrenome ou nome completo daqueles que não querem especificar seu sexo ou por aqueles que preferem não se identificar como homem ou mulher". Um futuro unissex pode e deve ser apoiado pela linguagem, porém o mais importante é o conteúdo transmitido. Falar de um modo neutro altera positivamente a mensagem para aqueles (principalmente crianças) que não devem temer as diferenças étnicas, sociais e culturais.[182]

Diferenças entre homens e mulheres não são naturais

Maíra Kubík Mano é jornalista, doutora em Ciências Sociais pela Universidade Estadual de Campinas (Unicamp), com estágio doutoral na Université Paris VII (Diderot). Foi editora da versão brasileira do jornal *Le Monde Diplomatique* e é professora adjunta do Departamento de Estudos de Gênero e Feminismo na Faculdade de Filosofia e Ciências Humanas da Universidade Federal da Bahia (UFBA). A seguir, minha entrevista com ela.

O que é gênero?

Em termos teóricos, gênero é, inicialmente, uma categoria de análise que passou a ser mais difundida a partir dos anos 1980. Trata das relações sociais que envolvem homens e mulheres, permitindo-nos identificar as hierarquias estruturais colocadas entre esses grupos. Gênero surge para nos mostrar que as diferenças entre homens e mulheres não são naturais, mas sim construídas culturalmente ao longo da História. Só que elas estão tão bem sedimentadas que chegamos ao ponto de naturalizarmos a inferioridade das mulheres em relação aos homens.

Quando se começou a falar mais sobre gênero?

A partir dos anos 1990 começamos a falar sobre identidades de gênero, que são as formas de identificação de cada um(a) com o gênero masculino, feminino, ou com os dois, ou com nenhum, enfim, múltiplas possibilidades. Essas formas podem convergir ou divergir da maneira como a sociedade o enxerga desde que você nasceu. Grosso modo, quando elas convergem, utilizamos a palavra "cisgênero". Quando elas divergem, "transgênero". A identificação é importante principalmente para nomear as pessoas "cis", que em geral não são classificadas, de tão enfiada que está na nossa cabeça a ideia de que elas (nós, já que eu me identifico como cis) são a regra. Para quem quiser ler mais sobre o tema, recomendo o site www.transfeminismo.com. Por fim, vale o registro, identidade de gênero não determina a sexualidade da pessoa. Você ser cisgênero, transgênero, não binário (ou seja, nenhum dos dois) etc. não tem relação direta com a pessoa ser gay, lésbica, hétero, bi etc.

Gênero tem a ver com o sexo da pessoa ou está exclusivamente ligado aos valores de cada cultura?

Gênero tem a ver com a cultura, mas o sexo também. Uma das grandes reflexões que temos a partir dos anos 1990 é que a separação natureza--cultura, que vem do Iluminismo, não se sustenta porque não é possível percebermos o sexo senão por meio da cultura. Não há nenhuma natureza humana intocada, "pura", reservada num lugar ideal, ela é sempre culturalizada porque somos seres culturais. Raciocinamos e elaboramos o sexo, então não conseguimos vê-lo de outra maneira senão pelas nossas construções sociais. Judith Butler, uma das referências nesse campo, afirma que não há sexo que não seja, desde sempre, o gênero. Quando nascemos, e até antes disso, nosso corpo já está inserido no ambiente. Tanto é que escolhemos nomes, geralmente relacionados ao masculino quando o sexo biológico designado ao nascer é masculino, e feminino, quando o sexo biológico designado ao nascer é feminino. E junto com isso vem toda a elaboração hierárquica que diferencia homens e mulheres: roupas azuis para menino, com estampas de foguetes e carrinhos, e rosa, mais delicado, para menina, com motivos de bonecas e lacinhos. Não conseguimos pensar no sexo sem o gênero.

O que é ideologia de gênero?

A ideologia é a concepção de mundo que se manifesta na vida individual e coletiva. É o que você acredita enquanto ser humano vivendo em sociedade. A ideologia de gênero é justamente esse discurso que constitui as pessoas em homens e mulheres, em azul e rosa. A referência é o homem, branco, heterossexual, cisgênero. Recentemente, certos parlamentares que dizem representar comunidades religiosas têm distorcido esse termo, tentando afirmar que ideologia de gênero seria justamente uma quebra de "valores" sobre o que é masculino e feminino. Não poderiam estar mais equivocados. Na verdade, acho que há uma intencionalidade aí de fazer com que as mulheres, os gays, as lésbicas, as bissexuais, as trans, enfim, todas as pessoas que não são a norma de gênero, permaneçam em uma posição de subjugação. É lamentável que esse tipo de discurso tenha reverberado tanto a ponto de excluir dos planos de educação toda reflexão sobre gênero nas práticas escolares. É como se o Legislativo brasileiro nos dissesse que quer manter o Brasil em primeiro lugar no vergonhoso ranking de país que mais mata travestis e trans no mundo.

O que é Teoria Queer?

Do meu ponto de vista, a Teoria Queer é uma das vertentes dos estudos de gênero e sexualidade. "Queer" é uma palavra inglesa que quer dizer estranho, esquisito, e era usada de maneira pejorativa, assim como "gay". O vocabulário, inicialmente ofensivo, foi apropriado pelos movimentos e pela academia e foi ressignificado. A Teoria Queer vem para sacudir, problematizar, para nos fazer repensar os nossos binarismos automáticos, tão sedimentados entre bom e mau, esquerda e direita etc.

Você acredita que dentro de algumas décadas não haverá mais distinção entre masculino e feminino?

Eu acho que nada desaparece totalmente e de repente, mas talvez possamos, no futuro, ter uma prevalência maior de pessoas não identificáveis no que hoje conhecemos como padrões masculinos e femininos a partir da transformação das nossas estruturas sociais hétero, tão bem construídas. Mas não me parece que possamos enxergar esse futuro sem refletir, conjuntamente, sobre posições de raça/etnia, classe social, sexualidade, geração. Todos nós temos vários marcadores sociais que nos atravessam, e eles também atuam para determinar o quão livres somos para exercermos nossas existências como normativas e não normativas. Então, o futuro precisaria dar conta de todas as opressões. Uma utopia não hierárquica.

* * *

Convidei meu amigo e companheiro de bancada do programa *Amor & Sexo*, da TV Globo, Dudu Bertholini, para me dar um depoimento. Dudu é estilista e consultor de moda. Seu estilo exuberante é facilmente reconhecido nos desfiles, editoriais e catálogos que assina. Em 2014, lançou o documentário *De gravata e unha vermelha*, no qual debate a questão de gêneros no século XXI. Ele discorreu sobre o que pensa da questão de gênero e me contou algumas de suas lembranças.

Gênero e fluidez

Por Dudu Bertholini

"Gênero" é uma das palavras mais faladas nos dias de hoje. Mas parece que, quanto mais falamos sobre o assunto, mais inseguros ficamos diante de sua complexidade. Tentamos acertar, ou melhor, "não errar" para não ofender e ainda ser bombardeado por uma enxurrada de *haters*. Mesmo as maiores militâncias e pensadores divergem sobre ideias e nomenclaturas.

Sem dúvida, o que de fato importa é sermos felizes na nossa própria pele e assumir nossos desejos, aceitando as diferenças e as escolhas dos outros. Primeiro temos que entender as diferenças entre sexo, gênero e sexualidade. SEXO é biológico, portanto homem, mulher e os intersexuais, antes chamados de hermafroditas.

GÊNERO é uma construção social, que assume cada vez mais formas. É como você se reconhece e escolhe se apresentar para o mundo. Já a SEXUALIDADE está ligada ao nosso desejo. Diferentemente do que muitos pensam, ela não está ligada ao nosso gênero. E é justamente isso que gera confusão e angústia nas pessoas. Por exemplo, quando um trans homem (nasceu em corpo biológico feminino e fez a transição para o masculino) escolhe se relacionar com outros trans homens, muitos ficam boquiabertos e fazem questão de não entender: "Como assim? Virou homem para gostar de outro homem? Se você nasceu mulher e decidiu tornar-se homem, deveria gostar de mulheres, certo?". Não!

Nossa sexualidade, nosso desejo, vem de outro lugar. E, assim como o gênero, hoje em dia ela é muito mais fluida. A meu ver, FLUIDEZ é a palavra que melhor define gênero e sexualidade no século XXI. As antigas distinções binárias não funcionam mais. HOMEM e MULHER estão longe de ser os únicos gêneros da atualidade.

Recentemente, a Comissão de Direitos Humanos de Nova York validou 31 novos tipos de gênero. *Female-to-male*, *male-to-female*, transgênero não binário, terceiro sexo, *non op* são apenas alguns deles. Apesar de muitas pessoas considerarem tantas nomenclaturas como bobagem ou utopia, acreditem: dividir as pessoas APENAS entre homens e mulheres NÃO faz mais sentido. É um modelo que não funciona e não faz mais ninguém feliz.

A sociedade insiste em atrelar sexo a gênero, como se esse dependesse apenas dos órgãos genitais com os quais você nasce. Com isso, vêm todas as pressões e valores desse MUNDO BINÁRIO. Nele, homens não choram, meninos só devem gostar de azul, ser dominadores e bons em esportes radicais. Muitas vezes, esses pequenos líderes crescem homens violentos e incapazes de elaborar sentimentos.

Já as meninas devem ser frágeis, delicadas e frequentar a escola de princesas contemporânea. O pior é que já nascem sem o direito de viver livremente a sua sexualidade, já que sabemos que a liberdade sexual feminina ameaça o mundo desde os primórdios da História. E para quem não consegue se adequar a nenhum desses padrões? BULLYING NA CERTA! Hoje conhecemos as consequências terríveis que esse bullying pode causar. Basta olharmos para a sociedade norte-americana, cujos padrões são muito opressores, para entender os massacres nas escolas cometidos por crianças que eram rejeitadas.

Mais assustador ainda é descobrir que o "Atirador de Orlando", que matou recentemente cerca de cinquenta homossexuais em uma boate, era, na verdade, um gay reprimido que não se aceitava. Imaginem quantas tragédias como essas seriam evitadas se todos já nascessem naturalmente resolvidos com sua fluidez, aceitando suas próprias nuances. Se somos todos Yin e Yang, Luz e Sombra, SOMOS TODOS NATURALMENTE BISSEXUAIS.

Negar qualquer tipo de atração pelo mesmo sexo, ou negar-se a reconhecer em você mesmo qualquer característica do sexo oposto, só pode vir de uma repressão machista. Países como a Suécia e a Finlândia já adotaram uma educação que combate o binarismo. Em vez da antiga divisão entre ROSA e AZUL, AMARELO PARA TODOS. De fato, pergunte ao azul se ele é masculino ou ao rosa se ele é feminino. Certamente, ambos dirão: "Não, de forma alguma!". Da mesma forma, maquiagens foram criadas primeiramente para os homens, assim como saias estão no armário masculino em várias culturas. Será mesmo que as roupas e cores têm sexo ou gênero? Certamente, não.

Minhas lembranças

Sempre fui fluido. Desde criança sabia que não pertencia ao mundo cis heteronormativo. Mas, de alguma forma, também sabia que não era o lugar da mulher que eu queria. Na infância, eu tinha projeções de feminilidade. Eu me imaginava uma menina específica, uma espécie de alter ego que reunia todas as características que eu admirava.

Quando eu tinha mais ou menos 10 anos, fui a uma psicóloga. Ela me pediu que fizesse um desenho. Eu desenhei uma mulher bonita, grandona, atravessando a rua com um bolsão exagerado a tiracolo.

Depois, ela me pediu que eu desenhasse uma família. Eu desenhei um pai, uma mãe, um irmão mais velho e uma irmã mais nova. Ela me perguntou como era a minha família, que correspondia justamente a mim, meus pais e meu irmão mais velho. Ela olhou bem para o desenho, apontou para a menina e me perguntou: “Esta é você?”. Naquele momento, eu desabei.

Por mais óbvio que fosse, nunca havia me dado conta de que todas aquelas mulheres que eu desenhava nos meus cadernos eram projeções de mim mesmo, de quem eu achava que queria ser.

Aquele momento foi muito importante para entender minha homossexualidade e, principalmente, minha fluidez. Se naquele momento eu visse uma foto minha hoje, teria ficado muito feliz e aliviado: “Aaah, tá tudo certo, então é assim que eu sou!”. Quando faço uma pose diante do espelho, ponho as mãos na cintura ou mesmo uso vestidos ou brincos longos, nunca penso que quero ser uma mulher ou que isso venha propriamente do universo feminino. Minha força é sobre ser eu mesmo, assumindo minha essência, buscando ser a melhor versão de mim.

Amo quando o Ney Matogrosso diz que, ao aparecer seminu com a cara pintada no fim dos anos 1970, ele não queria de forma alguma ser mulher, mas, sim, um ser ÚNICO, fantástico, que transcendia gêneros. Assim como o Ziggy Stardust, persona criada por David Bowie, um alienígena do planeta montação que não estava nem um pouco preocupado com as distensões binárias.

Muitas ideias que vêm desde o feminino de Angela Davis promoveram mudanças de mentalidade e uma percepção maior da fluidez que existe em todos nós. Talvez a mais famosa delas seja a Teoria Queer que Judith Butler lançou nos anos 1980, na qual defende sabiamente o corpo AGÊNERO, outra palavra muito em pauta nos dias de hoje.

Apesar das conquistas, infelizmente chegamos a um 2017 em que ainda convivemos com MUITA INTOLERÂNCIA, com muitas mudanças a serem conquistadas e velhos conceitos a serem banidos. Hoje, sinto que nem os 31 gêneros da Comissão de Direitos Humanos de Nova York representam, de fato, como eu me sinto. Tem dias que me vejo não binário, em outros, gênero fluido, e muitas vezes apenas um homem cis gay que se veste com drama e exotismo.

Em um mundo fluido, de POLIGÊNEROS, acredito no POLIAMOR e em novas formas de amar e se relacionar. Espero que, além de desconstruir gêneros, as pessoas desconstruam também velhas ideias de monogamia, fidelidade, culpa e cobranças. Que elas possam ser livres e felizes e viver de acordo com seus desejos mais verdadeiros.

* * *

Até recentemente, só foi aceito quem se enquadrou em modelos. Isso é prejudicial porque todos se tornam parecidos, aniquila as singularidades. É provável que no futuro predominem formas variadas de viver as relações amorosas e sexuais. No momento, o comportamento tradicional está sendo profundamente questionado. Cada vez menos pessoas consideram fundamental se enquadrar em modelos. Se você desejar ficar quarenta anos com uma única pessoa, fazendo sexo só com ela, tudo bem. Mas acredito que o desejar vários parceiros também será visto como natural.

IV
Corpo

O estudo do corpo humano e da sua percepção em épocas e lugares diferentes revela um importante elemento de simbolismo cultural que tem fortes implicações na sexualidade. A antropóloga inglesa Mary Douglas, que analisou essas implicações, acredita que o corpo deve ser visto como metáfora da sociedade. Os grupos sociais fechados são vulneráveis à interação com outros grupos. Por isso, muitas sociedades prestam atenção aos orifícios do corpo humano. "As sociedades que consideram importante manter o seu isolamento também protegerão as suas fronteiras culturais contra a intrusão e a contaminação, o que pode ser simbolizado por meio de tabus em torno dos alimentos e do sexo."[183]

O culto ao corpo da Antiguidade (4000 a.C. a 476 d.C.) cede lugar na Idade Média a uma derrocada do corpo na vida social. Para gregos e romanos, o nu masculino era considerado exemplo da perfeição humana. Essa visão mudou com o cristianismo. Um bom exemplo é o nu das obras de arte, que passou a causar constrangimentos. Antes de serem exibidas para o público, as estátuas tinham seus órgãos genitais tapados, ou o pênis quebrado com um martelinho especial. O *Davi*, de Michelangelo, antes de ser exibido em Florença, em 1504, recebeu uma folha de figueira, só retirada em 1912. Qualquer cuidado com o corpo era visto como incentivo ao pecado.

No século XIX, século do pudor, uma moça não podia se olhar nua no espelho nem mesmo ver seu corpo através dos reflexos da água da banheira. Havia produtos especiais para turvar a água do banho, de forma a impedir tal vergonha. As mulheres mal conheciam o próprio corpo. Adoecer e ir ao médico era outro problema. Nem ele podia ver o corpo da paciente na consulta.

As mulheres passaram a descrever o local da dor apontando para um ponto semelhante numa boneca, de modo a não ter de fazer algum gesto considerado deselegante ou indelicado. Pior ainda era durante o parto. O médico trabalhava às cegas, as mãos sob um lençol, para não ver os órgãos genitais da mulher. A visão do corpo era tida como ameaça tão perigosa que em muitos lares as pernas de piano eram cobertas por capas pela sua "semelhança" com as pernas das mulheres.

A partir de 1860, na Belle Époque, há um recuo do pudor. O comportamento de homens e mulheres muda à medida que começam a se livrar da pesada repressão. A partir do século XX, o corpo foi objeto de cuidados e atenção como nunca havia sido anteriormente. As pessoas exibem o corpo, que está presente no espaço visual, nas representações científicas e na mídia.

Pudor e amor romântico

Se os corpos nus fazem parte, hoje, do nosso quadro cotidiano, isso se deve à erosão progressiva do pudor, durante muito tempo inculcado como virtude desde a primeira infância e reforçado para as filhas na adolescência. Mas o recuo do pudor está, ele mesmo, ligado à exigência de sedução imposta pelo casamento por amor. Homens e mulheres devem encontrar sozinhos um parceiro, antes escolhido pela família. Passaram a jogar seus trunfos pessoais nessa sedução, sendo o principal de todos o próprio corpo.[184]

Foi necessário, para tanto, superar a barreira de tradições seculares. Eram comuns a proibição de mostrar as pernas, ou mesmo o calcanhar, para uma mulher; a proibição de urinar em público até para um menino; a dissimulação do corpo da mulher na gravidez e no parto; a recusa em despir-se para fazer sua toalete, a fim de não despertar pensamentos pecaminosos em relação à moral religiosa. No final do século XIX, ainda se faz sexo no escuro, a mulher de camisola. Esses interditos remetem a uma concepção cristã da sexualidade, circunscrita ao casal legítimo, destinada essencialmente à reprodução e inimiga do ardor sexual.[185]

O corpo, no entanto, vai progressivamente se desvelar sob o efeito combinado da moda e da ida à praia. A evolução do maiô resume, por si só, os progressos alcançados. Transformando-se na década de 1930 em lugar de ócio e lazer, a praia convida a expor o corpo desnudo para apresentar um bronzeado perfeito, símbolo agora de boas férias. Em 1946, seis dias depois da explosão de uma bomba atômica no atol de Bikini,

Louis Réaud lança um minúsculo "duas peças" que pode caber em uma caixa de fósforos: o biquíni. Essa peça de roupa é considerada escandalosa nas praias e piscinas. Menos de vinte anos depois, em 1964, as banhistas de praias na Europa "tiram a parte de cima". O caso provoca escândalo, mas o exemplo logo se espalha por toda a parte, em nome da liberdade do corpo.

Os corpos também falam

O que a língua esconde é dito pelo meu corpo. Meu corpo é uma criança teimosa; minha língua é um adulto civilizado.

Roland Barthes[186]

Esther Perel considera que a consequência da supremacia da conversa é deixar os homens em desvantagem, outra é deixar as mulheres aprisionadas na sexualidade reprimida. Isso nega a capacidade expressiva do corpo feminino. Considerar a verbalização o principal caminho para a intimidade fortalece a noção de que o desejo sexual da mulher só é legítimo dentro de uma relação – só através do amor a carnalidade feminina pode ser redimida.[187]

Corpo x diálogo

A autora também faz observações relevantes sobre a linguagem do corpo,[188] que reproduzo a seguir. Na ausência de uma narrativa verbal mais desenvolvida do eu, o corpo se torna uma linguagem vital, um condutor da intimidade emocional. O corpo é nossa língua materna original e, para muitos homens, continua sendo a única língua ainda não corrompida para a intimidade. Pelo sexo, os homens podem tornar a captar puro prazer da ligação sem ter que condensar numa prisão de palavras suas necessidades difíceis de articular. Os adeptos da intimidade de diálogo (em geral, mas nem sempre, as mulheres) têm dificuldade de reconhecer essas outras linguagens da intimidade. Aí, se sentem traídas quando o parceiro reluta em lhes fazer confidências. "Por que você não conversa comigo?" etc.

Historicamente, a sexualidade e o intelecto femininos nunca se integraram. O corpo das mulheres era controlado e sua sexualidade, contida, a fim de evitar impacto que corrompesse a virtude dos homens. A feminilidade, associada à pureza, ao sacrifício e à fragilidade, era uma característica da mulher moralmente bem-sucedida. A outra, vista como prostituta, vagabunda, concubina ou bruxa, era a mulher livre que trocava respeitabilidade por exuberância sexual. A sexualidade vigorosa era o domínio exclusivo dos homens. As mulheres sempre procuraram se desvencilhar da divisão patriarcal entre virtude e sensualidade, e ainda estão lutando contra essa injustiça. Quando privilegiamos a verbalização e rebaixamos o corpo, conspiramos para manter as mulheres confinadas.

* * *

A "liberdade dos costumes", como se dizia no início do século XX, passou ao mesmo tempo pela liberação das palavras e dos gestos, pela transgressão da moral conjugal tradicional e pela suspensão dos tabus. Mas ainda estamos no meio de um processo para que o direito ao prazer para todos se imponha, como também a recusa de uma sexualidade sob pressão. Liberdade e transparência entre os parceiros envolvem agora o dia a dia do corpo sexuado.

Nudez

O casal de músicos Yara Villão e Júlio Pelloso viveu uma situação absurda no Hospital Santa Joana, em São Paulo (SP). Tudo porque ela foi proibida de continuar amamentando a filha recém-nascida devido ao horário de visita de outros pais. A criança estava internada na UTI. "Argumento com a enfermeira que se trata de uma recém-nascida, que demorou para conseguir ajustar a pega e que eu a cobriria com um lençol." A resposta foi: "Não é permitido, protocolo do hospital", conta a mãe.[189]

* * *

Mais de 150 pais indignados fizeram um abaixo-assinado e o entregaram ao Ministério Público de Rondônia requerendo a retirada de um livro escolar do oitavo ano que tem ilustrações de um pênis, autoexame de mama e do órgão reprodutor feminino, na cidade de Ji-Paraná (RO).[190] Essa atitude dos pais lembra o que acontecia em relação ao corpo a partir da Idade Média. A nudez foi vista como indução ao sexo. E controlar a sexualidade das pessoas é controlar as pessoas. No século XVII, por exemplo, o médico francês Nicolas Venette (1633-1698) afirmava que a simples visão de um pênis enlouquece a mulher de desejo. A ideia de que imagens do corpo humano nu são obscenas e perigosas parece não ter sido totalmente abandonada.

* * *

Na Antiguidade a nudez era percebida de forma bem diferente da nossa. O conceito de obscenidade era desconhecido. Muitas vezes, as imagens dos órgãos sexuais masculinos e femininos eram exageradas, mas vistas com naturalidade. Muitos santuários espalhados pelo mundo mostram representações de vulvas e falos, inclusive com deuses possuidores de falos monumentais.

Alguns séculos depois, São Jerônimo (347-420) afirmou que uma virgem adulta jamais deveria banhar-se e, na verdade, deveria envergonhar-se de ver sua própria nudez. Na Idade Média, mesmo no casamento, o nu colocava a pessoa numa situação perigosa. A representação de cônjuges nus em um leito pode ser percebida como um sinal de luxúria.

No século XIX, na Inglaterra, a nudez total, por ocasião do dever conjugal, é considerada o cúmulo da obscenidade. Era comum os casais jamais terem se visto sem roupa. Há registros de camisolas com furos na altura da vagina por onde o homem penetrava a mulher. Ao visitar a exposição do Museu Nacional, em 1819, com sua esposa e filha, Francisco I, rei das Duas Sicílias,[191] ficou tão envergonhado com o nu de algumas obras de arte que decidiu escondê-las numa câmara secreta, acessível apenas a pessoas de idade mais avançada e "consciência moral".

No século XX, a descoberta do corpo está diretamente ligada ao progresso da higiene íntima. Mesmo assim as pessoas ainda não ousavam se mostrar nuas. Entre as duas guerras, as proibições da Igreja e da medicina perdem a força. Quando as mulheres começaram a usar maiôs e a andar de bicicleta, o corpo foi aos poucos se revelando.

A nudez no século XXI

Como vimos anteriormente, a mudança de mentalidade não ocorre ao mesmo tempo para todos. Há casos de repressão à nudez, como nos exemplos anteriores, e situações que mostram a aceitação cada vez maior do corpo nu como algo natural.

Nudez como protesto

Streaking

"To streak" quer dizer, entre outras coisas, mover-se rapidamente. É exatamente o que os estudantes norte-americanos estavam fazendo em lugares públicos. Nus. "Não há um dia que se passe sem que a televisão ou os jornais anunciem um novo episódio de *streaking*, uma febre que ameaça tornar-se universal", diz matéria do jornal *Folha de S.Paulo* de 13 de março de 1974.

Para o antropólogo norte-americano Edgar Gregersen, a nudez e a luxúria desenfreadas se relacionam como a luva e a mão – pelo menos, esse tem sido o ponto de vista de judeus ortodoxos, cristãos e muçulmanos. Essa opinião não é necessariamente a experiência pessoal dos ocidentais que encararam o *streaking* – tirar a roupa e sair correndo em lugares públicos – como uma forma bem-humorada. Foi bastante usada nos protestos contra a Guerra do Vietnã. Em outras sociedades, a nudez tem outros significados, às vezes totalmente diferentes.[192]

De peito à mostra

Seios nus se tornaram um dos elementos centrais em manifestações feministas, em vários lugares do país e do mundo. Na Rio+20, em junho de 2012, seios nus foram, junto com os tambores e as vozes, elemento fundamental para chamar a atenção. Em todo o Brasil, na chamada Marcha das Vadias, os seios nus deixaram a sua marca nos olhares em torno. Aconteceu também na Eurocopa, com as ucranianas do Femen; contra a ditadura da magreza, em Milão; e criticando o ex-diretor do FMI, Dominique Strauss-Kahn, na França. A bandeira que se levanta com a exposição dos mamilos é contra o mercantilismo do corpo da mulher e outras formas de exploração mais violentas.

"As mulheres querem delimitar o corpo como seu território. O corpo da mulher não pertence a nenhum homem – seja ele marido, namorado, pai, irmão, cafetão – ou nenhuma outra mulher. Tampouco é espaço de exploração coletiva, seja sexual, seja imagética-mercantilista. O corpo da mulher não foi feito para vender cerveja, refrigerante ou pneu. Nem para ser traficado internacionalmente. Muito menos para apanhar, sofrer estupro ou qualquer outra forma de maltrato. Pertence a ela mesma e a mais ninguém. Quando a mulher tira a roupa é para dizer que ela pode. Ela está se empoderando, tomando para si o seu destino. Sentindo na pele a sua autonomia. Gritando aos quatro ventos que não se enquadra nos padrões atuais. Isso é bonito demais. É corajoso. E revolucionário", diz Maíra Kubik.[193]

Desfile de moda

Acredita-se que se alguém tira a roupa em público é por uma causa, por isso a nudez é muito utilizada pelos manifestantes. Naomi Campbell e outras modelos posaram nuas para a campanha "Prefiro ficar nu a vestir a pele de animais", em 1995. A causa, explícita, era a ética no trato com animais, promovida pela ONG Peta (Pessoas a Favor do Tratamento Ético de Animais). É um exemplo entre muitos. "Pessoas sem roupa não fazem guerra", diz Daniel Sampaio, doutor em Ciências Sociais pela Universidade de Hertfordshire, na Inglaterra. "A nudez é revolucionária e sempre se opõe ao poder."

O nu liberto

Passeando pela cidade

Conhecida como a cidade nua, Cap d'Agde, no sul da França, é um local único. Localizada na costa mediterrânea francesa, Cap d'Agde se desenvolveu a partir da década de 1970 e pertence a Agde, cidade que fica a alguns quilômetros para o interior. Além dos naturistas, há outra razão pela qual a cidade é muito conhecida. Muitos dos que buscam sexo sem preconceitos se dirigem a Cap d'Agde. É comum as pessoas fazerem sexo na praia sem se preocupar em buscar um local discreto. Durante o dia é possível ver mulheres e homens passeando, indo a bancos, restaurantes, supermercados e lojas totalmente despidos.

Na academia de ginástica

O nudismo avança em atividades coletivas além do sexo e de praias especializadas. Helen Smith, integrante da Associação Britânica de Naturismo e *personal trainer*, trouxe a ausência de vestes para a sua academia de ginástica. Ela argumenta que a nudez permite que os alunos percebam melhor os detalhes de cada movimento. "Facilita para o aluno ver exatamente o que o instrutor está fazendo." Assim como nas praias de nudismo, os candidatos à "academia de nudistas" necessitam de uma inscrição com antecedência e são informados de que qualquer atitude inadequada vai gerar um convite para que deixe a sala de ginástica.[194]

No restaurante

Em busca dos interessados em estar à vontade na hora da refeição, foi criado o The Bunyadi, restaurante em Londres que meses antes de abrir as portas já contava com quase 38 mil inscritos na lista de espera. Os proprietários se surpreenderam com o interesse. Bunyadi significa "fundamental" e "natural" em hindi, e a ideia era mesmo esta: conectar a naturalidade da nudez ao momento da refeição. "Nossa iniciativa é mais que um restaurante, é um experimento social. Queremos ver se as pessoas decidem tirar totalmente a roupa ao sentirem que ninguém as está julgando mesmo", disse Seb Lyall, o criador do lugar, à BBC Mundo.[195]

No forró

O Espaço Liberdade, um restaurante na praia de Massarandupió, a 90 quilômetros de Salvador (BA), promove com sucesso um evento de nudismo que se associa à tradição cultural do forró nordestino. Chama-se Forró Nu e é organizado para a comunidade naturista dançar ao som de um gaiteiro, como manda o costume da região. Após a praia, os frequentadores naturistas se divertem madrugada adentro.

Há regras bem claras: apenas casais são aceitos, é proibido fazer fotos sem permissão dos outros e não há pegação. "Existe um código de ética naturista que proíbe totalmente a prática de sexo e qualquer comportamento de conotação sexual. Não estamos vinculados à Associação de Naturismo, mas procuro seguir as ideias do movimento", explica Davi Andrade, criador do evento.[196]

Nudes

Os chamados "nudes" refletem a modernidade tecnológica que a humanidade vive no princípio do século XXI. A banalização dos equipamentos conhecidos como smartphones e as redes sociais, como o Instagram, tornaram a operação de gravar uma imagem e enviá-la extremamente simples. Em questão de segundos, a pessoa enquadra a si, ou a alguém, e remete a imagem.

A pergunta é: o que torna os nudes tão atraentes e polêmicos? São muitas as possibilidades de resposta. Possuir a imagem de quem desejamos ou temos intimidade sexual é excitante. Enviar a foto de uma parte íntima de nós mesmos também funciona como um explícito convite. "Você me quer? Hoje? Agora?"

O site de relacionamentos Match.com entrevistou, em 2016, mais de 5.500 pessoas, revelando que 47% dos homens admitiram ter enviado fotos dos órgãos sexuais; 53% das mulheres receberam, mas 49% delas afirmaram não ter solicitado as imagens recebidas. Muitas delas reclamaram que receberam fotos de homens com quem nem sequer tinham tido relações sexuais. Certamente, eles imaginavam que o envio fazia parte da "cantada".[197]

O nu antes do nudes

O nu, como vimos, possui uma longa história. Acompanha, na verdade, a evolução cultural dos seres humanos, em altos e baixos que se nivelam em nossa também histórica repressão sexual. Na Antiguidade grega e romana, o nu foi exaltado. Era um direito dos deuses do Olimpo. A deusa Afrodite e o deus Apolo, entre muitos outros, foram retratados em pinturas e esculturas inteiramente nus. Entre o fim da Antiguidade e o Renascimento, durante o império cultural do cristianismo, em toda a Idade Média, o nudismo foi violentamente reprimido.

Mas bastou surgir o Renascimento, no fim do século XIV, para o nu retomar a sua importância cultural e artística. *O nascimento de Vênus*, de Botticelli, de 1485, é um exemplo entre centenas de obras que foram criadas utilizando como modelos mulheres que eram amantes de homens poderosos. Seriam nudes? Hoje, valem milhões de dólares no mercado de arte.

A valorização mercadológica, principalmente do corpo da mulher, chegou às bancas de revista no século XX em publicações como a *Playboy*, para citar apenas a mais célebre. Modelos e atrizes receberam muito bem para se expor despidas em todo o mundo. O advento da web foi, aos poucos, banalizando o nu, chegando nos dias de hoje a um volume de imagens que consome 70% de toda a internet: o universo pornô.

O conflito

O avanço possível são os nudes. O artista e a obra se confundem, muitas vezes, na mesma pessoa. Homens e mulheres fotografam a si e a seus(suas) parceiros(as) e divulgam as imagens nas redes sociais satisfazendo seus egos e dando vazão às suas paixões eróticas. É claro que há também os conflitos.

Entre muitos casos, em Minas Gerais uma mulher filmou-se nua, apalpando-se ao vivo pela web, numa ação que deveria ser íntima. Mas o parceiro do outro lado resolveu liberar as imagens para quem as desejasse ver. O caso acabou na Justiça e, em primeira instância, ele foi condenado a pagar 100 mil reais de indenização.

É interessante conhecer a análise do desembargador Francisco Batista de Abreu, que divergiu do voto do relator. Para ele, "a vítima dessa divulgação foi a autora embora tenha concorrido de forma bem acentuada e preponderante. Ligou sua webcam, direcionou-a para suas partes íntimas. Fez poses. Dialogou com o réu por algum tempo. Tinha consciência do que fazia e do risco que corria. [...] As fotos em posições ginecológicas que exibem a mais absoluta intimidade da mulher não são sensuais. Fotos sensuais são exibíveis, não agridem e não assustam. Fotos sensuais são aquelas que provocam a imaginação de como são as formas femininas. Em avaliação menos amarga, mais branda, podem ser eróticas. São poses de que não se tiram fotos. São poses voláteis para imediata evaporação. São poses para um quarto fechado, no escuro, ainda que para um namorado, mas verdadeiro. Não para um ex-namorado por um curto período de um ano. Não para ex-namorado de um namoro de ano. Não foram fotos tiradas em momento íntimo de um casal ainda que namorados. E não vale afirmar quebra de confiança. O namoro foi curto e a distância. Passageiro. Nada sério", defendeu o desembargador.[198]

A apelação conseguiu reduzir o valor da indenização, fixando-a em 5 mil reais. Ou seja, todos sabemos que imagens na web podem, facilmente, ser liberadas para consumo geral.

Sexting

O envio de conteúdo sexual via internet, especialmente por celular, incluindo fotos e textos sexualmente sugestivos, fotos em roupas íntimas, nus e textos com conteúdo sexual explícito, é hoje conhecido como *sexting*.

O Drexel University's Women's Health Psychology Lab realizou uma pesquisa on-line com 870 pessoas adultas vivendo nos EUA e com idades entre 18 e 82 anos. Dos entrevistados, 88% afirmaram já ter feito *sexting* ao menos uma vez na vida, 82% admitiram ter feito isso no último ano. A pesquisa também revelou que a maioria considera o *sexting* positivo para a relação e pretende continuar com a prática. Concordam que isso faz bem para os seus relacionamentos e que as imagens que guardam nos álbuns de família tendem a se modificar.[199]

O nudes integrado à nossa cultura

Um dos mais claros sinais da integração de qualquer costume à cultura é a sua identificação como terminologia e ação. No caso das imagens enviadas pela web, a nova palavra de ordem é "manda nudes". A expressão caracteriza uma liberação, um direito adquirido.

A absorção do "manda nudes" por festas populares é outro claro elemento de identificação cultural. O exemplo é a festa de Dia dos Namorados, na Praia de Iracema, em Fortaleza, Ceará. Os organizadores criaram um ambiente reservado, onde os convidados podem trocar nudes durante o evento. Não é à toa que a festa se chama "Love Me Tinder" em referência ao aplicativo, também um ícone desses novos tempos.[200]

O que vale e o que não vale no nudes

A discussão está posta. Afinal, pode tudo? O que é permitido? Mandar nudes é imoral e de mau gosto? Em debate na TV Folha, Juliana Cunha, coordenadora da ONG Safernet, e Andrea Jotta, do Núcleo de Pesquisa de Psicologia de Informática da PUC-SP, disseram não haver nada de errado em mandar e receber nudes, a questão está no consentimento das partes envolvidas. É apenas um ato íntimo que se materializa em imagem? "A gente tem uma cultura machista, que julga quando as mulheres exibem sua sexualidade na internet", argumenta Juliana. Os dados da Safernet informam que 81% das pessoas que procuram ajuda na ONG após ter sua intimidade espalhada são mulheres.

As psicólogas Juliana e Andrea ainda avisam que outra área sensível é a infância. A Safernet também constatou que há crianças mandando nudes a partir dos 10 anos de idade. "Não é proibir, é acompanhar. Qualquer criança ou adolescente tem direito a errar. Mas erros podem ser cruciais nessa fase da vida", ponderam.[201]

Nudez revelada

Jorge Bispo, fotógrafo carioca, colabora com as principais publicações brasileiras na área de beleza e moda. Também atua no segmento audiovisual. Criou o programa de TV *302*, do Canal Brasil, e já fotografou 104 mulheres nuas nas suas primeiras quatro temporadas.

Como surgiu a ideia de fotografar mulheres nuas? O que você buscava?
Na verdade sempre cliquei nus. Acho que é algo inerente à fotografia e à arte em geral. Com o *302*, o que fiz foi organizar algo que eventualmente fazia com amigos: fazer nus na minha casa. Tinha um bom canto com uma bonita luz de janela e, com a ajuda da minha assistente, resolvi organizar e abrir para mulheres em geral.

Qual a diferença das mulheres que você fotografava em capas de revista para essas mulheres do seu apartamento?
A maior parte das mulheres que estão nas revistas já tem intimidade com a câmera. Mesmo que seja de roupa, isso traz uma enorme diferença. Mas existem pontos positivos e negativos nessa intimidade. O fato de estar acostumada a posar pode trazer um certo entendimento com a câmera, mas também pode trazer vícios de poses e quebrar um pouco a espontaneidade.

O que o levou a criar o programa *302*, no Canal Brasil?
Eu tinha feito o livro *Apartamento 302* e ele tinha tido uma boa repercussão. Durante as fotos eu não falava muito com as mulheres, mas em seguida recebi alguns e-mails e mensagens de algumas que tinham posado,

agradecendo e contando um pouco da vida delas e do porquê de terem ido ao apartamento posar para o projeto. E fiquei muito tocado com alguns depoimentos. Até então, era um trampo ligado mais ao valor estético, à beleza de todos os tipos de corpos nus. Um pouco depois, surgiu o produtor David Butter, da Dafina Filmes, que era fã do projeto e via nele um potencial para a TV. E imediatamente me lembrei dos e-mails e das histórias daquelas mulheres. Daí, formatamos o programa. Eu pensei: essas mulheres precisam falar e querem falar suas histórias. Hoje, não tenho dúvidas de que o programa *302* é muito mais importante do que o livro.

Fale um pouco sobre o programa...
Recebo mulheres no apartamento para posarem nuas. E elas nos contam o porquê de terem ido e como foi a experiência. E tem sido sensacional receber e ouvir essas mulheres incríveis, com seus medos, conquistas, inseguranças e principalmente força.

As mulheres que você fotografa nunca foram fotografadas nuas?
No *302*, talvez 85% nunca tenham posado nuas.

Como as mulheres que nunca haviam sido fotografadas nuas se sentem no seu estúdio?
É um misto de sensações. É muito diversificado. Muitas chegam tímidas, nervosas. Outras mais fortes, querendo "resolver" logo.

Que motivos levam uma mulher a aceitar ser fotografada nua?
Essa é uma resposta que não tenho, mas a cada episódio elas nos respondem. Os motivos, pelo que observo, podem ir da vaidade à liberdade.

Como você consegue deixá-las à vontade?
Tento falar pouco e deixar claro, a todo momento, que são elas que estão no comando. Que aquilo só faz sentido se elas estiverem confortáveis.

Que diferença faz se a fotografada está nua ou vestida em relação à naturalidade diante da foto?
A nudez ainda não é algo tão natural na nossa sociedade, então muda completamente. Mas o grande barato do *302* é justamente tentar chegar

a essa naturalidade. Fazer com que o corpo nu possa deixar de ser sempre ligado a sexo.

Você acredita que a nudez provoca uma espécie de catarse nelas durante o ato de posar no programa? Se sim, entende por que isso acontece?
Em alguns casos, o que percebo muito é um sentimento de liberdade mais do qualquer outra coisa. De ser dona de si. Mas as reações podem ser bem variadas, e é isto que o programa aborda: essa diversidade de sensações que faz a experiência do programa ser tão rica.

Há mulheres bonitas que se tornam menos atraentes quando estão nuas e o contrário, mulheres desinteressantes que se tornam belas?
Acho que isso pode acontecer. Mas, com o *302*, consigo ver beleza no corpo sempre. Sobre a atração, isso é tão complexo e diverso... Existe gosto e atração para todos os tipos e biótipos. E não acho que atração esteja ligada à "beleza" do corpo. Acho que sobre atração tudo depende muito de segurança e confiança. Não tem cirurgia estética que supere isso.

A mulher que aceita ser fotografada nua é mais livre sexualmente do que as que se negam a fazê-lo?
Não consigo responder a isso. Acho que cabe à mulher falar sobre isso. E eu não acredito muito em regras fixas. Acho que podem existir mulheres e homens que são livres sexualmente posando nus ou não.

Qual a sua visão geral, como profissional e homem, sobre a nudez feminina depois de ter fotografado tantas mulheres nuas?
Acho o corpo humano lindo de modo geral. Independentemente de biótipo, sexo ou qualquer outra particularidade. E acho que a confiança e o fato de ter essa noção de beleza e poder/segurança potencializa isso de forma incrível. Cada dia encaro com mais naturalidade a nudez.

A nudez sempre foi censurada. Você acredita que essa mentalidade está mudando?
Há dias em que acredito que sim. Em outros, acordo e acho que voltamos à Idade Média. Ao mesmo tempo que conquistamos liberdades, vemos

paralelamente uma onda reacionária forte. Não consigo entender pessoas que se incomodam com o corpo, aborto ou sexualidade DO OUTRO!!!

Sobre fotos em si, vemos com as redes sociais, por exemplo, que ainda estamos longe disso. Até mesmo uma plataforma de fotografia (Instagram) não tolera nudez. O que tem de tão ofensivo em peitos, paus e bocetas?

O veto ao nu masculino e a desigualdade de gênero

Em pleno terceiro milênio, o homem pelado ainda é um escândalo. São raros os nus masculinos na mídia ou em qualquer audiovisual, enquanto as mulheres despidas são elementos para melhorar os negócios e aguçar a libido. Um claro sintoma de uma cultura desigual no tocante a gênero e sexualidade.

A doutora em História Stephanie Dahn Batista, da Universidade Federal do Paraná, lembra que há séculos o homem ocupa o lugar de observador da arte. "O corpo feminino sempre apareceu como objeto de desejo, reflexo de uma relação de poder, o artista é masculino e o modelo, feminino", avalia ela. "Não há o hábito de ver o nu masculino com toda a liberdade; essa nudez causa constrangimento e estranheza", lembra a estudiosa do assunto sobre os modelos de nus masculinos nas aulas de arte.

A nudez masculina está mais exposta a cada dia, mas ainda provoca muito mais tumulto do que a feminina. Nas novelas de TV, por exemplo, em que o público é vasto e variado, em termos de faixa etária e variedade cultural, o nu do homem causa certo furor tanto no público como nos atores. A novela *Verdades secretas*, exibida pela Rede Globo, na faixa das 23 horas, em 2015, teve nus masculinos, e o ator Adriano Toloza, que contracenou despido com a atriz Guilhermina Guinle, lembra-se do burburinho que a cena provocou nas redes sociais. "Carregamos essa cultura machista de que só os homens são merecedores de certos prazeres", ele avalia.[202]

Prazer sexual

O prazer é poesia sem palavra
uma desconexa geografia
avidez de vontade
onde a alma se regozija ante o corpo em tempestade...
Thomé Madeira

Durante muito tempo o prazer sexual não foi admitido. Repressões, inibições e frustrações imperavam. Aos poucos, no final do século XIX, esse quadro começa a dar sinais de mudança. Diminuem a vergonha do próprio corpo e a sexualidade culpada, que favorecem a infelicidade de mulheres e homens. Por volta dos anos 1920, as pessoas começam a se tocar, a se acariciar, a se beijar na boca.

O difícil prazer sexual

"A história do ato sexual, que se designa prosaicamente por coito ou, escolhendo entre os seus milhares de sinônimos, 'carapauzada', 'pôr a escrita em dia' ou ainda 'mandar o bernardo às couves', é a de um movimento pendular perpétuo entre liberdade e constrangimento, amor à luz do dia e hipocrisia das sombras."[203]

Ainda há no sexo muitos tabus e preconceitos. Desde cedo, as crianças aprendem a associar sexo a algo sujo e perigoso, porque ouvem as pessoas usarem o sexo para xingar e ofender alguém. Todo palavrão tem conotação sexual. Sem ser percebida como tal, a repressão sexual vai se instalando e condiciona o surgimento de valores e regras para inibir a sexualidade das pessoas. Tudo isso passa a ser visto como natural, fazendo parte da vida, o que causa grandes prejuízos. "Quanta renúncia ao desejo a sociedade exige de nós em comparação com o nível de recompensa que ela proporciona?", pergunta Laura Kipnis.[204]

Felipe, um professor universitário de 32 anos, não sabe como lidar com a situação que sua namorada impõe à relação:

Desde que começamos a namorar, há três meses, ela me excita, me deixa louco de tesão e, na hora H, dá uma desculpa e se afasta. Até hoje só consegui transar com ela duas vezes, que foram maravilhosas, mas em todas as outras tentativas saí frustrado.

As frustrações sexuais na nossa cultura são geralmente causadas pelo hábito de colocar o sexo a serviço de outros objetivos. Durante muito tempo, as mulheres usaram o próprio corpo como arma para se defender frente à opressão que sofriam. Controlando as necessidades sexuais masculinas, obtinham em troca vantagens e também presentes, como joias, roupas e perfumes. Novos valores surgiram, mas muitas delas não desistem da ideia de que só terão benefícios por meio do domínio da satisfação sexual do homem.

Muitos homens, por sua vez, vão para o ato sexual preocupados com o desempenho e, por não relaxarem, ficam impossibilitados de se entregar às sensações. "Sempre me interessei por quem consegue chegar a um equilíbrio entre o eu e o outro num nível afetivo, mas fracassa sempre no físico. A ameaça de se fundir no ato físico do sexo, e na subsequente perda do eu, é tão grande para essas pessoas que elas se defendem ou se fecham sexualmente ou deslocando seu desejo."[205] É claro que nem todos ficam tensos durante o ato sexual. As pessoas realmente livres se limitam a buscar no sexo a única coisa que ele pode oferecer: prazer sexual.

Entretanto, saber descobrir e sentir prazer pode ser um talento e uma arte que precisa ser cultivada. E, com toda a repressão sexual da nossa cultura, não é tão simples. Certos prazeres são aceitos, alguns condenados, outros proibidos mesmo. Não é sem motivo. Impedir as pessoas de experimentar prazer é uma forma eficiente de mantê-las sob controle.

Orgasmo

Eliane, uma jornalista de 32 anos, sofre por nunca ter experimentado o orgasmo:

> *Já transei com três namorados e sempre acontece a mesma coisa: não consigo me soltar na cama. Fico tensa, preocupada, observando tudo. Tenho medo de perder o controle, e meu parceiro ficar com uma ideia negativa de mim. Acho que por isso não sei o que é prazer sexual.*

A sexologia aparece na segunda metade do século XIX. No *Tratado sobre a impotência e a esterilidade no homem e na mulher*, de 1855, o médico francês dr. Roubaud descreve o orgasmo nos seguintes termos catastróficos: "No orgasmo a circulação se acelera [...] Os olhos, violentamente injetados, se tornam esgazeados [...] A respiração, ofegante e entrecortada em alguns, se suspende em outros [...] Os centros nervosos congestionados transmitem apenas sensações e volições confusas [...] Os membros, tomados por convulsões e, às vezes, por câimbras, agitam-se em todos os sentidos ou se estendem e se enrijecem como barras de ferro; os maxilares cerrados fazem ranger os dentes, e algumas pessoas levam tão longe o delírio erótico que, esquecendo o companheiro de sua volúpia, mordem até sangrar um ombro que ali ficou incautamente abandonado. Esse estado frenético, essa epilepsia e esse delírio geralmente duram pouco. No entanto, bastam para esgotar as forças do organismo".

A descrição desse "filme de terror" devia ser para ninguém nem querer mais pensar no assunto. Na era vitoriana, sobretudo depois que a rainha Vitória, da Inglaterra, ficou viúva, em 1861, a repressão sexual se intensificou. O prazer sexual das mulheres era inaceitável. A falta de desejo sexual era um importante aspecto da feminilidade. O ponto de vista oficial da época foi bem expresso pelo médico Lord Acton: "Felizmente para a sociedade, a ideia de que a mulher possui sentimentos sexuais pode ser afastada como uma calúnia vil".

Mas não era só na Inglaterra que o prazer sexual era visto como algo degradante. O neuropsiquiatra alemão Krafft-Ebing, estudioso da patologia sexual, encarava a sexualidade como uma espécie de doença repugnante para as mulheres. Ele pregava que, se a mulher fosse normal, quase não teria desejo sexual. Afirmava ainda que homens que evitam mulheres e mulheres que desejam homens são anormais.

Sexo com a esposa

O manual francês do casamento do dr. Auguste Debay, também do século XIX, informa que "fingir o orgasmo é uma maneira de a esposa se sacrificar pela família". Não sei se as mulheres desse período fingiam com a eficiência que certa vez a atriz americana Candice Bergen descreveu: "Respiração funda, girar a cabeça nas duas direções, simular um ataque de asma e morrer um pouco".

As grandes transformações na moral sexual fizeram com que homens e mulheres não acreditassem mais que o ato sexual fosse pecado. Mas os antigos tabus ainda persistem de forma inconsciente, fazendo com que o sexo continue sendo um problema complicado e difícil, com muitas dúvidas. Fantasias, desejos, temores, vergonha e culpas ocupam um tempo enorme na vida da maioria das pessoas.

Enquanto isso, grande número de mulheres não tem orgasmo e se desilude com a objetividade do homem. Quanto aos homens, o desempenho sexual se torna bastante ansioso, podendo levar a bloqueio emocional e disfunções como impotência e ejaculação precoce. Homens e mulheres são capazes de conseguir mais da própria vida sexual.

O psicoterapeuta e escritor Roberto Freire diz que quando se passam a infância e a adolescência reprimindo a sexualidade das mulheres e formando-as na submissão e subserviência ao homem, no momento em que são autorizadas a praticar o sexo, o antigo e forte bloqueio se apresenta de modo inconsciente, impedindo-as de atingir o orgasmo. Ele contou que curou mulheres anorgásticas ensinando-as a se comportarem livremente na cama com seus companheiros, sobretudo indo buscar prazer no corpo do parceiro e não apenas oferecendo-se a ele para que alcance o dele.

Para Freire, ser livre no sexo é primeiro admitir que ele seja uma relação com iguais direitos, possibilidades e satisfação de seus desejos. O egoísmo no sexo reduz à metade a possibilidade do prazer. O prazer produzido no outro é tanto quanto o que é produzido em nós. "A frase seria assim: goza-se também e muito com a liberdade sexual do outro."[206]

O prazer está em suas mãos

"Notável era um clube humilde, chamado Bênção do Mendigo, que se espalhou a partir da década de 1730 da costa leste da Escócia para Edimburgo, Glasgow e chegando mesmo até São Petersburgo, na Rússia. Os integrantes se reuniam regularmente para beber, conversar sobre sexo, contar piadas, entoar canções picantes e ler pornografia. Eles pagavam as moças para se despirem e se exibirem nuas. Seu propósito central era comparar seu pênis e se masturbarem na frente uns dos outros, um por vez ou juntos."[207]

Ato frequente da nossa sexualidade, a masturbação se converteu num dos maiores tabus. Na Antiguidade, era uma forma aceita de obter prazer. Mas a nossa história tomou outro rumo. Para a cultura judaico-cristã, qualquer prática que não levasse à procriação foi objeto de severas punições. No século XVIII, a masturbação ascendeu à categoria de doença grave.

A loucura antimasturbatória continuou no século XIX. Diversos textos aterrorizavam as pessoas quanto ao malefício da masturbação. Loucura, cegueira, câimbras, pelos nas mãos... era o mínimo que aconteceria. Com o objetivo de impedir a atividade masturbatória, diversas invenções proliferaram. Havia um detector de ereção ligado a um fio que ficava ao lado do quarto dos pais do jovem. À mais leve ereção, uma espécie de sino tocava, alertando os pais para a ereção do filho.

Mas, felizmente, o prazer sexual começa a ser percebido de outra forma. Numa província da Espanha, a Secretaria de Educação criou o curso "O prazer está em suas mãos" para ensinar masturbação nas escolas a jovens de 14 a 17 anos e derrubar mitos negativos sobre o tema. Os conteúdos vão de anatomia e fisiologia sexual até técnicas de masturbação e uso de objetos eróticos. É claro que os conservadores protestaram e ameaçam entrar na Justiça. Mas, para a Secretaria de Educação, o novo curso não devia escandalizar ninguém, principalmente porque todos nós fomos adolescentes e todos nós temos sexualidade.[208]

Por conta dos preconceitos, encontramos pessoas culpadas e amedrontadas com seus próprios desejos e com a forma de realizá-los. Isso impede que a masturbação se torne a experiência libertadora e satisfatória que pode ser. Hoje é sabido que a masturbação na infância é importante, já que equivale à autoexploração do corpo. Na adolescência, ela é vista pelos especialistas como uma prática fundamental para a satisfação sexual na vida adulta, por permitir um autoconhecimento do corpo, do prazer e das emoções. E no tratamento das disfunções orgásticas a masturbação é o elemento principal para capacitar a mulher a ter o primeiro orgasmo.

Potência orgástica

Para o psicanalista Wilhelm Reich (1897-1957), as enfermidades psíquicas são a consequência do caos sexual da sociedade, já que a saúde mental depende da potência orgástica, isto é, do ponto até o qual o indivíduo pode se entregar e experimentar o clímax de excitação no ato sexual. Ele tinha total convicção da importância do orgasmo para a saúde física e mental, bem como para evitar as neuroses. A partir da observação de seus pacientes, concluiu que aqueles que passavam a estabelecer relações sexuais mais prazerosas apresentavam melhoria do quadro clínico.

Baseado nisso, Reich desenvolve a teoria do orgasmo, na qual somente a satisfação sexual intensa consegue descarregar a quantidade de libido necessária para evitar a formação de acúmulo de energia, gerador da neurose. Argumentou que era a total inaptidão dos neuróticos para descarregar a energia sexual, completamente e com satisfação, durante o orgasmo, que criava a obstrução de energia que mantinha viva a neurose. Ele acreditava que se as sociedades civilizadas permitissem que a vida fosse mais livre, e o ser humano vivesse com mais prazer, muitos problemas emocionais e até mesmo muitas doenças físicas, incluindo o câncer, jamais ocorreriam.

O sofrimento para ele é, em princípio, desnecessário, só sendo produzido pelas limitações sociais impostas à vida e à sabedoria do corpo. Até Reich, muitos psicanalistas acreditavam que se um homem tivesse ereção e realizasse o ato sexual era potente. Um distúrbio sexual seria facilmente identificável no homem que sofresse de impotência, ou na mulher com ausência de orgasmo. Não era difícil concluir então que os neuróticos poderiam ter uma vida sexual normal. Reich pôs em questão a normalidade e a autenticidade de grande parte daquilo que passa por sexo normal, porque não haveria total descarga da libido durante o ato sexual.

Preocupado com a questão da obtenção máxima de prazer sexual, Reich não se interessou pelo ato sexual mecânico e sua fisiologia. Observou que, durante o orgasmo, há uma fase inicial de excitação, com movimentos voluntários, que dá lugar a movimentos involuntários da musculatura e perda de controle, acompanhados de convulsões rítmicas por todo o corpo. Reich ouvia seus pacientes descreverem detalhadamente como se comportavam e o que sentiam durante o ato sexual ou na masturbação. Compreendeu, então, que todos eles, sem exceção, sofriam de um distúrbio severo da satisfação orgástica.

A ideia de que a potência orgástica do homem podia ser definida simplesmente em termos da capacidade para a ereção, penetração e ejaculação foi contestada por ele. Essas capacidades, ele afirmava, eram somente os indispensáveis pré-requisitos para a potência orgástica. Ele definiu potência orgástica como "a capacidade para abandonar-se, livre de quaisquer inibições, ao fluxo da energia biológica: a capacidade de descarregar completamente a excitação sexual reprimida por meio de involuntárias e agradáveis convulsões no corpo" (do corpo, não apenas dos órgãos genitais).

No Congresso Psicanalítico em Salzburgo, Áustria, em 1924, Reich introduziu formalmente o conceito de "potência orgástica": a dificuldade da satisfação sexual genital no adulto é o sintoma básico da neurose; a cura depende do grau do restabelecimento da função genital. Para Reich, distúrbios na capacidade orgástica refletem distúrbios na personalidade e comprometem a saúde global do organismo. Embora durante algum tempo Reich tenha sido esquecido, foi redescoberto pelos jovens dos vários movimentos contestatórios da década de 1960. Suas ideias libertárias ganharam novos adeptos, e vários de seus livros foram reeditados.

O prazer tântrico

"Um bom sexo depende da expectativa de cada um. Para uma pessoa comum é ter um orgasmo, depois outro, mais outro... e acabou. Isso ocorre porque ela está muito ligada ao sexo animal. O bichinho sente um impulso instintivo, cruza, espalha suas sementinhas e pronto. Para os tântricos, o sexo oferece expectativas maiores. É possível viver o sexo intensamente, não aqueles segundinhos de mero espasmo nervoso. O que a gente quer não é um orgasmo, nem mesmo um orgasmo múltiplo, e sim um hiperorgasmo", diz Mestre De Rose, mestre de yoga e autor de vários livros sobre o tema.

Pensando na importância de desenvolver o maior prazer possível no sexo, conversei com ele. A seguir suas ideias sobre o sexo tântrico.

"No Tantra não há um orgasmo, mas um estado hiperorgástico. A comparação é a seguinte: você tira uma fotografia com flash; foi um orgasmo. Agora você vai filmar e ligar aquele flash da filmadora, que vai ficar aceso o tempo todo. É como se você entrasse num orgasmo e não saísse dele nunca mais. Pode-se segurar essa sensação o tempo que quiser.

"A curva do orgasmo é assim: estaca zero, excitabilidade, orgasmo e decadência. Isso é um orgasmo nota dez. Na contenção orgástica, quando você chega ao pico que vai desencadear o orgasmo, você segura e recomeça. Quando recomeça, já parte de um patamar de excitabilidade muito superior. E continua segurando e recomeçando. Depois que esse processo está em andamento, a cada minuto podemos fazer vinte, trinta retenções dessas. Após algumas horas, a curva está lá no alto, e a relação de prazer que existe entre um orgasmo nota dez e uma experiência dessas é indescritível.

"É um estado de paranormalidade mesmo. Você nunca se sente satisfeito. O Tantra não quer que as pessoas fiquem normais, mas paranormais. Depois desse sexo, a pessoa pode voltar para suas atividades cotidianas, mas não saciada. A satisfação é o primeiro elemento do fracasso do indivíduo, que o faz ficar entregue à vontade dos outros, da sociedade. Ele está saciado, satisfeito, portanto sem energia sexual, sem combatividade. Quando acaba o ato sexual, se a pessoa não tiver práticas específicas para canalizar aquela energia toda, é um perigo. É uma bomba, é muita energia. Quando a pessoa termina um contato desse tipo e vai fazer esportes, estudar ou trabalhar, age como um rolo compressor. É uma força avassaladora.

"O instinto sexual é o instinto mais poderoso que nós temos. Se você está morrendo de fome e vê um padeiro fazendo um pãozinho gostoso, você pensa duas vezes se rouba ou não o pão. Mas, para pular a janela e transar com a mulher do padeiro... as pessoas não pensam. Pulam a janela, transam e levam o tiro. O instinto sexual é superior ao instinto de preservação da vida, porque é um instinto de preservação da espécie.

O que nós propomos no Tantra é você manipular essa energia, que é superior, muito forte. A vontade fisiológica e psicológica de ter um orgasmo é tão poderosa que, se tivesse um anjo do Senhor com sua espada e dissesse 'Eu te dou um orgasmo, mas você tem que me dar o seu braço direito', o cara responderia: 'Leva o braço, leva os dois braços, leva tudo, mas me dá um orgasmo'. Quando se chega ao estágio mais elevado de contenção, os tântricos retêm o orgasmo. É um poder que se desenvolve de força de vontade, de força coletiva incrível."

As preliminares e o sexo tântrico

Há alguns anos, numa conversa sobre a importância das preliminares no sexo, a atriz Ittala Nandi me relatou uma história interessante:

Quando estive a primeira vez na Índia, tive uma relação sexual com um diplomata indiano que fazia yoga tântrica. Foi incrível. Eu nunca consegui esquecer esse homem. Qualitativamente, foi fora de série. Ele lavava meus pés... passava óleo no meu corpo todo, massageando... Tudo era lento, com muita calma. Quando ele chegava na cabeça eu já estava completamente louca. Aprendi que tinha que fazer o mesmo com ele. Ele se detinha em lugares do meu corpo que eu nunca tinha imaginado que fossem tão interessantes, lugares a que ninguém dá importância. Embaixo do braço, atrás do pescoço... atrás do tornozelo, então, é incrível. Num bom sexo a sensibilidade tem que estar à flor da pele. A pessoa te acompanha... te sente. Isso é tão poderoso nela mesma que consegue passar para o outro de uma forma fantástica. Quando acontece, surge uma energia que vem dos deuses. Dessa forma, você alcança a transcendência.

De Rose complementa dizendo que o contato de uma hora é o mesmo que ejaculação precoce para o tântrico.

"Todo homem tem ejaculação precoce. A parceira poderia continuar muito mais tempo sem cansaço. Ele não, pois já está inutilizado. O contato do homem tântrico é diferente. O hiperorgasmo é um estado de paranormalidade erótica; é uma hiperestesia sensorial que é gerada a partir da protelação do orgasmo comum. Não visa ao fim, mas a permanência, ficar ali mesmo, usufruindo daquela experiência. Não tem limite de tempo. A pessoa fica o tempo que quiser. Depende da disponibilidade de cada um. Se é dia de semana e ela precisa trabalhar no dia seguinte, o tempo é menor. Se for um fim de semana, ela pode ficar na cama o sábado e o domingo inteiros. A ioga sensibiliza o indivíduo como um todo. Dá consciência corporal e visceral. A pessoa começa a desenvolver essa prática Maithuna, que consiste no processo de protelar o orgasmo e guardar energia."

E o psicoterapeuta Gaiarsa chama a atenção para a importância do toque: "O orgasmo é tanto melhor quanto mais amplo for o contexto pessoal e tátil. A carícia é uma coisa basicamente esquecida pelas pessoas. O que existe de carícia no mundo é muito pouco e estereotipado e, no entanto, nosso corpo é o maior playground do universo. Nossa pele tem mais de 600 mil pontos sensíveis, nós somos uma criação contínua do movimento, somos movidos por 300 mil neurônios motores medulares. Neurologicamente, somos criação contínua, e, se você combinar nossa capacidade de movimento com a nossa sensibilidade de pele, você pode ficar a eternidade acariciando alguém sem repetir nunca a mesma sensação".[209]

Tantra: massagem terapêutica sexual

Pâmela, 37 anos, jornalista, conversou comigo sobre suas várias visitas ao Centro Metamorfose, onde teve contato com um terapeuta tântrico para potencializar sua sexualidade.

Como você chegou até a Massagem Tântrica?
Eu estava pesquisando uma pauta para sugerir no meu trabalho e acabei chegando ao Tantra. Sabia que era uma filosofia indiana e que tinha a ver com sexualidade, mas estava longe de saber o que podia proporcionar. Percebi também que, aqui no Brasil, Tantra é sinônimo de sacanagem, e essa fama se deu porque muitas casas de massagem, que agendam programas, se intitulam tântricas por saberem algumas técnicas. Mas encontrei um centro de Tantra que usa a filosofia como terapia e que ajuda a potencializar os prazeres do corpo ou curar algumas deficiências desse universo. E, como me uso como objeto de pesquisa, fui lá conferir para ver se era sério mesmo.

O que você encontrou lá?
Antes de ir, conversei com um terapeuta local e ele me explicou que existem várias vivências do Tantra, e que a mais conhecida, talvez a mais procurada, era a Massagem Tântrica. E foi por aí que comecei. Cheguei ao local, em Copacabana, e era muito acolhedor, bem decorado, ao estilo indiano, parecia um local de ioga. O terapeuta me atendeu, me levou a uma sala e conversou por uns vinte minutos comigo, para saber se eu estava procurando por alguma questão de anorgasmia (ausência de orgasmo) ou algum bloqueio sexual... Ou se eu estava indo para potencializar os prazeres que meu próprio corpo podia proporcionar. E era isso que eu queria!

O que aconteceu então?
Fui ao banheiro (superlimpo) tomar banho e voltei para a sala, me deitei nua num tatame preparado para que eu recebesse a massagem e fechei os olhos. É importante dizer que o terapeuta permanece vestido e usa luva para aplicar a massagem íntima. Um mantra tocava enquanto ele começava a "Sensitive Massagem" e pedia para eu respirar pela boca: tocava a ponta dos dedos em meu corpo todo (dos pés à cabeça) para estimular a bioeletricidade e despertar a sensibilidade.

O que você sentiu?
Depois de quase quarenta minutos de estímulos pelo corpo todo, eu sentia espasmos nos braços, pernas, barriga, como se fossem pequenos orgasmos: era o corpo respondendo. Depois, ele passou lentamente para a região interna das coxas e foi drenando, estimulando os líquidos hor-

monais para a região íntima. Por fim, começou a massagear meu clitóris, pequenos e grandes lábios e, nos primeiros toques, já tive dois orgasmos.

A massagem continuou depois dos dois orgasmos?
O prazer já era imenso quando de repente ele encostou um bullet vibratório no meu clitóris. Tive cinco orgasmos múltiplos e eu emitia um som forte e alto totalmente involuntário. Minhas pernas ficaram dormentes, lágrimas involuntárias saíram do meu rosto quente e senti arrepios pelo corpo; era um prazer que nunca tinha sentido.

Você nunca havia sentido um orgasmo tão intenso?
Os orgasmos que tive nas transas da minha vida não se comparavam ao que eu sentia naquele momento. Gargalhei durante os orgasmos, também involuntariamente. Ao final de tanto prazer, a música calma chamava para a meditação e por lá permaneci, sentindo uma paz. Em determinado momento, veio um nó na garganta e chorei como se fosse um desabafo. Mas um choro bom, sem motivos. Como se tivesse colocando algo pra fora.

Quanto tempo durou essa sessão?
Acabou a sessão depois de quase duas horas, tomei meu banho, ganhei um abraço carinhoso do meu terapeuta e fui embora com a certeza de que voltaria mais vezes. Não senti receio algum porque o lugar e o terapeuta me inspiraram confiança e respeito. Não tive problema em ficar nua porque já tenho uma cabeça aberta a respeito disso. Inclusive, acho que todas as pessoas que se lançarem a essa gostosa aventura devem ter cabeça aberta porque, afinal, é seu corpo nu que se entrega na mão de um terapeuta.

Quantas vezes você voltou ao local?
Eu perdi a conta de quantas vezes voltei ao local. Permaneço com o mesmo terapeuta até hoje, e de lá para cá a duração do orgasmo aumentou: como se o corpo estivesse sendo exercitado para sentir prazer. Na terceira ou quarta sessão, ejaculei pela primeira vez na vida. Já sabia que isso existia porque algumas amigas relataram que tinha acontecido com elas durante a transa. Mas eu achava que só algumas mulheres tinham essa facilidade e lá descobri que todas nós temos. Tudo é um exercício: o clitóris fica mais enrijecido e aprendemos quais os pontos que nos dão

mais prazer ou que nos fazem ejacular. Passei a me masturbar em casa com mais consciência do meu corpo. E me arrisco a dizer que passei a ser ainda mais extrovertida, falante, criativa.

É caro?

É caro, sim, mas vale a pena. E o legal é que podemos escolher se queremos um terapeuta homem ou mulher: com quem nos sentirmos mais confortáveis.

Fez outras vivências tântricas?

Quanto a outras vivências, descobri que eles davam curso para quem quer aprender a fazer massagem tântrica. É um curso prático de quatro horas de aula: um terapeuta fica deitado nu e outro terapeuta explica as manobras, tanto da Sensitive, quanto da Linghan Massagem (pênis). Primeiro, o terapeuta faz a massagem no outro e vai explicando cada ponto. Depois, fazemos na prática, e tanto o terapeuta deitado quanto o instrutor vão direcionando a pressão, a velocidade das manobras e as formas de fazer, mostrando os pontos mais sensíveis. É bem didático, realmente uma aula de educação sexual. É muito tranquilo.

Você faz essa massagem em outras pessoas?

Passei a fazer a massagem em amigos e parceiros. Percebi que o mais legal é que eles se descondicionam a encarar essa massagem como sexo. Quando recebem a massagem, ficam passivos, sentem o corpo todo e entendem que as manobras que faço no pênis não têm nada a ver com a masturbação à qual estão acostumados. E, nesse momento, não precisam ficar preocupados com a performance do macho alfa, porque estão passivos, se permitindo sentir, gozar e relaxar. É muito gratificante proporcionar prazer.

* * *

O Centro Metamorfose é um núcleo de Tantra fundado por Deva Nishok, um estudioso das vertentes do Tantra, criador de um método próprio, que leva a sério a ética de seus terapeutas. Existem unidades em várias partes do país. Através de workshops e massagens, os terapeutas ensinam e aplicam técnicas que desenvolvem ou maximizam o potencial do corpo.

Essa transformação começa pelo desenvolvimento da sexualidade ativando outras formas do sentir. A respiração, a meditação e a ativação dos cinco sentidos estimulam aspectos sensoriais que possibilitam orgasmos por todo o corpo. O atendimento das massagens é individual, e os workshops são feitos em grupo. Nas massagens, os profissionais usam luvas e material totalmente higiênico, seguindo rigorosamente as normas de biossegurança.

Problemas sexuais como ausência de orgasmo, ejaculação precoce, disfunção erétil, dor no ato sexual e depressão são tratados através dessas técnicas. É importante ficar claro que nada tem a ver com masturbação ou sexo durante as massagens. Todos os trabalhos independem da orientação sexual de quem vai vivenciar as práticas. A seguir, a conversa que tive com Nishok.

O que é Tantra?

A expressão "Tantra" é genérica, estima-se que tenha sido criada há 8 mil anos em uma sociedade matriarcal que existiu no Vale do Indo, onde hoje se localiza o Paquistão. É de natureza sensorial e possuía práticas meditativas que levavam a pessoa a experimentar estados alterados de consciência em que se conectava com "saberes", permitindo o descondicionamento social, a desidentificação com o ego e a criação de novos paradigmas a partir do uso dos sentidos e da experiência sensorial. No Brasil, o Centro Metamorfose desenvolve e é o principal divulgador de práticas ligadas à visão tântrica do Caminho do Amor, um trabalho de desenvolvimento pessoal que também inclui uma sexualidade mais saudável.

Como você adequou o Tantra ao Brasil?

A palavra "Tantra" possui vários significados, o que eu mais aprecio é "códigos". Tantra é a energia que cria a vida e a mantém. Penetrar nos códigos do Tantra – e cada pessoa possui o seu código individual, o seu Tantra – significa ter a capacidade de intervir no seu processo de desenvolvimento pessoal, ter maior controle sobre seus pensamentos, palavras e ações, minimizar o impacto dos instintos ou dos condicionamentos sociais sobre o indivíduo. Desde que iniciei meus estudos sobre o Tantra, há 35 anos, percebi que as escolas tântricas com um cunho eminentemente sexual não ofereciam condições de transformação para seus adeptos, apesar de serem as mais populares. A visão feminina se perde em meio ao machismo que prevalece nessas sociedades. Tantra é uma experiência pessoal e intransferível. O Tantra propicia liberdade, libertação, propicia um estado quântico de amor e generosidade. Minha metodologia é chamada exatamente de "O Caminho do Amor" pelos resultados proporcionados pelas meditações e vivências tântricas.

Colorimos a nossa visão tântrica com as cores do Brasil e com a inventividade do brasileiro. Nossas práticas têm uma musicalidade ampla, muita brincadeira e diversão, uma grande característica do povo brasileiro, tem dança, tem instrumentos e muita integração social numa contextualização de amizade e dignidade que dão muita credibilidade ao trabalho.

Fale um pouco do Método que você criou.

Na Visão Tântrica do Caminho do Amor a vida não é filosófica, é experimental. A natureza é um grande laboratório de desenvolvimento dos sentidos. Sem os sentidos não vivemos; portanto, os sentidos físicos é que devem ser privilegiados como algo essencial ao nosso despertar. Meu método contém meditações, dinâmicas e vivências que desenvolvem e aprimoram os sentidos. Nosso trabalho "quebra" os códigos primitivos do corpo que colocam o sexo apenas numa posição de penetração e ejaculação, que é o modo como atua a grande maioria da população. Sexo na natureza é penetrar e ejacular.

Se usarmos a capacidade de refletir sobre a energia sexual e ampliar o poder dessa energia, teremos uma melhoria muito expressiva na capacidade de prazer e orgasmo. Nosso orgasmo é diferenciado, muito melhor e superior ao orgasmo comum, ordinário, mais baseado na psicogenia, na fantasia, pois não existe qualidade sensorial no ato sexual. Havendo maior qualidade sensorial podemos intervir na situação primitiva, anulá-la e ampliá-la, é isso o que o Método faz. Nas nossas práticas sexuais ampliamos os sentidos. O orgasmo é um fenômeno neuromuscular, está presente nos nervos e nos músculos do corpo, que podem ampliar a nossa percepção, as ondas de prazer, intensificando as produções hormonais responsáveis pelo orgasmo: serotoninas, endorfinas e ocitocinas.

Quais são as atividades mais procuradas no Centro Metamorfose?

Durante muitos anos as Massagens Tântricas que eu desenvolvi – Sensitive, Linghan Massagem e Yoni Massagem – foram as mais procuradas. Elas propiciam a cura das disfunções sexuais e desenvolvem muito o potencial de prazer. Nas massagens criamos as condições de desenvolvimento dos tecidos e músculos sexuais, e os resultados aparecem imediatamente. Então, é muito comum a superação de problemas sexuais como impotência e ejaculação precoce – nos homens – e anorgasmia (falta de orgasmo) e dispaneuria (dores presentes nos atos sexuais e contração excessiva dos músculos vaginais que impedem a penetração). Há cinco anos, desenvolvi um segmento do Método dedicado aos casais, que chamei de Delerium (delírio, estar fora do lugar). Atualmente, esse é o trabalho que mais se amplia dentro do Metamorfose, com terapeutas atuando em várias cidades do Brasil.

Quem busca a Massagem Tântrica e por quê?

No Centro Metamorfose não são permitidas interações sexuais entre terapeuta e interagente. No Método, preconizamos que um dos problemas graves na apresentação sexual do indivíduo é a interpretação dos papéis. Representar a atuação de um homem é um grande problema para muitos homens e representar os papéis de mulher é problema para muitas mulheres. No Método, pedimos que a pessoa não represente papel nenhum. O que está ali é um corpo, apenas um corpo, com nervos e músculos necessitando livrar-se de julgamentos e condicionamentos limitantes.

Assim, a clientela do Metamorfose possui esse perfil, de pessoas que se encontram na condição limitada de transtornos sexuais que requerem cura e também de pessoas que buscam um desenvolvimento pessoal, fortalecimento e aprimoramento de seus tecidos sexuais e novas formas de prazer e orgasmo. No Método, o trabalho é aplicado de forma não sexual, desonerando a pessoa de corresponder aos papéis e livrando-as da psicogênese e da fantasia.

Uma vez que o homem ou a mulher conhece a massagem, ela ou ele leva o marido ou a esposa ou costuma ir escondido?

Muitas pessoas casadas que nos procuram chegam escondidas, preocupadas que o cônjuge não saiba o que estão fazendo. Depois que conhecem o processo, se curam e resignificam sua performance sexual e se sentem culpadas pela mentira. Então, muitos trazem a esposa ou o marido para conhecer o processo.

Há uma procura da P-Spot (massagem no ânus) mesmo? Por homens e mulheres? Ou ainda é tabu?
No nosso Método, a P-Spot (Ponto Prostático) é oferecida aos homens pelos benefícios e expansão de prazer que ela possibilita. O tecido prostático é rico em inervações e acessível por estímulos produzidos através do ânus e no períneo. Existem alguns pontos reflexos que também são oferecidos nessa abordagem e que melhoram o prazer e o orgasmo. Nas mulheres, a estimulação anal pode ser solicitada e utilizada. Não são todas as mulheres que apreciam a estimulação anal, mas ainda assim ela é passível de ser desenvolvida e ser prazerosa.

O curso de massagem (feminina ou masculina) é uma nova forma de educação sexual para que homens e mulheres aprendam a tocar no corpo do outro de forma mais assertiva?
Sim, nosso enfoque é ressignificar os sentidos e o prazer obtendo melhores resultados com a manipulação adequada dos genitais, sem uma ordenação sexual. Um caminho mais sensorial e mais comprometido com a qualidade do toque. Nas nossas massagens utilizamos toques especialmente estudados para elaborar e mobilizar níveis mais altos de prazer e orgasmo.

As pessoas do Oriente conseguem um aproveitamento melhor do Tantra por sua proximidade da origem?
Não, infelizmente não. Seria ótimo se fosse. O Tantra nunca foi bem-visto e bem-aceito pelas sociedades patriarcais. No Tantra Taoista, existem livros que falam da beleza da orgia. Os homens são incentivados a fazer sexo com seis parceiras, mas jamais numa sociedade taoista você verá uma mulher ser orientada a fazer sexo com seis parceiros. Essa é a visão patriarcal, infelizmente, em que as mulheres são objetos de prazer. Bom, o Tantra é inclusivo, não exclui nenhuma possibilidade quando a proposta é desenvolver e experimentar, está acima do bem e do mal, do certo e do errado.

* * *

Um grande amante não nasce do nada. É preciso aprendizagem e espontaneidade. Como em qualquer forma de arte, fazer sexo requer técnica e sensibilidade. Talvez, quando o sexo for visto como natural, desejável, que faz bem à vida, homens e mulheres se sintam mais à vontade para buscar profissionais especializados que lhes prestem o serviço de vivenciar intenso prazer sexual com vários orgasmos consecutivos.

Sexo a três

Em 1758, o aventureiro veneziano Giacomo Casanova, que, como vimos, celebrizou-se como sedutor contando sua vida em uma biografia, viu-se em uma carruagem, próximo de Paris, com uma bela e jovem mulher e seu amante aristocrático. A moça, por quem ele se sentiu atraído, sentou-se nas coxas dos dois homens. Casanova declarou que os solavancos da carruagem o enganaram, levando-o a supor que acariciava a mulher enquanto sua mão estava, na verdade, apalpando o pênis do homem. Em seguida o aristocrata agradeceu: "Sou-lhe grato, amigo, por sua educação campestre". Casanova descobriu uma das vantagens do triângulo: ele estimula o ardor dos participantes e, no caso do homem, o mantém alerta e o leva muito mais longe.[210]

Casanova viveu há mais de duzentos anos, mas o desejo crescente – que se observa hoje em homens e mulheres – de participar de uma relação sexual a três é inegável.

Realização de um antigo desejo

Jéssica, 41 anos, é médica. No nosso encontro relatou a sua experiência com o sexo a três.

Quem participou da sua primeira vez no sexo a três?
Meu marido e uma garota de programa.

Como foi que vocês a convidaram?
Conversei com uma amiga que já tinha feito com o marido dela e me indicou essa garota de programa. Eu tinha receio de chamar uma pessoa que não conhecesse e que eu não tivesse nenhuma referência, que fosse estranha. Confio bastante nessa amiga e segui a indicação dela. Nós ligamos e a moça foi supersimpática. Marcamos uma data e combinamos de

buscá-la na Barra da Tijuca, onde ela mora. Levamos um vinho e fomos os três para um motel.

O que você diria dela?

Ela tinha uma história muito curiosa: era professora numa escola e trabalhava como garota de programa sem que ninguém soubesse. Tinha um namorado que não sabia de nada sobre essa atividade paralela. Na escola, também ninguém sabia. Ela conversou com a gente abertamente sobre tudo. Bebemos o vinho, fumamos um beck e ela nos contou toda a sua história. Não me lembro se ela era do Rio ou de outro estado. Mas era gente boa... uma pessoa que poderíamos ter conhecido em qualquer outro lugar.

E o que aconteceu depois que vocês chegaram ao motel?

Começamos tomando o vinho, conversando um pouco para ir quebrando o gelo, para ficarmos mais à vontade. Eu queria muito ter essa experiência; fui eu que propus. Mas estava receosa de como seria minha reação ao ver o meu marido, por quem eu era apaixonada, transando com outra mulher... Foi bem bacana! Senti tesão... foi interessante vê-lo com outra mulher e ele adorou vê-la comigo. Assim, a gente teve uma interação boa. Ela não era o meu tipo de mulher, mas era uma pessoa legal. A troca foi tão boa que pagamos por duas horas e ficamos três. Isso porque eu falei para irmos embora, porque, por ela, parecia que poderia ficar mais [risos].

Vocês transaram os três juntos ou dois a dois?

Nós transamos os três juntos. Mas numa transa a três é difícil você ter essa conjunção dos três. Às vezes, um fica mais como observador enquanto os outros dois interagem; às vezes, os três conseguem interagir juntos, mas é meio que uma troca mesmo.

Como você se sentiu quando acabou a transa?

Achei interessante, gostei da aventura e achei que tinha valido a pena. Realizei uma fantasia. Me livrei do medo de ver meu marido com outra pessoa, porque percebi que aquilo podia ser estimulante, podia me dar tesão também ver o prazer dele com outra. Mas também não fiquei muito com aquilo na cabeça. Foi bacana, natural, e passou.

Você teve outras experiências de sexo a três depois dessa?
Tive duas outras experiências, mas nenhuma delas com meu marido junto. Acho que foi porque era caro. Eu tinha medo de fazer com alguém que eu conhecesse, que fosse amiga. Eu tinha um receio de que fosse diferente de uma relação só naquele momento, com uma pessoa que havíamos contratado e estávamos pagando. E, por mais que tenha sido gostoso e fosse uma pessoa bacana, era uma relação de negócio.

Como foram as outras vezes que você fez sexo a três?
As outras vezes foram mais naturais. Da segunda vez, encontrei um cara com quem eu já estava saindo e ele estava com uma amiga. Ficamos os três conversando e a gente foi bebendo... A amiga saiu em algum momento e ele falou comigo: "Olha, Jéssica, ela está a fim de você. Vamos nós três!". Ela era atraente. Pensei que seria interessante experimentar com uma pessoa que não amo, uma relação diferente.

E qual foi a diferença de você transar a três com um homem que você amava, e era seu marido, e com duas pessoas quase desconhecidas?
A diferença tem prós e contras. Os prós foram, na verdade, o não envolvimento afetivo, o que fazia com que a coisa fosse mais orgânica, mais natural, fosse mais do momento mesmo, só tesão. Por outro lado, o fato de não conhecer aquela mulher, de não ter tanta intimidade com o cara também, fez com que o sexo não fosse tão gostoso. Eu não gozei. Ela gozou. Não consegui gozar porque acho que aí entra uma questão de entrosamento, de um dar mais atenção para um que para outro...

E vocês repetiram esse encontro?
Não. Fiquei superamiga dela e com vontade de transar com ela novamente. Quando você transa a três, e na minha experiência sempre foram duas mulheres e um homem, o homem tem que ter muita sensibilidade para saber lidar bem com as duas mulheres. E as mulheres também têm que ter um entrosamento bom entre elas. Como nós não nos conhecíamos, acho que faltou um pouco disso da nossa parte. Acho até que mais dela, que ficou um pouco tímida. Ele também não teve maturidade, estava muito preocupado com ele. Então, nós três não repetimos, mas eu e ela já falamos sobre a possibilidade de ficarmos juntas de novo.

Quando você saiu com seu marido e a garota de programa, você já tinha transado com uma mulher antes?
Eu já tinha transado com duas mulheres antes, mas sem ele. Foi uma coisa que eu sempre tive curiosidade, e ele me estimulou a realizar esse desejo. Hoje é difícil a gente rotular, mas acho que posso dizer que sou bissexual. Saio com mulheres e com homens, embora me sinta bem mais atraída por homens. Já fui apaixonada por uma mulher, mas nunca namorei uma. Gosto de mulheres, mas o desejo por elas vem de uma forma diferente que pelos homens. É mais fácil me sentir atraída por homens. Com as mulheres sou mais exigente, mas, quando bate algo, bate forte! Depois das duas primeiras experiências a três, rolou uma terceira.

Como foi?
Essa terceira vez foi a melhor, porque foi com um homem com quem eu já tinha transado algumas vezes e que era meu amigo e com quem eu tinha intimidade. Ele estava saindo com uma menina que também era supercabeça aberta e que eu conhecia. Então, nós já tínhamos uma afinidade. A gente estava numa festa, e eu e ele ficamos com vontade de ficar juntos. Resolvemos então chamá-la. Ela disse pra gente ir na frente, que depois ela iria. Achou que eu e ele tínhamos algo pra resolver, mas isso foi viagem da cabeça dela. Eu e ele fomos pro quarto do hotel e começamos a transar. Ela chegou no meio e entrou. Foi supergostoso, foi lindo. Me senti super à vontade e acho que eles também. Foi muito bom para os três.

Qual é a diferença entre fazer sexo com uma pessoa ou com duas?
Acho que a diferença é o respeito e o cuidado umas com as outras. Quando você está só com uma pessoa a sua dedicação é inteira para ela. Muitas vezes, o homem é egoísta, só pensa nele. Aí, o sexo é ruim. Mas, quando você tem uma terceira pessoa, você tem que ter um cuidado maior para não deixar ninguém sobrando. É diferente; eu não diria que é melhor ou pior. É muito bom transar com uma pessoa e também transar com duas. A dinâmica é diferente. É muito gostoso você assistir a duas pessoas transando; é excitante e estimulante. Você também consegue enxergar outros pontos da relação sexual, é como se você fosse um observador, mas ao mesmo tempo você participa, e existe outra pessoa observando. É uma outra construção, que também é muito interessante.

Houve outras experiências a três?
Depois dessa eu até estive com outro casal, mas a gente não transou. Foi só beijo e muita conversa, mas também foi muito gostoso. É bom construir relações que são diferentes, mas nas quais existem afeto, carinho e cuidado com o outro. É muito bom você saber dividir a sua atenção entre duas pessoas, receber e dar prazer a elas.

Já houve transa entre você e dois homens?
Nunca transei com dois homens. Sempre tive essa fantasia, mas nunca encontrei um homem que estivesse disposto a isso. Acho que os homens se sentem ameaçados por outro homem. Com outra mulher é sempre uma fantasia.

Que sugestão você daria a alguém que deseja fazer sexo a três?
Sugiro que seja da forma mais natural possível e que da primeira vez seja com pessoas que você conhece e nas quais confia. É importante haver respeito, carinho e afeto, e que você saiba que essas pessoas vão te tratar bem. É uma dinâmica diferente de uma relação sexual a dois. Na relação a três há uma troca de energia muito grande, então é importante estar com pessoas com quem você se sinta à vontade, independentemente do fato de acabar naquela noite mesmo.

E que sugestão você daria na hora em que essa pessoa estivesse na cama com os outros dois?
Eu diria para estar bem presente e ir prestando atenção nas duas pessoas. É importante dar atenção igualmente às duas, não deixar ninguém de fora. Tentar envolver a pessoa mais tímida para fazer realmente a coisa acontecer a três. Não ficar apenas dois tendo uma relação sexual e outro observando. É claro que se, em algum momento, um dos dois quiser ficar na posição de observador, ótimo. Tem que haver sensibilidade para que seja uma coisa boa para os três, percebendo o que cada um está sentindo e querendo. Se tiver na dúvida, vale perguntar também.

O outro lado da história – a garota de programa
Érika, 33 anos, é universitária e trabalha como garota de programa há seis anos. Na entrevista a seguir, ela conta um pouco da sua experiência.

Gostaria de saber como foram as suas experiências no sexo a três com casais.
As minhas experiências com casais foram como garota de programa. Começava assim: o homem ou ela (a mulher ou namorada) ia na casa onde eu trabalhava [boate 4×4 no Rio de Janeiro] buscar uma acompanhante. Em geral, era o homem que ia. Daí, eles me abordavam para uma conversa inicial e pagavam bons drinques. Geralmente, esse tipo de cliente gosta de agradar e tratar bem aquela que pode ser a terceira pessoa entre o casal. Eles explicavam que estavam em busca de uma parceira para agradar a namorada ou para realizar uma fantasia, e eventualmente eu aceitava alguns convites, mas antes eu procurava conhecer um pouco do casal.

Por que é importante conhecer a história do casal?
Eu queria saber um pouco mais da história deles, como eles se conheceram, como estava a relação no momento, quem era quem, enfim... eu queria me situar até para poder desempenhar o meu papel da maneira mais tranquila e natural possível. De alguns casos que vivi, vou relatar aqui aquele que foi o mais interessante. Fui abordada por um homem que aparentava uns 50 e poucos anos, e vamos chamá-lo de Paulo. Ela tinha 28 anos, e vamos chamá-la aqui de Daniele. Nas nossas conversas iniciais ficou bem claro que era ele quem queria agradar.

Eles eram casados?
Sim, eles eram formalmente casados, e o curioso é que essa menina também já tinha sido garota de programa. Eles se conheceram numa noite e pouco tempo depois ele resolveu "tirá-la da vida" e tudo o mais. Quando ele me abordou, eles já estavam casados havia uns três ou quatro anos. Eu não sei se o casamento estava monótono ou se era apenas uma espécie de jogo amoroso, o fato é que ele resolveu me procurar para satisfazer a essa moça (era um desejo dela, estava claro). E bom... eles me passaram todas as seguranças necessárias. Topei e fui.

Para onde vocês foram?
Eu sou do Rio e esse casal é de Niterói. Chegando ao apartamento deles, em Icaraí, vi que tudo era muito aconchegante e fui muito bem recebida. Assim como fiz muitas perguntas sobre o casal, para conhecê-los melhor,

eles fizeram o mesmo comigo. De modo que já sabiam exatamente o que eu gostava de beber, comer... enfim. Eles me serviram um bom uísque, boa comida, boa conversa, boas músicas... O Paulo foi tomar um banho e nos deixou sozinhas por um bom tempo. Eu gostei e comecei a ficar com ela. A Daniele estava com tesão e muito animadinha também. Tanto assim que eu percebi o calor que emanava dela e aquilo me excitava também. Algum tempo depois, e com o convite da Daniele, o Paulo entrou na brincadeira e foi maravilhoso.

Ele transou com vocês duas?
Sim, ele transou com nós duas, mas me deu mais ênfase talvez por ser novidade ali no meio do casal.

Como ela reagiu ao perceber que ele estava mais ligado em você?
Aparentemente, ela reagiu bem, embora parecesse um pouquinho surpresa no começo.

Como é que terminou esse encontro?
Para mim terminou bem. Meus clientes estavam satisfeitos. O Paulo gozou muito. Não sei como eles ficaram emocionalmente depois, mas esses encontros se repetiram duas ou três vezes. A Daniele e o Paulo sempre falavam comigo por celular, SMS e e-mail. Bom, por minha iniciativa, esses encontros tiveram fim.

Como você acha que eles se sentiram e como é que foi a dinâmica entre eles?
Num primeiro momento, o que eu observei é que, por mais que a moça estivesse muito a fim e com tesão, ela parecia um pouco intimidada com a situação. Não sei se talvez mudasse algo na intimidade deles, com a reação do parceiro ao perceber o interesse dela por mim... Será que ela temia que o marido estranhasse o interesse dela por outra garota? Não chegamos a conversar sobre isso, de modo que só posso especular. Pode até ser o caso, mas, de qualquer maneira, ela foi se soltando, não sei se pela bebida ou pelo desejo. Eu percebi que ela gostou muito, e o marido dela pareceu gostar de ver esse interesse. Ele, aparentemente, foi ficando animado e com bastante tesão mesmo. Era claro. Achei interessante a

naturalidade com que ele deixou a gente ficar bem à vontade para só depois participar.

Você pode contar outra experiência de sexo a três?
Bom... essa experiência foi bem interessante, porque eu tenho uma amiga da qual eu era a fim havia muitos anos. Mas, por incrível que pareça, ela era mais safadinha que eu. Nessa época, eu ainda não tinha trabalhado como garota de programa, e isso me intimidava. Mas um dia, num passeio em Ipanema, ela disse que estava a fim de mim, mas estava saindo recentemente com outra garota. E me propôs que, se eu fosse passar uma noite na casa dela, convidaria a outra. Eu tinha 25 anos na época, e ela era uns quinze anos mais velha. A outra tinha a minha idade. Daí, ela apenas propôs que se eu topasse ela se encarregaria do resto. Como eu estava a fim dela mesmo... cheia de tesão, topei.

Você era inexperiente no sexo a três?
Nossa, eu nem sabia como fazer alguma coisa naquela situação, mas o tesão, assim como outras energias, nos levam a coisas inimagináveis [risos]. Então, esse encontro se deu na casa dessa minha amiga. Ela convidou a outra que já estava saindo com ela. E sei lá... a gente bebeu, a gente fumou um beck, dançamos, e essa minha amiga foi conduzindo tudo de uma maneira tão sensual e única que, quando dei por mim, estávamos as três na cama. Na falta de saber exatamente o que fazer, deixei tudo fluir e me levar.

Como você se sentiu?
No começo eu achei estranho, tive até certo ciúme. Porque é uma pessoa que eu desejava e tal. Mas, aos poucos, o tesão vai aumentando e a gente vai perdendo a timidez, o ciúme ou qualquer outra forma de controle. A brincadeira foi ficando muito interessante, porque no sexo uma coisa vai complementando a outra, e você nem consegue pensar em nada. Você só sente e viaja.

"Naquele dia, rompi completamente com uma série de preconceitos"
Luiz, 28 anos, dá um depoimento sobre a experiência que teve no Carnaval do Rio de Janeiro:

Tudo aconteceu quinze dias antes do Carnaval. Eu estava seguindo o cortejo da tradicional Banda de Ipanema, que é famosa por ter a presença de centenas de gays em seu desfile. Trajando apenas sunga e tênis, naquele calor típico de fevereiro no Rio, eu me divertia horrores sarrando com um monte de gente. Foi quando, atrás de mim, senti um gatinho me roçar com sua mala armada (de pau duro). Achei ótimo. Ficamos naquela ralação. Vi que ao lado dele havia sempre outro cara e pra mim ficou claro que os dois eram caso. Aí, o roça-roça ficou triplo. Era mão daqui, esfrega de lá, tudo bem carnavalesco.

Passadas mais de duas horas de festejos, um deles fez o convite: "Quer vir à nossa casa?". Fiquei trêmulo. Afinal de contas, ir para a casa de dois desconhecidos poderia ser uma roubada. Além do mais, a única vez que tinha tentado fazer sexo a três tinha sido um desastre, pois não havia química entre os três componentes. Não respondi nem que sim nem que não. E fui seguindo, conversando. Chegamos a Copacabana, onde eles moravam. Soube que já estavam juntos havia seis anos. Vi que eram gente boa e topei a parada. Afinal, nada como um bom papo.

Fomos direto para o quarto deles e devo confessar: foi uma usina de prazer o que rolou ali. Um deles ficou do meu lado direito, beijando e dando lambidas em minha orelha, enquanto o outro fazia o mesmo na orelha esquerda. Uma sensação que indico a todos, porque, melhor que um cheiro no cangote, só dois cheiros no cangote, e melhor que uma linguada na orelha, só duas linguadas simultâneas nas orelhas. Irresistível. Depois, ficamos nus e fizemos um "super-69", com cada um chupando o outro, em círculo.

O melhor de tudo é que não havia afetação. Não havia uma "bichinha pintosa", um "machão", nem nada disso. Nós três curtíamos de tudo. E não existia, por assim dizer, uma relação de dominação de uns com os outros.

Terminados os super-69, foi a vez dos milhões de carícias, mordidas e arranhões light, deliciosos e arrebatadores. Depois desse longo aquecimento, um deles me comeu (com camisinha e um bom gel KY, é lógico). Em seguida, o outro. Depois foi minha vez de comer um deles. Uma maravilha. Nada era mecânico e em nenhum momento houve constrangimento ou cobrança. Resultado: ficamos todos satisfeitos, gozamos divinamente e depois, ao contrário do que normalmente costuma rolar com transas entre homens, nós três ficamos conversando na cama durante mais de duas horas. Ninguém dormiu.

Não é fácil transar a três. É dificílimo haver uma boa química quando há mais de duas pessoas envolvidas. Normalmente, se gosta mais de um do que de outro, mas dessa vez não foi assim. Inclusive, há um detalhe interessante sobre esse aspecto. No início, ainda durante o trajeto da Banda de Ipanema, achei um deles mais interessante, mas na hora da cama o que eu havia achado a princípio menos interessante foi o que me penetrou com mais êxito. Divino. Assim, ficou tudo equilibrado, e eu gostei igualmente dos dois. Fiquei com uma sensação prolongada de prazer e um sentimento de ternura em relação ao casal, sem ter, contudo, nenhum desejo de posse. Aliás, nunca mais transamos, mas ficamos amigos e sempre que nos encontramos batemos um longo papo. Ou seja, a recíproca foi verdadeira.

Essa transa foi algo inédito na minha vida, porque, naquele dia, rompi completamente com uma série de preconceitos. Vi que é possível transar a três sem se sentir sujo, promíscuo etc. Naquele dia, vi o quanto o sexo feito com desprendimento, sem tabus ou culpas, pode ser lindo, transcendental. Independentemente de sua natureza hétero ou homo, e da prática com uma, duas ou mais pessoas. Não vou dizer que é uma experiência para se fazer todo dia, até porque, como disse, tem de haver muita química no trio. Mas acho que ao menos uma vez na vida todo mundo deveria passar por um ménage *para saber o que é uma usina de prazer.*

"Tenho 62 anos e estou casada há 42"

A prática do sexo a três não está restrita a pessoas jovens. Um homem ligou para o meu consultório querendo marcar hora para a esposa. Pedi que ela mesma ligasse. Falamos por telefone e uns dias depois uma mulher elegante, 62 anos, sentou-se à minha frente e contou a sua história. Ela e o marido estavam casados havia mais de quarenta anos, com quatro filhos e oito netos. Ele foi o único homem com quem fez sexo e, segundo contou, acreditava ter sido a única mulher do marido. Sem problemas financeiros, faziam muitas viagens internacionais, com ótima vida sexual... A sessão estava quase acabando quando interrompi sua narrativa para saber qual o problema que a trazia ali, se tudo era tão perfeito.

"Ele quer sexo a três. Chegou a contratar uma profissional que fala ao telefone enquanto estamos transando..."

Perguntei se já tinham feito sexo com mais alguém, e ela levantou a mão com quatro dedos que balançavam, indicando o número de experiências.

"No início relutei, discutimos muito, mas acabei consentindo. Como sou muito religiosa, não está sendo fácil aceitar que estou gostando dessa prática."

* * *

O sexo a três geralmente compreende um casal hétero, que se envolve com outro homem ou mulher. Em alguns casos, as três pessoas estabelecem um vínculo e desenvolvem uma relação estável. Entretanto, na maioria das vezes, a terceira parte é tratada como alguém que vai dar um colorido à relação, mais do que ser uma parte integral da mesma.

Alguns defendem a total falta de compromisso entre as partes e somente o desejo sexual conduzindo as ações. Outros, ao contrário, só veem validade nessa experiência se houver envolvimento. Entre aqueles que se relacionam com os dois sexos há um consenso de que o sexo a três é a relação perfeita. Muitos só não partiram ainda para essa experiência porque imaginam que os parceiros não admitiriam. Há aqueles que praticam o sexo a três fora de casa, lamentando que tenha que ser assim.

Hoje, observamos que muitos comportamentos impensáveis há algum tempo começam a ser tornar mais frequentes. Penso que, da mesma forma como ocorre com qualquer outra prática sexual, o sexo a três só tem sentido se as pessoas envolvidas o desejarem. Em hipótese alguma deve ser praticado para agradar ao outro ou para corresponder a expectativas que não estejam diretamente ligadas ao prazer sexual. Caso contrário, podem surgir mágoas e ressentimentos. E o preço para a relação pode ser alto a ponto de inviabilizá-la.

Além da meia-idade

O diálogo abaixo me foi transmitido por Maria Rita. Alguns dias antes, ela chamou Agenor, seu marido, para uma conversa. Quando sugeriu que falassem no quarto, ele ficou preocupado. Estavam casados fazia 51 anos e não havia mais nada que os pudesse surpreender quanto ao outro... isso é o que eles imaginavam.

— A Creusa veio fazer queixa de você, Agenor...

— Sobre?

O tom de voz do marido deixou claro para Maria Rita que ele sabia muito bem do que a empregada estava se queixando.

— Diz que você está faltando ao respeito com ela. É verdade?

— Tenho o maior carinho por essa menina... — disse Agenor, olhando para o chão.

— Você disse bem, ela é uma menina que pode ser sua neta, não é certo espiar o banho dela nem beliscar a bunda da Creusa...

Agenor ficou vermelho e não conseguia encarar a mulher.

— Estamos casados há tantos anos e nunca me pareceu que você fosse tarado.

Ele se irritou com a insinuação.

— Eu não sou tarado, apenas sou homem, e você me abandonou.

— Como abandonei, Agenor?

— Você não me toca mais e quando eu te procuro você escapa.

— Ora, Agenor... esqueceu a sua idade? Setenta e seis anos em março, Agenor...

— Setenta e cinco até março, mas e daí? Tenho desejo, Maria... Você não tem?

— Ah, Agenor, quando eu sinto, penso assim: passou o meu tempo...

— E por quê, Maria? Se o corpo tá pedindo é porque existe ainda. Não somos nós que vamos decidir contra a natureza.

Agenor levantou os olhos e encarou a mulher. Sentia a força de seus argumentos.

— Você está com apenas 72, Maria Rita, e já jogou a toalha? Em nome de quê? Eu outro dia espiei a Creusa no banho, com sua pele de menina, e me lembrei de você, de nossos dias de amor físico, e senti muita saudade. Mas não precisava: é só a gente aceitar o corpo...

Agenor estendeu a mão e tocou o rosto da mulher, que desviara os olhos dele. Seus olhares se encontraram.

— O que nos impede de buscar o prazer, Maria?

Ela não sabia o que dizer e ficou calada, depois agarrou a mão de Agenor e a depositou sobre o seio.

— Você promete que não vai mais beliscar a bunda da Creusa? Está difícil arrumar uma boa empregada nos dias de hoje.

— E você promete que não vai fugir de mim?

Deram-se as mãos e sorriram, coniventes.

Não há limite de idade para o sexo

Segundo os principais estudos sobre o tema, não há limite de idade para a prática de sexo, mas sobram preconceitos contra a velhice – os idosos seriam improdutivos, incapazes de mudanças, senis. Isso os levaria a ser considerados assexuados, como se sexo e juventude fossem sinônimos. Por essa lógica, o homem estaria condenado à impotência e a mulher, após a menopausa, não se interessaria mais pelo assunto.

Um casal de velhos de mãos dadas lembra companheirismo e carinho, nunca imaginamos os dois na cama praticando sexo. Esse consenso faz com que os velhos acabem se convencendo de que já passaram da idade, que sexo não é mais para eles. É fundamental compreenderem as mudanças na fisiologia da resposta sexual para preservarem o direito de ter sexo sem medo e com prazer.

Em seu estudo sobre sexualidade masculina, Shere Hite nos diz que muitos homens com mais de 60 anos podiam gozar tanto o sexo como quando eram mais jovens – e com frequência, para sua própria surpresa –, muito embora, no aspecto físico, estivessem sexualmente diferentes do que tinham sido na casa dos 20 e pudessem ter sexo ou orgasmo menos constantemente.[211]

Quanto à mulher, a sexóloga americana Helen Kaplan explica que o destino da libido depende de uma constelação de fatores ocorrendo nesse período, inclusive mudanças psicológicas, oportunidade sexual e diminuição da inibição, especialmente se a mulher não está deprimida e pode encontrar companhias interessadas e interessantes.[212]

O prolongamento da vida sexual até idades mais avançadas é uma mudança marcante das últimas décadas do século XX. O aumento da expectativa de vida, com boa saúde, a difusão do ideal de juventude e a possibilidade de os mais velhos aproveitarem tanto a sociabilidade quanto os lazeres autônomos não os limitam mais a frequentar apenas a própria família. A autonomia cada vez maior dessas pessoas faz com que os preconceitos tradicionais contra a sexualidade na velhice recuem. E a satisfação dos mais velhos em relação à sua vida sexual também aumentou bastante.[213]

Não é difícil imaginar que o aumento da longevidade, aliado aos avanços da medicina e a novas técnicas de reposição hormonal para a mulher e medicamentos para manter a ereção do homem, conduz ao desenvolvimento de uma nova mentalidade quanto ao sexo praticado por pessoas idosas, até aquelas com bem mais de 70 anos.

Vantagens do sexo depois dos 50

Não haver compromissos nem expectativa no sexo pode ser libertador para muitas mulheres. Os homens, historicamente, estão acostumados à separação entre sexo e amor. As mulheres foram sempre tão criticadas caso fizessem sexo com alguém que não amassem que só agora estão começando a fazer isso com mais tranquilidade.

Um artigo de Suzane Braun Lavine intitulado "Oito razões pela qual o sexo é melhor depois dos 50" afirma que "se pode separar o sexo da reprodução, e já sabemos também que se pode separar o sexo do amor. Antes dos 50, a maior parte das mulheres vive muitos mitos românticos, mas, quando entram na segunda idade adulta, a experiência e a independência que trazem os anos fazem com que se comece a separar sexo de compromisso, o que lhes faz programar seus encontros sexuais, com conhecidos, amantes ou amigos, desfrutando de sua sexualidade, sem problemas".

Os superanimados

A direção do asilo Edith Scarborough, em Londres, surpreendeu a Inglaterra e o mundo ao decidir pela expulsão de um grupo de idosos. O motivo? Foram surpreendidos tentando fazer uma orgia ao som de rumba. As idades eram entre 78 e 85 anos! Os idosos buscavam atividades mais excitantes para o ócio, mas a gerência do lar mandou-os embora...[214]

Entretanto, no caminho inverso, o Hebrew Home, em Nova York, um lar de idosos, incentiva relações sexuais entre seus residentes. As enfermeiras e cuidadoras do lar não tentaram impedir que Audrey Davison ficasse a sós no quarto com o colega. É a "política de expressão sexual" desse lar do Bronx. Uma cuidadora fez até uma placa "Não perturbe" para pendurar do lado de fora do quarto. "Eu gostei, e ele foi um amante muito bom", disse Davison, de 85 anos. "Isso fazia parte de nossa proximidade: tocar fisicamente e beijar." Esses namorados desafiam as noções tradicionais do envelhecimento. Ainda bem.[215]

* * *

Como no Ocidente há a ideia de que a atividade sexual é puramente instintiva, inata e natural, relutamos em reconhecer que a sexualidade tem uma história. Estamos, pelo contrário, convencidos de que ela é impenetrável à mudança e, por conseguinte, existe fora do tempo. O que dá forma à sexualidade são as forças sociais. Longe de ser a força mais natural da nossa vida, é de fato a mais suscetível às influências culturais.[216]

A sexualidade evoluiu antes até de ser nomeada como tal. Os hábitos da Antiguidade em muitos aspectos estavam à frente de momentos posteriores da História humana. Mas devemos acrescentar que a liberalidade dos gregos, por exemplo, exaltava acima de tudo os direitos masculinos. Quando os grandes impérios vieram abaixo em sua relativa liberdade, a força do cristianismo trouxe a repressão.

Entre os séculos III e V, milhares de pessoas fugiram para o deserto do Egito com o objetivo de torturar o próprio corpo. Acreditavam que só assim se livrariam da "danação eterna" por terem tido pensamentos sexuais. Durante 2 mil anos, o sexo só foi aceito dentro do casamento e para a procriação, embora, a partir do século XVIII, fosse comum os bordéis serem muito frequentados nas horas de folga dos homens.

Foi nesse mesmo século que a pluralidade do Iluminismo gerou novas perspectivas morais, com tensões entre si. As ideias dos libertinos jogaram os velhos dogmas pela janela, e uma revolução sem retorno teve início. As definições de quem era o que no ato sexual receberam, no século XIX, a conclusão de Freud de que é inadequada a utilização da palavra perversão como um termo acusatório. "Hoje, a 'sexualidade' tem sido descoberta, revelada e propícia ao desenvolvimento de estilos de vida bastante variados. É algo que cada um de nós 'tem', ou cultiva, não mais uma condição natural que um indivíduo aceita como um estado de coisas preestabelecido."[217]

O reconhecimento de diversas tendências sexuais corresponde à aceitação de uma pluralidade de formas de viver, o que vem a ser uma atitude política. O valor radical do pluralismo não deriva de seus efeitos de choque – pouca coisa atualmente nos choca –, mas do efeito de reconhecer que a "sexualidade normal" é simplesmente um tipo de escolha de estilo de vida, entre outros.[218]

A cultura sexual predominante nos últimos cinquenta anos é resultado de uma longa trajetória cultural. Atualmente, nos parece óbvio que os direitos sexuais dos indivíduos são mais importantes do que qualquer noção de moral. Devemos nos sentir gratos pelos milhares de homens e mulheres que lutaram e sofreram por nosso direito ao prazer.

Conclusão

Vivi minha infância e adolescência em Copacabana, zona sul do Rio de Janeiro, nos anos 1950 e 1960. Já naquela época, eu tinha dificuldade de entender a grande preocupação com o comportamento amoroso e sexual das pessoas. Sair do modelo, nem que fosse só um pouquinho, já era garantia de severas críticas e discriminação. O moralismo era tão absurdo que muitas escolas não aceitavam filhos de pais separados.

As moças eram divididas entre aquelas para casar e as malfaladas. Qualquer liberdade sexual com o namorado já as inseria no segundo grupo. As mães controlavam atentamente a virgindade das filhas, e a ideia fixa com a imagem criou um refrão repetido inúmeras vezes: "O que os outros vão dizer?".

Até os anos 1960, um homem querer ser ator de teatro, por exemplo, era inadmissível na família, e ele acabava se formando em Engenharia. Usar camisa colorida e, até mesmo, lavar a cabeça com xampu eram manchas indeléveis na virilidade. A homossexualidade era execrada. Mulher trabalhar fora, vestir calças compridas ou dirigir automóvel não era algo visto com bons olhos. Preconceito é assim mesmo, não tem lógica nem argumento. Ninguém reflete, só repete o que ouviu. A minha sorte foi nunca ter acreditado no que se dizia na época.

Após a pílula, que dissociou o sexo da procriação e o aliou ao prazer, muitos jovens passaram a contestar os costumes e os padrões da sociedade, nem que fosse pelo cabelo comprido. Presenciei um bom exemplo disso no final dos anos 1970. Atendi no consultório um casal que ameaçou expulsar o filho de casa se ele não cortasse o cabelo. O motivo alegado foi espantoso: diziam que cabelo comprido é anti-higiênico! Nem se davam conta de que a filha, também adolescente, usava o cabelo até a cintura, e eles não se importavam. A intolerância que as modificações dos costumes provocam sempre fez vítimas.

Estamos vivendo meio século depois do marcante ano de 1968, uma década de transição, em que se começou a pensar de outra forma. Pela primeira vez na história da humanidade, uma quantidade enorme de jovens informalmente se organizou em todo o Ocidente. Os movimentos de contracultura – Movimento Hippie, Movimento Feminista, Movimento Gay – constituem o início de um modelo ocidental radicalmente diferente do passado. Eles alteraram as correlações de força na sociedade, desfizeram preconceitos e criaram novos paradigmas culturais que vieram para ficar, como o modo de se vestir, de fazer arte e de se relacionar.

Meio século. Nesse tempo surgem novas formas de amar após o confronto revolucionário com o conservadorismo. Elas estão expostas neste livro, mas como sintetizá-las? O machismo está em decadência, é incontestável; a tecnologia coloca-nos ao alcance direto e instantâneo de centenas de opções amorosas, isso também é incontestável; o prazer dos relacionamentos não exclui nenhum gênero, perfeito; mas, para além dessas ótimas notícias, há um dado fundamental: chegou ao fim a imposição da forma "correta" de amar.

Depois da opção única do amor a Deus, que dominou o pensamento do início do cristianismo até o século XII, fomos induzidos a acreditar que se fechar numa relação a dois é o desejo de todos aqueles que amam. Essa última limitação foi posta em xeque! Por tudo que observamos, pode-se concluir que o casal não é a única e talvez nem a melhor forma de relação amorosa.

Referências

ACKERMAN, D. *Uma história natural do amor*. Rio de Janeiro: Bertrand Brasil, 2003.

ALBERONI, F. *O erotismo*. Rio de Janeiro: Rocco, 1993.

ANAPOL, D. *Polyamory: the new love without limits*. San Rafael: IntiNet Resource Center, 1997.

ARIÈS, P. e DUBY, G. *História da vida privada*. Vols. I, II, III, IV e V. São Paulo: Companhia das Letras, 1992.

BADINTER, E. *Um é o outro*. Rio de Janeiro: Nova Fronteira, 1986.

BADIOU, A. *Elogio ao amor*. São Paulo: Martins Fontes, 2013.

BANTMAN, B. *Breve história do sexo*. Lisboa: Terramar, 1997.

BARASH, D. P. e LIPTON, J. E. *O mito da monogamia*. Rio de Janeiro: Record, 2002.

BARBOSA, M. *Poliamor e relações livres*. Rio de Janeiro: Multifoco, 2015.

BARTHES, R. *Fragmentos de um discurso amoroso*. Rio de Janeiro: Francisco Alves, 1988.

BEAUVOIR, S. de. *O segundo sexo*. Rio de Janeiro: Nova Fronteira, 1980.

BOLOGNE, J-C. *História do casamento no Ocidente*. Lisboa: Temas e Debates, 1999.

BOZON, M. *Sociologia da sexualidade*. Rio de Janeiro: FGV, 2004.

BRUCKNER, P. *Fracassou o casamento por amor?* Rio de Janeiro: Difel, 2013.

BUSS, D. M. *A paixão perigosa*. Rio de Janeiro: Objetiva, 2000.

CAROTENUTO, A. *Amar Trair*. São Paulo: Paulus, 1997.

_________. *Eros e pathos*. São Paulo: Paulus, 1994.

CAWTHORNE, N. *A vida sexual das divas de Hollywood*. Londrina: Livros e Livros, 1997.

COUTO, E. S.; SOUZA, J. D. F. de; NASCIMENTO, S. P. "*Grindr e Scruff: amor e sexo na cibercultura*", 2013. Simpósio em tecnologias digitais e sociabilidade. Sociabilidade, novas tecnologias e práticas interacionais, Salvador-BA, 10 e 11 de out.

DABHOIWALA, F. *As origens do sexo*. São Paulo: Globo, 2013.

DAVIS, M. *A nova cultura do desejo*. Rio de Janeiro: Record, 2003.

DE ROSE, M. *Hiper orgasmo: uma via tântrica*. São Paulo: Martin Claret, 1998.

DUBY, G. *Idade Média, Idade dos Homens*. São Paulo: Companhia das Letras, 1990.

EISLER, R. *O prazer sagrado*. Rio de Janeiro: Rocco, 1995.

FALUDI, S. *Backlash: o contra-ataque na guerra não declarada contra as mulheres*. Rio de Janeiro: Rocco, 2001.

FIGUEIREDO, L. B. de; SOUZA, R. M. de. *Tinderellas: o amor na era digital*. São Paulo: Ema Livros, 2016.

FISHER, H. *Anatomia do amor*. Rio de Janeiro: Eureka, 1995.

FLANDRIN, J-L. *O sexo e o Ocidente*. São Paulo: Brasiliense, 1988.

FOSTER, B.; FOSTER, M. e HADADY, L. *Amor a três*. Rio de Janeiro: Rosa dos Tempos, 1998.

FOUCAULT, M. *História da sexualidade: o uso dos prazeres*. Rio de Janeiro: Edições Graal, 1984.

FREIRE, R. *Ame e dê vexame!* São Paulo: Casa Amarela, 1999.

________. *Sem tesão não há solução*. Rio de Janeiro: Guanabara, 1987.

GAIARSA, J. A. *A família de que se fala e a família de que se sofre*. São Paulo: Ágora, 1986.

________. *Poder e prazer*. São Paulo: Ágora, 1986.

________. *Sexo, Reich e eu*. São Paulo: Ágora, 1985.

GARBER, M. *Vice-Versa*. Rio de Janeiro: Record, 1997.

GIDDENS, A. *A transformação da intimidade*. São Paulo: Editora Unesp, 1992.

GIUSTI, E. *A arte de separar-se*. Rio de Janeiro: Nova Fronteira, 1987.

GOFFMAN, K. e JOY, D. *Contracultura através dos tempos*. Rio de Janeiro: Ediouro, 2007.

GREGERSEN, E. *Práticas sexuais: a história da sexualidade humana*. São Paulo: Roca, 1983.

GROSZ, S. *A vida em análise*. Rio de Janeiro: Zahar, 2013.

GUILLEBAUD, J-C. *A tirania do prazer*. Rio de Janeiro: Bertrand Brasil, 1999.

________. *A vida viva: contra as novas dominações*. Rio de Janeiro: Bertrand Brasil, 2011.

HICKMAN, T. *Un siècle d'amour charnel*. Paris: Éditions Blanche, 1999.

HIGHWATER, J. *Mito e sexualidade*. São Paulo: Saraiva, 1992.

HITE, S. *As mulheres e o amor*. Rio de Janeiro: Bertrand Brasil, 1987.

________. *O relatório Hite: um profundo estudo sobre a sexualidade feminina*. Rio de Janeiro: Difel, 1979.

________. *O relatório Hite sobre a sexualidade masculina*. Rio de Janeiro: Bertrand Brasil, 1981.

HUIZINGA, J. *O declínio da Idade Média*. Lisboa: Ulisseia, 1924.

HUNT, M. M. *História natural do amor*. São Paulo: Ibrasa, 1963.

JOHNSON, R. *We: a chave da psicologia do amor romântico*. São Paulo: Mercuryo, 1987.

KAPLAN, H. *A nova terapia do sexo*. Rio de Janeiro: Nova Fronteira, 1977.

KEHL, M. R. *Anos 70: trajetórias*. Maceió: Iluminuras, 2006.

KIMMEL, M. S. *The Gendered Society*. 5ª ed. Nova York: Oxford University Press, 2013.

KINGMA, D. R. *Separação*. São Paulo: Saraiva, 1993.

KINGSTON, A. *A importância da esposa*. Rio de Janeiro: Record, 2005.

KINSEY, A. C. *Sexual behavior in the human female*. Filadélfia: W. B. Saunders, 1953.

________. *Sexual behavior in the human male*. Filadélfia: W. B. Saunders, 2002.

KIPNIS, L. *Contra o amor*. Rio de Janeiro: Record, 2005.

KREPS, B. *Paixões eternas, ilusões passageiras*. São Paulo: Saraiva, 1992.

LAMA, D. e CUTLER, H. *A arte da felicidade*. São Paulo: Martins Fontes, 2000.

LAQUEUR, T. *Inventando o sexo*. Rio de Janeiro: Relume Dumará, 2001.

LE GOFF, J. e TRUONG, N. *Uma história do corpo na Idade Média*. Rio de Janeiro: Civilização Brasileira, 2006.

LEMOS, P. *Educação afetiva: por que as pessoas sofrem por amor*. São Paulo: Lemos Editorial, 1994.

LINSSEN, L.; WIK, S. *Amor sem barreiras*. São Paulo: Pensamento, 2012.

MACFARLANE, A. *História do casamento e do amor*. São Paulo: Companhia das Letras, 1986.

MARCUSE, H. *Eros e civilização*. Rio de Janeiro: Zahar, 1968.

MORAES, N. M. *É possível amar duas pessoas ao mesmo tempo?* São Paulo: Musa, 2005.

MUCHEMBLED, R. *O orgasmo e o Ocidente*. São Paulo: Martins Fontes, 2007.

MURSTEIN, B. I. *Amor, sexo e casamento através dos tempos*. Tomos I, II e III. Rio de Janeiro: Artenova, 1976.

PASINI, W. *Ciúme*. Rio de Janeiro: Rocco, 2006.

________. *Intimidade*. Rio de Janeiro: Rocco, 1996.

PAZ, O. *A dupla chama: amor e erotismo*. São Paulo: Siciliano, 1993.

PECK, S. M. *O caminho menos percorrido*. Lisboa: Sinais de Fogo, 1999.

PEREL, E. *Sexo no cativeiro*. Rio de Janeiro: Objetiva, 2007.

PHILLIPS, A. *Monogamia*. São Paulo: Companhia das Letras, 1997.

POSADAS, C. *Um veneno chamado amor*. Rio de Janeiro: Objetiva, 1999.

REICH, W. *Casamento indissolúvel ou relação sexual duradoura? São Paulo:* Martins Fontes, 1972.

REVISTA L'HISTOIRE. *Amor e sexualidade no Ocidente*. Porto Alegre: L&PM, 1992. Edição especial.

RIBEIRO, T. *Divas abandonadas*. São Paulo: Jaboticaba, 2007.

RODRIGUES, M.; CAMPOS, R.; SIEBER, R.; SOARES, M.; FARIA, R. *Relações livres: uma introdução*. Porto Alegre: Coletivo Rli-E, 2017. <www.rli-e.com.br>.

ROUGEMONT, D. de. *O amor e o Ocidente*. Rio de Janeiro: Guanabara, 1988.

RUSSEL, B. *O casamento e a moral*. São Paulo: Companhia Editora Nacional, 1955.

SALOMÉ, J. *Casamento e solidão*. Petrópolis: Vozes, 1995.

SOHN, A-M. *História do corpo*. Vol. 3. Petrópolis: Vozes, 2008.

SOLOMON, R. *O amor: reinventando o romance em nossos dias*. São Paulo: Saraiva, 1992.

STEARNS, P. N. *História das relações de gênero*. São Paulo: Contexto, 2007.

TANNAHILL, R. *O sexo na História*. Rio de Janeiro: Francisco Alves, 1983.

TIGER, L. *A busca do prazer*. Rio de Janeiro: Objetiva, 1993.

VAINFAS, R. *Casamento, amor e desejo no Ocidente cristão*. São Paulo: Ática, 1992.

VARELLA, D. "Estratégias sexuais" (artigo). <www.drauziovarella.com.br>.

VARGAS, M. *Manual do orgasmo*. Rio de Janeiro: Civilização Brasileira, 1995.

VEYNE, P. *Sexo & poder em Roma*. Rio de Janeiro: Civilização Brasileira, 2005.

VRISSIMTZIS, N. *Amor, sexo & casamento na Grécia Antiga*. São Paulo: Odysseus, 2002.

YALOM, M. *A história da esposa*. Rio de Janeiro: Ediouro, 2002.

ZELDIN, T. *Conversação*. Rio de Janeiro: Record, 1998.

_________. *Uma história íntima da humanidade*. Rio de Janeiro: Record, 1996.

http://bit.ly/2mxfJJL

http://brasil.elpais.com/brasil/2016/10/10/internacional/1476113070_376172.html

http://epoca.globo.com/colunas-e-blogs/bruno-astuto/noticia/2014/07/amor-aos-80-bmodelo-e-atrizb-de-78-anos-comeca-namoro-com-fotografo-de-85.html

http://forum.jogos.uol.com.br/idosos-expulsos-do-lar-devido-a-orgia_t_2351270

http://g1.globo.com/sp/bauru-marilia/noticia/2012/08/uniao-estavel-entre-tres-pessoas-e-oficializada-em-cartorio-de-tupa-sp.html

http://gitsufba.net/anais/wp-content/uploads/2013/09/13n1_grindr_49464.pdf

http://noticias.uol.com.br/internacional/ultimas-noticias/the-new-york-times/2016/07/14/lares-de-idosos-nos-eua-inovam-ao-permitir-relacoes-sexuais-entre-residentes.htm

http://observador.pt/2016/07/04/benching-quando-espera-sentado-numa-relacao/

http://obviousmag.org/archives/2012/09/dollhouse.html

http://revistaepoca.globo.com/ideias/noticia/2012/10/catherine-hakim-ter-um-caso-faz-bem-ao-casamento.html

http://revistamarieclaire.globo.com/Comportamento/noticia/2014/04/primeiro-casamento-gay-triplo-e-realizado-nos-estados-unidos.html

http://sites.uai.com.br/app/noticia/saudeplena/noticias/2015/10/28/noticia_saudeplena,155515/a-popularidade-dos-nudes-indica-uma--vontade-de-ver-e-ser-visto-sem-ini.shtml

http://super.abril.com.br/ciencia/monogamia-monotonia/

http://www.bbc.com/portuguese/noticias/2009/11/091111_cusro_masturbacao_espanha_anelise_rw.shtml

http://www.bbc.com/portuguese/noticias/2014/11/141119_suecia_poligamia_rb

http://www.fiftiesmais.com.br/2014/01/23/divorcio-grisalho/

http://www.livescience.com/27128-polyamory-myths-debunked.html

http://www.proyecto-kahlo.com/2016/01/deconstruyendo-el-amor-romantico/

http://www.webartigos.com/artigos/a-crise-do-amor-romantico-na-contemporaneidade/21686/

http://www1.folha.uol.com.br/equilibrioesaude/2013/06/1289169--mulheres-aprendem-a-desmunhecar-em-curso-para-atrair-partidao.shtml

https://glo.bo/2nWdX5J

https://www.theguardian.com/commentisfree/2015/dec/04/non-monogamy-showed-me-what-it-really-means-to-be-with-someone

https://www.vice.com/de/article/ich-bin-in-einer-polyamorie-familie-aufgewachsen-921?utm_source=vicefb

www.geocities.com/losafp/semestre03/Trabajo-GuionPolyamor.htm

Notas

I – AMOR ROMÂNTICO

1. <http://www.webartigos.com/artigos/a-crise-do-amor-romantico-na-contemporaneidade/21686/>.
2. KIPNIS, L., 2005, p. 51.
3. HIGHWATER, J., 1992, p. 165.
4. <http://www.proyecto-kahlo.com/2016/01/deconstruyendo-e-amor--romantico/>.
5. PECK, S. M., 1999, p. 98.
6. KIPNIS, L. op. cit., p. 68.
7. LAMA, D. e CUTLER, H., 2000, p. 117.
8. GIDDENS, A., 1992, p. 51.
9. PECK, S., op. cit., p. 98.
10. BRUCKNER, P., 2013, p. 86.
11. GIDDENS, A., op. cit.
12. EISLER, R., 1995, p. 348.
13. <http://obviousmag.org/archives/2012/09/dollhouse.html>.
14. LINSSEN, L.; WIK, S., 2012, p. 142.

II – VIDA A DOIS

15. BOZON, M., 2004, p. 47.
16. DABHOIWALA, F., 2013, p. 232.
17. LEMOS, P., 1994, p. 123.
18. ALBERONI, F., 1993.
19. GIDDENS, A., op. cit., p. 96.
20. KIPNIS, L., op. cit., p. 126.
21. GIDDENS, A., op. cit., p. 70.

22. <http://observador.pt/2016/07/04/benching-quando-espera-sentado-numa-relacao/>.
23. <http://www1.folha.uol.com.br/equilibrioesaude/2013/06/1289169-mulheres-aprendem-a-desmunhecar-em-curso-para-atrair-partidao.shtml>.
24. FALUDI, S., 2001, p. 127.
25. Idem, p. 128.
26. *O cruzeiro*, 08/01/1955.
27. PEREL, E., 2007, p. 38.
28. Apud. PEREL, E., op. cit., p. 38.
29. LEMOS, P., op. cit., p. 35.
30. SALOMÉ, J., 1995, p. 13.
31. Idem, p. 18.
32. BRUCKNER, P., op. cit., p. 68.
33. GIDDENS, A., op. cit., p. 48.
34. PEREL, E., op. cit., p. 31.
35. Idem.
36. Ibidem.
37. Apud. PEREL, E., op. cit., p. 30.
38. Idem.
39. PECK, S., op. cit., p. 90.
40. BADINTER, E., 1986.
41. BADIOU, A., 2013.
42. Comunicação pessoal à autora.
43. Comunicação pessoal à autora.
44. KIPNIS, L., op. cit.
45. PEREL, E., op. cit., p. 29.
46. LINSSEN, L.; WIK, S., op. cit., p. 93.
47. PEREL, E., op. cit., p. 211.
48. PECK, S., op. cit., p. 106.
49. SALOMÉ, J., op. cit., p. 29.
50. Idem, op. cit., p. 36.
51. Ibidem, op. cit., p. 40.
52. GIDDENS, A., op. cit., p. 169.
53. Idem, p. 73.
54. GOLDBERG, H., *The new male*, Nova York: Berkley, 1980. p. 254, apud. GIDDENS, A., op. cit., p. 169.

55. <http://oglobo.globo.com/cultura/as-confissoes-de-gilberto-gil-tony-bellotto-20536531>. 26/11/2016.
56. lemos, P., op. cit., p. 45.
57. perel, E., op. cit., p. 32.
58. Idem, p. 32.
59. Ibidem, p. 43.
60. Idem.
61. salomé, J., op. cit., p. 23.
62. giddens, A., op. cit.
63. Idem, p. 146.
64. Ibidem, p. 141.
65. perel, E., op. cit., p. 59.
66. Idem, p. 61.
67. lemos, P., op. cit.
68. Idem, p. 66.
69. bruckner, P., op. cit., p. 93.
70. weingarten, K., *The discourses of intimacy*, p. 30, e *Family process*, p. 285, apud PEREL, E., op. cit., p. 67.
71. perel, E., op. cit., p. 68.
72. pasini, W., 1996, p. 52.
73. lemos, P., op. cit., p. 52.
74. Idem.
75. perel, E., op. cit.
76. Idem, p. 62.
77. lemos, P., op. cit., p. 46.
78. Idem, p. 49.
79. Ibidem, p. 53.
80. perel, E., op. cit., p. 41.
81. Idem, p. 15.
82. Apud. perel, E., op. cit., p. 24.
83. perel, E., op. cit., p. 25.
84. bruckner, P., op. cit., p. 42.
85. giddens, A., op. cit.
86. perel, E., op. cit.
87. bader, M. *Arousal: the secret logic of sexual fantasies*. Nova York: St. Martin's Press: 2002. Apud. perel, E., op. cit., p. 46.
88. perel, E., op. cit., p. 124.

89. Idem, p. 132.
90. Ibidem, p. 133.
91. PECK, S., op. cit., p. 103.
92. POSADAS, C., 1999, p. 137.
93. PHILLIPS, A., 1997, p. 2.
94. PEREL, E., op. cit., p. 183.
95. <https://qz.com/938084/the-idea-of-monogamy-as-a-relationship--ideal-is-based-on-flawed-science/>.
96. KINSEY, A. C., 1953, p. 409.
97. KIPNIS, L., op. cit., p. 28.
98. PEREL, E., op. cit., p. 186.
99. LINSSEN, L.; WIK, S., op. cit., p. 87.
100. KIPNIS, L., op. cit., p. 148.
101. BARASH, D. P.; LIPTON, J. E., 2002, p. 12.
102. MORAES, N. M., 2005, p. 108.
103. VARELLA, D., <www.drauziovarella.com.br>.
104. FISHER, H., 1995, p. 69.
105. <http://revistaepoca.globo.com/ideias/noticia/2012/10/catherine--hakim-ter-um-caso-faz-bem-ao-casamento.html>.
106. ALBERONI, F., op. cit., p. 63.
107. BARBOSA, M., 2015, p. 115.
108. LEMOS, P., op. cit., p. 104.
109. BOZON, M., op. cit., p. 57.
110. BARASH, D. P.; LIPTON, J. E., op. cit., p. 102.
111. KINGSTON, A., 2005, p. 183.
112. KIPNIS, L., op. cit., p. 78.
113. PEREL, E., op. cit., p. 203.
114. <https://oglobo.globo.com/cultura/robert-crumb-fala-sobre-livro--com-suas-ilustracoes-para-capas-de-discos-3240013>.
115. REICH, W., 1972, p. 30.
116. <http://super.abril.com.br/ciencia/monogamia-monotonia/>.
117. SALOMÉ, J., op. cit., p. 9.
118. Idem.
119. LEMOS, P., op. cit., p. 41.
120. GAIARSA, J. A., 1986, p. 50.
121. Idem.
122. KIPNIS, L., op. cit., p. 124.

123. BRUCKNER, P., op. cit., p. 45.
124. PEREL, E., op. cit., p. 195.
125. BOZON, M., op. cit., p. 57.
126. SALOMÉ, J., op. cit., p. 41.
127. GIDDENS, A., op. cit., p. 63.
128. BRUCKNER, P., op. cit., p. 90.
129. HITE, S., 1987, p. 591.
130. Idem.
131. BRUCKNER, P., op. cit., p. 50.
132. GROSZ, S., 2013, p. 117.
133. LEMOS, P., op. cit., p. 109.
134. LINSSEN, L.; WIK, S., op. cit., p. 196.
135. BRUCKNER, P., op. cit., p. 44.
136. BADINTER, E., op. cit., p. 278.
137. BRUCKNER, P., op. cit., p. 62.
138. <http://mulher.uol.com.br/comportamento/noticias/efe /2013/04/13/argentina-tem-o-primeiro-clube-de-homens-abandonados-por-uma--m6ulher.htm>.
139. KREPS, B., 1990, p. 175.
140. HITE, S., op. cit.
141. Idem.
142. BRUCKNER, P., op. cit., p. 20.

III – OUTROS CAMINHOS DO AMOR

143. PEREL, E., op. cit., p. 183.
144. Tradução livre de trecho da letra música "Strawberry swing", da banda inglesa Coldplay: "People moving all the time/ Inside a perfectly straight line/ Don't you wanna just curve away/ When it's such, it's such a perfect day/ It's such a perfect day.
145. MORAES, N. M., op. cit, p. 109.
146. Idem.
147. <http://revistaepoca.globo.com/Revista/Epoca/0,,EDR71471- 6014, 00.html>.
148. Comunicação pessoal à autora.
149. Comunicação pessoal à autora.
150. GARBER, M., 1997, p. 475.

151. MORAES, N., op. cit., p. 111.
152. LINSSEN, L.; WIK, S., op. cit., p. 242.
153. Matéria de Claudia Wallin, de Estocolmo para a BBC Brasil, em 21/11/2014, <http://www.bbc.com/portuguese/noticias/2014/11/141119_suecia_poligamia_rb>.
154. <http://revistamarieclaire.globo.com/Comportamento/noticia/2014/04/primeiro-casamento-gay-triplo-e-realizado-nos-estados-unidos.html>.
155. <http://glo.bo/NiXuSD>.
156. O coletivo é formado por Marco Rodrigues, Roselita Campos, Rosana Sieber, Marcelo Soares e Regina Faria.
157. <https://rederelacoeslivres.wordpress.com/>.
158. LINSSEN, L.; WIK, S., op. cit., p. 151.
159. Idem, p. 152.
160. Ibidem, p. 225.
161. <http://www.livescience.com/27128-polyamory-myths-debunked.html>.
162. <https://www.vice.com/de/article/ich-bin-in-einer-polyamorie-familie-aufgewachsen-921?utm_source=vicefb>.
163. <https://www.theguardian.com/commentisfree/2015/dec/04/non-monogamy-showed-me-what-it-really-means-to-be-with-someone>.
164. LINSSEN, L.; WIK, S., op. cit., p. 37.
165. FIGUEIREDO, L. B. de; SOUZA, R. M. de.
166. Apud. <http://gitsufba.net/anais/wp-content/uploads/2013/09 /13n1_grindr_49464.pdf>.
167. COUTO, E. S.; SOUZA, J. D. F. de; NASCIMENTO, S. P.
168. KIMMEL, M. S., 2013.
169. FIGUEIREDO, L. B. de; SOUZA, R. M., op. cit.
170. BRUCKNER, P., op. cit., p. 92.
171. <http://www.fiftiesmais.com.br/2014/01/23/divorcio-grisalho/>.
172. BRUCKNER, P., op. cit, p. 52.
173. <http://epoca.globo.com/colunas-e-blogs/bruno-astuto/noticia/2014/07/amor-aos-80-bmodelo-e-atrizb-de-78-anos-comeca-namoro-com-fotografo-de-85.html>.
174. <http://bit.ly/1p0KxsD>.
175. <http://brasil.elpais.com/brasil/2016/10/10/internacional/1476113070_376172.html>.

176. <http://www1.folha.uol.com.br/colunas/contardocalligaris/2016/03/1804135-so-e-possivel-viver-com-leveza-quando-sabemos-que-logo-a-vida-vai-acabar.shtml>.
177. GUILLEBAUD, J-C., 2011, p. 34.
178. Apud. HIGHWATER, J., op. cit., p. 25.
179. STEARNS, P. N., 2007, p. 11.
180. GUILLEBAUD, J-C., op. cit., p. 88.
181. Idem, p. 107.
182. <https://tab.uol.com.br/questao-de-genero/>.

IV – CORPO

183. Apud. HIGHWATER, J., op. cit., p. 20.
184. SOHN, A-M., 2008, p. 109.
185. Idem.
186. BARTHES, R., 1988, p. 44.
187. PEREL, E., op. cit., p. 63.
188. Idem, p. 59.
189. UOL, <http://bit.ly/2mxfJJL>. 06/03/2017.
190. G1, <https://glo.bo/2nWdX5J>. 31/03/2017.
191. Reino das Duas Sicílias foi o nome que ganhou a junção do Reino de Nápoles e o Reino da Sicília.
192. GREGERSEN, E., 1983, p. 107.
193. <http://mairakubik.com/2012/06/24/para-mostrar-o-corpo-tem-que-ter-peito>.
194. <https://estilo.uol.com.br/vida-saudavel/noticias/redacao/2017/01/23/nu-e-em-forma-conheca-a-aula-de-ginastica-onde-as-roupas-sao-dispensaveis.htm>.
195. <http://oglobo.globo.com/mundo/restaurante-nudista-tem-38-mil-pessoas-na-fila-de-espera-em-londres-19366181>.
196. <https://viagem.uol.com.br/noticias/2017/06/06/festa-reune-pela-does-para-dancar-forro-mas-nao-tem-nada-a-ver-com-pegacao.htm>.
197. <http://sites.uai.com.br/app/noticia/saudeplena/noticias/2015/10/28/noticia_saudeplena,155515/a-popularidade-dos-nudes-indica-uma-vontade-de-ver-e-ser-visto-sem-ini.shtml>.
198. <http://www.otempo.com.br/cidades/justi%C3%A7a-reduz-para-r-5-mil-indeniza%C3%A7%C3%A3o-por-fotos-%C3%ADntimas-divul-gadas-1.880881>.

199. <http://www.latimes.com/science/sciencenow/la-sci-sn-sexting-sexual--satisfaction-20150807-story.html>.

200. <http://www.opovo.com.br/vidaearte/festas/2017/06/festa-em-fortaleza-tera-espaco-exclusivo-para-mandar-nudes.html>.

201. <http://www1.folha.uol.com.br/tec/2015/10/1690807-nao-ha--problemas-em-mandar-nudes-o-errado-e-espalhar-dizem-psicologas.shtml>.

202. <http://estilo.uol.com.br/comportamento/noticias/redacao/2016/07/01/nu-masculino-ainda-e-tabu-e-reflete-desigualdade--de-genero.htm>.

203. BANTMAN, B., 1997, p. 9.

204. KIPNIS, L., op. cit., p. 40.

205. PEREL, E., op. cit., p. 124.

206. Comunicação pessoal à autora.

207. DABHOIWALA, F., op. cit., p. 538.

208. <http://www.bbc.com/portuguese/noticias/2009/11/091111_cusro_masturbacao_espanha_anelise_rw.shtml>.

209. Comunicação pessoal à autora.

210. FOSTER, B.; FOSTER, M. e HADADY, L., 1998, p. 96.

211. HITE, S., 1981.

212. KAPLAN, H., 1977.

213. BOZON, M., op. cit.

214. <http://smoda.elpais.com/placeres/hace-el-amor-mas-excitante-el--sexo/?id_externo_rsoc=TW_CM_SM>.

215. <http://forum.jogos.uol.com.br/idosos-expulsos-do-lar-devido-a--orgia_t_2351270>.

216. HIGHWATER, J., op. cit.

217. GIDDENS, A., op. cit., p. 25.

218. Idem.

Lista de músicas

Página 29
"Meu Nome É Ninguém", Haroldo Barbosa, Luis Reis; Philips, 1961
Página 38
"A Maçã", Raul Seixas, Paulo Coelho, Marcelo Motta; Philips/Universal Music, 1975
"Medo Da Chuva", Raul Seixas, Paulo Coelho; Philips/Universal Music, 1974
Página 134
"Strawberry Swing", Guy Berryman, Jonny Buckland, Will Champion, Chris Martin; Parlophone, 2008

Acreditamos
nos livros

Este livro foi composto em Adobe Garamond Pro e impresso pela Gráfica Santa Marta para a Editora Planeta do Brasil em outubro de 2021.